博物馆教育及项目策划实施研究

余艳雯　康望舒　邓洋　著

延边大学出版社

图书在版编目（CIP）数据

博物馆教育及项目策划实施研究 / 余艳雯，康望舒，

邓洋著. -- 延吉 ： 延边大学出版社，2025. 1. -- ISBN

978-7-230-07893-1

Ⅰ．G269.23

中国国家版本馆 CIP 数据核字第 202514M16G 号

博物馆教育及项目策划实施研究

BOWUGUAN JIAOYU JI XIANGMU CEHUA SHISHI YANJIU

_____

著　　者：余艳雯　康望舒　邓洋

责任编辑：韩亚婷

封面设计：文合文化

出版发行：延边大学出版社

社　　址：吉林省延吉市公园路 977 号　　　邮　　编：133002

网　　址：http://www.ydcbs.com　　　　E-mail：ydcbs@ydcbs.com

电　　话：0433-2732435　　　　　　　传　　真：0433-2732434

印　　刷：三河市同力彩印有限公司

开　　本：710mm×1000mm　1/16

印　　张：18

字　　数：335 千字

版　　次：2025 年 1 月 第 1 版

印　　次：2025 年 1 月 第 1 次印刷

书　　号：ISBN 978-7-230-07893-1

_____

定价：90.00 元

前　言

　　博物馆作为文化传承与社会教育的重要场所，在推动社会进步、促进经济发展、增强民众文化自信等方面发挥着重要的作用。

　　本书首先介绍了博物馆、博物馆教育、博物馆教育活动的相关内容，强调了博物馆在传承文化、普及知识、教育公众方面的重要作用；其次，探讨了博物馆展教能力的提高，博物馆教育项目的设计、组织与管理、策划与实施，并对博物馆的宣教讲解及其活动规划要点、博物馆社教项目的策划与实施要点进行了深入研究；最后，本书还对馆校合作社教活动开展的具体案例进行了分析。

　　在写作过程中，笔者力求做到理论与实践相结合，注重内容的科学性、系统性和实用性。然而，由于博物馆教育领域的知识博大精深，加之笔者学识有限，书中难免存在不足之处，衷心希望广大读者和同行能够提出宝贵的意见。

　　本书由南京市博物总馆余艳雯、康望舒、邓洋共同撰写完成，具体撰写分工如下：第一章、第四章、第五章、第六章由余艳雯撰写，共计 12 万字；第七章、第八章、第十章由康望舒撰写，共计 11 万字；第二章、第三章和第九章由邓洋撰写，共计 10.5 万字。

笔者

2024 年 12 月

目　录

第一章　博物馆概述

第一节　博物馆的定义

一、国内外对博物馆的不同定义

较早的关于博物馆的定义可能产生于 17 世纪下半叶。当时有人将博物馆定义为"一个贮存和收藏各种自然、科学与文学珍品、趣物或艺术品的场所"。由此可见，虽然博物馆在当时已经被看作了保护藏品的安全而专门建造的建筑，但其功能却没有包含对藏品的测定、陈列和研究。因此，可以说，当时对博物馆的理解依然停留在与传统珍品收藏相等同的层面上。

这种定义显然无法反映自那以后，特别是近代以来博物馆翻天覆地的变化。20 世纪以来，博物馆不仅在人们的社会生活中发挥着日益重要的作用，而且其发展也已逐渐成为国际性事务。尤其是随着博物馆学的发展和国际博物馆协会的成立，各国博物馆学者更加迫切地希望就博物馆的定义达成国际范围内的共识。因为如果没有一个科学、合理、准确、全面的博物馆的定义，现代博物馆间的交流、合作，以及对博物馆学的教学和研究都很难进行。然而，人们在探索博物馆定义的实践中发现，由于博物馆形态的多样性、职能的多重性、区域性文化特征的差异性，以及博物馆内涵与外延的历史性变化等，恰当定义博物馆实在是困难重重。即便如此，一直以来，许多国家的博物馆组织和学者依然不断努力，在结合本国国情和博物馆实践的基础上，提出了不少颇有见地的博物馆定义。

在日本 20 世纪 50 年代制定的《博物馆法》中，博物馆指的是收集、保管（包括培育）、陈列展出有关历史、艺术、民俗、产业、自然科学等资料，从教育角度出发，供一般市民提高文化素养，进行调查研究、休息娱乐等的机构。

美国博物馆协会在 20 世纪 60 年代指出，博物馆是非营利的永久性机构，其存在的主要目的不是组织临时性展览，该机构应享有免交联邦和州所得税的待遇，向社会开放，由代表社会利益的机构进行管理，为社会的利益而保存、保护、研究、阐释、收集和陈列具有教育、欣赏作用和文化价值的物品，包括艺术品、科学标本（有机物和无机物）、历史遗物和工业技术制成品。符合上述定义的机构还包括植物园、动物园、水族馆、天象厅、历史文化学会、历史建筑和遗址等。

《苏联大百科全书》指出，博物馆是征集、保藏、研究和普及自然历史标本、物质及精神文化珍品的科学研究机构、科学教育机构。

我国现在普遍采用的是 20 世纪 60 年代文化学院文物博物馆干部学习班所编的《博物馆工作概论》中对博物馆的定义，即博物馆是文物和标本的主要收藏机构、宣传教育机构和科学研究机构，是我国社会主义科学文化事业的重要组成部分。

虽然这些定义没有得到国际博物馆学界的普遍认可，但它们都对各国博物馆事业的发展起到了积极的指导和推动作用，并为日后世界通用博物馆定义的形成提供了有益的借鉴。

20 世纪 80 年代末，国际博物馆协会对博物馆下了以下定义：博物馆是为社会及其发展服务的非营利的永久机构，并向大众开放。它是为研究、教育、欣赏之目的征集、保护、研究、传播并展示人类及人类环境的见证物。

（1）博物馆之上述定义应不受任何主管机构、职能机构或有关机构收藏方针等因素的限制。

（2）除被指定为"博物馆"的机构外，为本定义之目的，以下机构和设施亦具有博物馆资格：

①从事征集、保护并传播人类及人类环境物证，具有博物馆性质的自然、考古及人类学的历史古迹与遗址；

②收藏并陈列动物、植物活体标本的机构，如植物园、动物园、水族馆和人工生态园；

③科学中心及天文馆；

④图书馆及档案中心常设的保护机构和展览厅；

⑤自然保护区；

⑥执行委员会经征求咨询委员会意见后认为其具有博物馆的部分或全部特征，或通过博物馆学的研究、教育或培训，能够支持博物馆及博物馆专业工作人员的此类其他机构。

与以往的博物馆定义相比，上述定义不仅更重视博物馆与社会的关系，强调博物馆要为社会及其发展服务，反映博物馆的社会参与性，而且更加关注公众与博物馆的关系，强调要向大众开放，反映博物馆与观众的互动性。同时，随着博物馆事业在全球的发展，该定义也体现了博物馆外延的变化，将具有博物馆性质的设施和机构都接纳为自己的伙伴。虽然在此之后国际博物馆协会也不断对博物馆的定义进行了调整和修订，但是，总体而言，这些调整都是在20世纪80年代末的定义上的微调。国际博物馆协会在20世纪80年代末形成的博物馆定义依然是迄今国际范围内通行且相对稳定的博物馆定义。

二、对博物馆定义的理解

20 世纪 80 年代末国际博物馆协会关于博物馆的定义是在各国博物馆学者长期的努力和实践中形成的，它不仅比较准确地揭示了现代博物馆的性质、目的和功用，而且揭示了博物馆在现代社会文化生活中的地位及其与社会和公众的关系。因此，准确、深入地理解这一定义，对现代博物馆的建设具有重要的意义。

（一）关于"非营利"机构

从机构性质的角度来看，"非营利"机构是博物馆的法律身份，强调的是博物馆的基本性质。一方面，"非营利"机构的工作经费和所需人力大多是政府资助或社会捐助的，提供资助的组织和个人并不在意经济报偿，而是更加关注组织行为的社会效益。因此，"非营利"机构没有向其资助者、管理者和组织成员分配经济收益的压力。另一方面，"非营利"机构多从事社会福利、教育、文化等方面的公益活动，其行为成效很难用经济收益标准加以评估。

从上面两点可以看出，"非营利"机构是以其根本目的为导向的，即推进社会的积极变革和发展，提高公众素质，提供社会需要的物品和服务。对机构性质进行说明和规定，有助于博物馆享受相关的优惠政策，更好地参与和其他相关机构的社会竞争，也是对博物馆活动领域和运作方式的规范和制约。

博物馆定义中的"非营利"可以理解为：博物馆事业像其他文化事业一样，不能把营利作为前提和终极目的，而应尽可能地结合本馆的性质和职能，在国家政策允许的范围内，取得合理的经济效益，以促进自身的发展，并为社会服务。

（二）关于"为社会及其发展服务"

博物馆定义中所提到的"为社会及其发展服务"，标志着博物馆界开始正确认识自己与社会的关系。首先，博物馆之所以历经数百年而不衰，是因为它保存和管理着人类社会发展历程的见证，它满足了不同时代人们通过历史呈现出来的对现实和未来的渴望。这便是社会对博物馆的基本需求。其次，博物馆的发展与社会政治、经济、文化的发展密切相关。近现代博物馆就是在文艺复兴、启蒙运动、资产阶级革命和工业革命等一系列社会变革的推动下发展起来的。可以说，正是社会的发展推动和促进着博物馆的发展。最后，近年来，随着博物馆界对"人"与"物"关系认识的不断深化，加上社区博物馆、邻里博物馆的兴起，博物馆和社会的联系日益紧密，逐渐成为社会文化中心。所有这些都要求博物馆明确自身的公共责任，积极参与社会活动，关注社会的现实和未来，了解社会和公众的需求，通过科学运作和管理，努力发挥自身的功用，以创造最大的社会效益，真正做到"为社会及其发展服务"。

概括地说，定义中的"为社会及其发展服务"，既可以看作是对长久以来博物馆社会化运动的总结，也可以看作是博物馆的根本使命和工作目标。

（三）关于"向大众开放"

定义中的"大众"主要强调的是博物馆服务对象的客观性和广泛性。客观性是指作为"大众"的公众不是以博物馆主观意愿而决定是否成为博物馆"大众"的，而是一直客观存在的；广泛性是指博物馆的服务对象应该是构成社会的个人、团体和机构，且这些对象不应受到不公平的待遇。而定义中的"开放"，一方面，博物馆作为公共资源，包括其收藏和基础设施等在内的有形资源和科研、智力、文化氛围等无形资源都应当对公众开放，"大众"有使用这些公共社会资源的权利，体现了博物馆的社会开放性和公益性；另一方面，这种"开放"应当是双向互动的，在博物馆对"大众"开放的同时，"大众"也应当对博物馆积极地给予反馈。当然，这些反馈既可以是有形的，如资金和藏品的捐赠等；也可以是无形的，如为博物馆的发展出谋划策、提供志愿服务等。同时，应当注意的是，博物馆既然将"为社会及其发展服务"作为根本使命和工作目标，那么其"开放"就应当是平等互利的，不能以"知识宝库"或"学术精英"自诩，居高临下地俯视自己的服务对象。

总而言之，博物馆定义中提到的"向大众开放"，是博物馆的一个基本属性，不仅强调了博物馆作为公共社会资源的开放性和公益性，而且说明了博物馆与公众之间平等的双向互动关系。博物馆只有"向大众开放"，吸引更多的观众，才能更好地实现"为社会及其发展服务"的目标。

（四）关于"为研究、教育、欣赏之目的"

定义中"为研究、教育、欣赏之目的"的表述与"为社会及其发展服务"的目标并不矛盾。与作为根本使命和工作目标的"为社会及其发展服务"相比，"为研究、教育、欣赏之目的"可以说是博物馆较低层面的目的，也是博物馆具体业务活动的指导观念和基本目的。研究和教育一直是我国博物馆的基本性质，这里重点关注的是"欣赏之目的"。一般而言，"欣赏"具有两种不同的形式，一种是专门用于欣赏的陈列或展览，另一种则泛指所有陈列的审美价值和可欣赏性。作为博物馆业务活动的基本目的，二者兼而有之。博物馆完全可以通过陈列、展览和艺术鉴赏等活动，使观众的情操得以陶冶，修养得以提升，思维得以促进，创造力得以激发，从而达到"欣赏之目的"。

在理解博物馆"为研究、教育、欣赏之目的"的过程中，需要特别注意的是，这种表述很容易让人产生博物馆单方面要达到"研究、教育、欣赏之目的"的错觉，从而忽略了观众的主观能动性，忽视了观众的自主学习、自发参与。"为研究、教育、欣赏之目的"虽然是博物馆业务活动的指导观念和基本目的，却需要通过博物馆与观众的共同努力才能实现。

（五）关于"征集、保护、研究、传播并展示"

一方面，博物馆在进行收藏保护、科学研究、陈列展览、争取更多的观众，以及与观众交流互动的过程中，"征集、保护、研究、传播并展示"这些业务活动无不融入其中，发挥着不可替代的作用；另一方面，只有通过征集、保护、研究、传播和展示等这些具体的工作，博物馆才能够实现"研究、教育、欣赏之目的"，以及"为社会及其发展服务"的目标。因此，博物馆定义中的"征集、保护、研究、传播并展示"既可以看作对博物馆各个工作环节的抽象概括，也可以当作实现博物馆"研究、教育、欣赏之目的"的具体方法。

（六）关于"人类及人类环境的见证物"

定义中的"人类及人类环境的见证物"，既包括有形的或物质的人类和自然界的见证物，如文物、自然标本、人工制品、物质遗产、物品、物证等；也包括无形的或非物质的人类社会和环境的见证物，即非物质文化遗产、电子信息技术生成的虚拟信息等。需要注意的是，人们在理解"人类及人类环境的见证物"的过程中，应当突破传统的"以古是宝""以稀为贵"的认识误区，努力做到不仅关注古老的、稀有的自然界和人类社会的见证物，还关注现当代的、大众的、具有代表性的见证物。最终，见证物能否成为博物馆的工作对象，关键还要看其是否具有证明人类活动及人类环境状况的能力。

总之，博物馆定义中"人类及人类环境的见证物"的表述，不仅对博物馆的工作对象进行了高度概括，而且正确地反映了现代博物馆与人类生存和发展的关系。

综上可知，国际博物馆协会对博物馆的定义不仅明确指出了博物馆的性质，即博物馆是"非营利"的常设社会公益机构，而且指出了博物馆的根本使命和工作目标是"为社会及其发展服务"，基本目的是"研究、教育、欣赏"，这些目的可以通过对博物馆工作对象（人类及人类环境的见证物）的"征集、保护、研究、传播并展示"来实现。此外，博物馆还具有收藏、研究、教育等功用。

第二节 博物馆的构成要素、特征与功用

一、博物馆的构成要素

所谓要素，就是构成事物的必要因素。博物馆一般由下面四大要素构成：

（一）一定数量的藏品

藏品是博物馆存在和开展各项业务活动的前提和基础。一方面，藏品既是博物馆存在的基本条件，又是体现博物馆性质、促进其实现社会职能的重要载体；另一方面，藏品是博物馆开展收藏保护、科学研究和陈列布展等一系列业务活动的基础。因此，一定数量的藏品是博物馆的基本构成要素。

（二）包括馆舍和设备在内的基础设施

博物馆同其他社会文化机构一样，需要馆舍、设备等基础设施。任何形式的博物馆都必须具备与之相适应的馆舍和设备。因此，包括馆舍和设备在内的基础设施是博物馆顺利开展各项工作、成功组织各种活动，并最终实现自身功能和社会职能的必备物质条件。

（三）持续向公众开放的陈列展览

持续向公众开放的陈列展览是博物馆不可或缺的构成元素。持续向公众开放的陈列展览不仅是博物馆性质和功能的集中体现，而且是博物馆发挥自身社会职能的重要手段。博物馆只有具备了持续向公众开放的陈列展览，才能实现

"物"与"人"的结合，才能真正做到为大众和社会服务。如果缺少了这个要素，博物馆就不能称为博物馆，也就失去了存在的价值。

（四）一批具备专业知识技能和职业素养的工作人员

一批具备专业知识技能和职业素养的工作人员是博物馆的核心构成要素。不仅这些工作人员是博物馆的重要组成部分，他们所具备的专业知识技能和道德素养也是重要的软件资源。博物馆一切工作的开展和功用的发挥都有赖于这些工作人员。如果没有他们，博物馆就可能成为"没有灵魂的躯壳"。因此，这些工作人员也是博物馆的重要构成要素，在一定程度上可以说是博物馆的灵魂。

综上所述，一家博物馆只有同时具备一定数量的藏品、包括馆舍和设备在内的基础设施、持续向公众开放的陈列展览，以及一批具备专业知识技能和职业素养的工作人员，才能被称为现代意义上的博物馆。

二、博物馆的特征

所谓特征，是指一事物区别于其他事物的特别显著的征象和标志。作为社会文化机构的博物馆与其他社会文化机构最显著的区别究竟是什么呢？有的博物馆学著作将博物馆的特征总结为"实物性""直观性"和"科学性"，有的则将其总结为"实物性""直观性"和"广博性"。此外，有些博物馆学者认为，"实物性""收藏性"和"开放性"才是博物馆的特征。虽然以上观点都从不同的角度总结了博物馆的特征，但是，认真考究后会发现，"直观性""科学性""广博性""收藏性""开放性"等特征并不是博物馆所专有的。例如，"直观性"在电化教育中有着明显的表现，学校和各类科研机构具有很强的科学性，"广博性"是百科全书的重要特征，图书馆、档案馆等机构因其丰富的藏书和档案资源而颇具"收藏性",大部分公益性社会文化机构都具有"开放性"。因此,只能说"直观性""科学性""广博性""收藏性""开放性"等在一定程度上体现了博物馆的特点,但不能作为博物馆区别于其他社会文化机构的最显著的标志。

综合上述对博物馆特征的概括,只有"实物性"为博物馆学者所公认,也只有"实物性"才是博物馆的根本特征。

"实物"是指"真实、实在,并具有一定体量性和三维性的物体"。近年来,随着博物馆功能的增加及收藏范围的扩大,一些真实、实在却非三维、非物质的东西进入了博物馆。例如,音像资料、利用科技手段模拟的自然现象,以及包括民间传说、表演艺术、社会风俗和传统手工艺技能在内的各类非物质文化遗产等。这些东西虽然不是具有一定体量性和三维性的实体,却属于真实、实在的现象和原理,能反映出传统"实物性"概念所面临的挑战——随着博物馆的现代化发展,"物"的真实性和实在性正在向"现象"和"原理"的真实性和实在性扩展。但严格来讲,就目前博物馆的总体情况而言,传统的"实物性"界定依然有效,或至少是构成概念的核心。

事实上,不论是从博物馆的发展历程来说,还是从博物馆所从事的收藏、科研和教育工作来说,正是包含着"非观念的实体性""非虚假的真实性"和"非复制的唯一性"这些要素的"实物性",才将博物馆与其他社会文化机构区别开来。

第一,从博物馆的发展历程来看,尽管古代人与现代人在收藏动机、方法及对藏品的利用方面不尽相同,博物馆存在的目的和社会职能在不同的历史时期也有着重大差异,但是在收藏和利用实物这一点上,不论是博物馆的原始形态还是其现代形态,都始终没有改变。正是搜集和珍藏实物的共同点将它们联结起来，使人们得以辨识博物馆从产生到发展的历史轨迹。

第二，从博物馆进行收藏的角度来看，除了博物馆，图书馆和档案馆等机构也从事人类社会文化遗产的搜集和保藏工作。但是，图书馆收藏各种通过印刷生产的批量复制品，旨在保存和传播人类的科学文化知识，至于所收藏的是怎样的版本，是否为原作者的手稿，并不重要。档案馆所收藏和保存的是人类在社会生活中形成的各种文献和档案。一般而言，它们都是真实的原始材料，但对于一个材料的利用者来说，真正重要的是材料所反映内容的真实性，如果这份原件遗失了，只要复印件被确定与原件并无二致，那么它在功能上是完全能够替代原件的。可见，对图书馆和档案馆而言，重要的是收藏品所携带的信息，而不是信息载体本身。然而，对博物馆而言，其收藏的必须是真实、实在的物品。这就意味着，博物馆的收藏品不仅所承载的信息应当具有真实性，而且信息载体本身也必须是真实的。对于一般艺术品的欣赏者和收藏者来说，如果艺术品复制得足够好，或许就能够满足他们欣赏和收藏的要求；但对于博物馆而言，其不仅要考虑艺术品承载信息的真实性，而且要考虑艺术品本身的材料和制作工艺等的真实性，也就是说，博物馆必须收藏艺术品的原件，任何高质量的复制品都无法替代它。

第三，从博物馆从事科学研究的角度来看，博物馆与其他科学研究机构区别开来的正是其研究对象的实物性。博物馆的科学研究工作在很大程度上将收藏的实物作为研究对象，而学校和其他科研机构的研究对象既可以是实物，也可以是纯粹的理论。任何类型的博物馆都只有从对自己收藏的实物的研究中才能探寻和发现有关自然和人类社会的未知世界。离开了这一点，博物馆作为科学研究机构的特性便无从体现。当然，博物馆的科研人员在研究中难免会涉及并探讨相关学科的理论知识，但这些探讨都以实物研究为最终目的，是为实物研究服务的。

第四，从博物馆开展社会教育的角度来看。实物性是博物馆区别于其他社会教育机构的特征之一。这主要表现为，博物馆总是将馆藏的实物作为教育的媒介。观众之所以要来博物馆参观，是因为博物馆里陈列着蕴含历史、科学和艺术价值的实物，也正是这些实物使观众获得了不同于学校教育和其他形式教育的知识和体验。当然，在参观博物馆的过程中，以词语等符号为媒介的传统教育方式，如阅读说明和聆听讲解等，只是作为理解实物的辅助手段，只有实物及其承载的丰富信息才是观众真正的认识对象。正是由于和实物性相联系，博物馆教育才具有了鲜明的个性特征和独特的优势，这具体表现在其认识对象的直观性、形象性和权威性等方面。实物的直观性和形象性，使得其更容易被观众接受，特别是文化水平不高的观众；实物的真实、实在而非臆测的特性，则使博物馆教育更具权威性。

综上所述，只有"实物性"才是对博物馆特征的准确概括，"直观性""科学性""广博性""收藏性""开放性"等都只是片面的或由"实物性"衍生出来的博物馆特征。

三、博物馆的功用

这里的"功用"，其实和其他博物馆学论著中所说的"功能""职能"和"效能"等一样，都是指博物馆为实现自身价值而发挥的功能及承担的社会职责。那么，为什么有的博物馆学者还会使用"功能""职能"和"效能"等这些不同的说法来表述博物馆的"功用"呢？一方面，可能是出于自身的语言习惯，毕竟这些近义词都可以表达博物馆"功用"的含义；另一方面，也可能是对其认知确实存在误解。例如，博物馆"功能说"和"职能说"的产生就是由于过分强调所谓"功能"和"职能"的区别，却忽视了博物馆自身特性与社会属性的必然联系。事实上，从博物馆自身具备和社会赋予的角度来说，"功能"和"职能"确实存在表述上的差异。博物馆自身特性与社会属性的密不可分，导致"功能"和"职能"之间相互渗透、重叠和不可分割。从这一方面来说，博物馆的"功用"其实根本无法简单地依据"功能说"和"职能说"进行划分，因为它们实际上都属于博物馆为实现自身价值而发挥的功能和承担的社会职责。引入"功用"一词来替代"功能""职能"和"效能"等，一方面是因为它能够表达相同的含义，即博物馆为实现自身价值而发挥的功能及承担的社会职责；另一方面也是为了有效消除"功能""职能"等表述所产生的误解，避免产生歧义。特别需要指出的是，使用博物馆"功用"的表述，并不意味着否认前辈学者对博物馆"功能""职能"和"效能"等的有益探讨，而是为了帮助人们更加准确地理解作为文化复合体的现代博物馆的功用。

实际上，博物馆的功用不仅是博物馆基本理论研究的重要内容，也是国内外博物馆学界长期争论的一个问题。

我国博物馆学者对博物馆的功用也进行过卓有成效的探讨。早在 20 世纪 30 年代，陈端志就曾提出博物馆的三大效能：一是社会教育，丰富民众的知识；二是博物馆对学校教育有辅助功效；三是博物馆对学术研究也有积极的作用。20 世纪 40 年代，《博物馆》一书中也提出了博物馆的四大功用：一是保存有价值的物品，使其历久弥新，以供今人和后人观赏；二是辅助科研工作；三是实施实物教育；四是实施精神教育。到了 20 世纪 50 年代，相关人员在全国博物馆工作会议上确定了博物馆的基本性质，即博物馆是开展科学研究、文化教育和征集保藏的机构，这也被认为是对博物馆功用的总结。这与 20 世纪 80 年代提出的关于博物馆功用的观点非常接近，只不过使用"传播"替代了

"文化教育"。

综上可知，将收藏、研究和教育作为博物馆基本功用的观点，已经成为国际博物馆学界经过长期、广泛探讨而达成的共识。

（一）收藏

收藏是博物馆的功用之一。早期的收藏源于人们对具有纪念意义和特殊价值的实物的珍藏愿望，是一种自发行为，其规模和范围都很小，而且也比较零散，但正是这种自发的零星的收藏行为，为人们探索自然变化与古代人类生活留下了线索，成为博物馆产生的重要原因。后来，随着人类文明的发展，现代意义的博物馆兴起并且很快取代了私人收藏和收藏室收藏，成为最主要的专事收藏的场所。在此后的三个多世纪，得益于人类社会政治、经济和科学文化的快速发展，博物馆的收藏功用也日益增强，不仅经历了从零散的、不系统的收藏到全面的、系统的收藏的转变，收藏范围也从原来的珍品、古物、动植物标本、机器设备等逐步扩大到人类已知的方方面面，从传统的实物扩大到自然界和人类社会物质的和非物质的所有见证物。此外，尽管博物馆在此期间依然有计划地收藏具有历史、科学和艺术价值的自然和人类文化遗存，但其收藏的重点已开始从精品向有代表性的物品转移、从过去向现在转移、从精英阶层向全人类转移。如今，人们已经清醒地认识到，任何形式的博物馆都必须依靠收藏才能拥有作为博物馆全部活动物质基础的藏品，才能成为自然和人类文化遗产的收集者和保护者，才能发挥保存记忆、传承文化的社会作用。一旦离开了收藏，离开了藏品，博物馆就成了无源之水，失去了存在的价值。

（二）研究

科学研究是博物馆的重要功用，而且它同收藏一样，也是随着人类社会和博物馆的发展而逐渐发展起来的。

事实上，早在现代意义上的博物馆尚未产生之前，学者就已经开始对私人藏品和收藏室藏品进行研究。其中，亚里士多德对自身收藏及缪斯神庙内收集品的研究就属于较为典型的例证。17世纪末，现代意义上的博物馆诞生之后，为了更好地实现为社会及其发展服务的目标，相关人员对博物馆藏品的科学研究也开始变得更加系统和深入。起初，由于近代自然科学的兴起和发展，众多自然博物馆收藏的反映生物学和自然史的动植物标本、化石便成为当时研究的主要对象。凭借对这些自然科学藏品的研究，有些博物馆甚至成为当时著名的科研学术中心。后来，在启蒙运动和工业革命的影响下，艺术品、历史文物、工业革命成果等逐渐取代了早期自然科学领域的动植物标本、矿石等，成为博物馆研究的主要内容。20世纪以来，随着社会生产力的发展和博物馆事业的兴盛，博物馆的类型越来越多，藏品种类日益丰富，研究对象扩展到了自然和人类社会发展所留下的一切有价值的遗存，研究领域也随之扩展到自然科学和社会科学诸多学科。同时，博物馆对藏品研究的关注程度也越来越高。对博物馆藏品的科学研究，不仅能够帮助相关人员更加科学合理地进行藏品的管理和保护，而且能够更加深入、全面地揭示藏品所蕴含的历史、科学及艺术价值，从而使博物馆更好地发挥传播知识、启迪智慧和社会教育等功用，同时能够有力地推动与之相关的诸多学科的发展。例如，通过对意大利的乌菲齐美术馆所藏艺术品的研究，相关领域学者能够更好地开展对文艺复兴时期艺术史的研究；对博物馆收藏的甲骨、汉简和敦煌经卷的研究，则有助于拓宽历史学家的视野，丰富其对中国历史的认识。如果说藏品是博物馆一切活动的物质基础，那么科学研究，特别是藏品研究，则是博物馆一切活动的工作基础。

当然，经过几个世纪的发展，现代博物馆的科学研究已经不仅仅局限于对藏品的研究，还包括对博物馆学的研究，即将博物馆本身及其与社会的关系作为研究对象，通过对博物馆性质和目标的分析、对博物馆历史的回顾、对博物馆与社会关系的反思，以及对各项业务活动方法的探索，最终总结出博物馆活动的基本理论和实践工作经验。此外，在对藏品和博物馆学进行科学研究的过程中，相关人员还应了解博物馆工作所涉及的相关学科的情况。虽然从严格意义上来讲，这并不具备学术研究的性质，但实际上，不论是对藏品还是对博物馆学的科学研究，都离不开对包括历史学、社会学、民族学、教育学、物理学、化学和管理科学等在内的相关学科知识的了解和借鉴。只有充分了解相关学科知识背景，才能对藏品和博物馆学进行科学研究。而且，对博物馆学的科学研究也确实取得了丰硕的成果。这些成果不仅表现在博物馆出版发行的各类出版物上，而且大部分已直接应用于包括征集、鉴选、收藏、保护、陈列、管理和教育等在内的一系列实际工作当中。因此，科学研究不仅是博物馆作为科研机构的重要体现，而且对博物馆各项业务水平的提高及相关学科发展都起到了推动作用。

（三）教育

教育同样是博物馆的基本功用。早期的博物馆，其藏品仅供少数人观赏，因此教育功用不太明显。18 世纪末到 19 世纪初，随着博物馆服务社会、服务大众理念的兴起，博物馆的教育功用才逐渐凸显。到了 19 世纪中叶，基于对博物馆藏品的研究，有些博物馆开始有目的、有计划地通过组织陈列来实现对观众的教育。随着科学技术的迅速发展，知识经济初见端倪，为了提高自身的科技实力和民族竞争力，世界各国都十分重视博物馆的教育作用。时至今日，现代博物馆正通过陈列展览、开办讲座、宣传讲解和发展旅游等手段，成为配合学校教育的第二课堂和公众接受成人教育、回归教育等终身教育的重要场所。

　　当各国博物馆学研究者继续讨论博物馆三种基本功用之间的关系时，又出现了不同的观点。一种观点认为，收藏和保护是博物馆的基本职能，博物馆最重要的任务就是收藏和保护文物及自然标本。另一种观点则将科学研究作为博物馆工作的核心。还有学者认为，社会教育才是博物馆的中心职能。但更多的博物馆学研究者认为，博物馆的三大基本功用（收藏、研究和教育）之间应当是密切联系、不可分割的。收藏为研究和教育提供必需的物质基础；而研究不仅能够为收藏和教育提供科学依据，还能够有效推动收藏和教育工作的发展；教育则必须建立在收藏和研究的基础上，同时是收藏和研究活动的主要目的，可以促进收藏和研究工作的顺利开展。

　　此外，随着现代社会文明的发展及人们对博物馆认识的不断深入，当代博物馆兼具公共交流、休闲娱乐和文化象征等新兴功用。而且，这些所谓的新兴功用，也是当代博物馆学者结合博物馆的现代化发展，用时下流行的表述从不同角度对现代博物馆功用进行的积极有益且颇具时代气息和科学性的总结。实际上，包括我国学者对博物馆在现代化建设中发挥的作用的论述在内，都以博物馆的收藏和研究为基础，在不同程度上反映了博物馆的教育功用。因此，这些新兴功用其实也可以看作是对博物馆三大基本功用的扩展和延伸。

　　此外，随着博物馆的发展，国内的学者也逐渐认识到博物馆娱乐功能的重要性。苏东海在《博物馆演变史纲》一文中指出，在文化生活高档化的趋势下，一个值得重视的现象就是文化娱乐的需求。在工业社会紧张喧嚣的生活中，闲暇时间是很宝贵的。高尚的文化娱乐活动是休息和积蓄精神再生产能力的积极方式。博物馆是提供高尚文化娱乐、培养生活情趣、满足美感要求的场所，博物馆应该强化这方面的职能。

　　随着博物馆的免费开放，其已成为公众进行休闲娱乐活动的场所，与文化创意、旅游等产业的结合也越发紧密。参观博物馆也被提上旅游的重要日程，许多博物馆成为旅游热门景点。这是博物馆面临的机遇与挑战。一方面，博物馆的陈列设计要融入休闲娱乐的文化元素，使专业知识通俗化，向观众提供趣味性强的展览物；另一方面，要积极开展各种具有吸引力的欣赏娱乐活动。

此外，博物馆教育功能的实现，在很大程度上取决于观众的自发行为（自觉地走进博物馆）。众多调查和研究结果表明，出于娱乐目的参观博物馆的观众在数量上远远多于以接受教育为目的的观众，因此现代博物馆既要重视教育，也应关注观众的娱乐性需求，吸引观众，"寓教于乐"，使观众在接受教育的同时又能获得愉悦、新奇、惬意等娱乐性体验。值得注意的是，博物馆娱乐功能的发挥必须以博物馆的藏品为基础，以教育为最终目的，博物馆并不是纯粹的娱乐机构。

第三节　博物馆类型及其划分标准和意义

博物馆的类型，就是指一定数量的博物馆依据某种共同的标准相互联系所形成的类别。

对博物馆进行类型划分，其实是博物馆事业发展到一定阶段才提出的问题。起初，由于博物馆的数量较少且形态相对单一，再加上早期博物馆的藏品多以奇珍异宝和纪念性物品为主，因此并不需要对其进行分类。随着博物馆事业的蓬勃发展，博物馆的数量大幅增加，藏品也日益丰富，藏品形态更是多样。在这样的背景下，传统的经营和管理方式已经难以适应新兴博物馆的需求。于是，在18世纪末，相关学者开始对博物馆进行初步分类。当时，按照藏品的不同学科性质，博物馆被分为不同类型。此后，经过两个多世纪的发展，博物馆事业蓬勃发展。与此同时，在全世界博物馆工作者的共同努力下，作为博物馆学和博物馆基本理论研究重要内容的博物馆类型研究也得以不断进步，并且取得了丰硕的成果。

一、博物馆的类型

不同的学者从不同角度选取不同的标准，便可以将博物馆划分为不同类型。可以说，博物馆的类型划分也同博物馆自身一样，具有多样性。

目前，国际博物馆学界大多将藏品所反映内容的学科属性作为划分博物馆类型的主要标准，因为该标准对各国的博物馆而言都具有适应性。所以，它也往往被认为是当代博物馆的主导性分类标准。按照这个标准，现有博物馆可以较为宽泛地划分为历史类博物馆、艺术类博物馆、科学类博物馆、综合性博物馆和其他类型博物馆。

（一）历史类博物馆

历史类博物馆是指那些以文物藏品为基础，研究和反映与人类社会发展相关的各个方面情况的博物馆。这是一个庞杂的群体，主要包括历史博物馆、纪念馆、遗址博物馆、民俗博物馆、民族博物馆和人类学博物馆等。

1.历史博物馆

历史博物馆可以细分为国家历史博物馆、地方性历史博物馆和专题历史博物馆。国家历史博物馆通常能够概括一个民族或国家的主要发展历程。世界著名的国家历史博物馆主要有中国国家博物馆、丹麦国家博物馆、匈牙利国家博物馆、美国国家历史博物馆、东京国立博物馆等。地方性历史博物馆是指能够概括某个地区或城市发展历程的博物馆。例如，我国的上海市历史博物馆、日本的大阪历史博物馆等。专题历史博物馆是指以某个专题的历史发展为主要内容的博物馆。例如，我国南京的太平天国历史博物馆，就属于典型的专题历史博物馆。

总体而言，在历史类博物馆中，历史博物馆数量较多，尤其是我国历史博物馆的数量在各类博物馆中占有较大的比例，这主要是因为我国不仅有着悠久的历史和深厚的文化，而且长期以来有发展历史博物馆的传统。历史博物馆一般通过组织通史、地方史或专题史的陈列，达到传播知识、提高民族凝聚力和激发观众爱国热情的目的。

2.纪念馆

纪念馆就是纪念重要历史人物或事件的博物馆。这类博物馆纪念的对象，都是人类发展史上在不同方面、不同程度推动历史车轮前进的杰出人物和重大事件。它们大多是以所纪念历史人物的诞生地、居住地或主要活动场所，以及所纪念历史事件发生的原址或遗址为基础兴建的，馆内收藏和展出的也往往是与这些历史人物和事件相关的各种资料。虽然纪念馆的规模都不太大，但其中的人物纪念馆就如同人类历史上社会精英的传记，能够带给观众榜样式的激励；而事件纪念馆则仿佛能够穿越时空的阻隔，使观众切身感受鲜活的历史。美国的林肯纪念堂、德国的贝多芬之家、印度的甘地博物馆，以及我国的孙中山故居纪念馆、韶山毛泽东同志纪念馆、遵义会议纪念馆、淮海战役纪念馆等都属于此类。

3.遗址博物馆

遗址博物馆通常是依托考古发掘或历史遗留下来的各种遗址、遗迹而建立的博物馆。这类博物馆的优势在于对遗址、遗迹的原貌展示，藏品与展示环境的完美结合，以及充斥其间的神秘传说。这使得观众对此类博物馆总是兴趣盎然。例如，英国的铁桥谷工业遗址博物馆、意大利的庞贝古城，以及我国的定陵博物馆、乾陵博物馆、周口店北京人遗址博物馆、西安半坡博物馆、大地湾博物馆、秦始皇帝陵博物院等，每年都吸引着数以万计的国内外游客和学者前往参观考察。

4.民俗博物馆

民俗博物馆更关注地区性民众生活的文化特征，包括特有语言、生产方式、生活习惯、文化传统等。目前，国内外已经建成了许多著名的民俗博物馆，为推动民俗学和博物馆事业的发展作出了重要贡献。其中就包括法国东方艺术博物馆、韩国国立民俗博物馆，以及我国的天津民俗博物馆、歙县博物馆等。

5.民族博物馆

民族博物馆往往收藏有大量反映某个民族历史文化的丰富材料。充分研究和利用这些珍贵的由实地走访所获得的第一手资料，不仅能够有效提升某个民族的自信心和自豪感，还使得许多民族博物馆成为对该民族研究的重要学术基地。德国的柏林世界民族博物馆、日本国立民族学博物馆和我国的中国民族博物馆、云南民族博物馆等，都是世界上知名的民族博物馆。

6.人类学博物馆

人类学博物馆是随着近代人类学的发展而发展起来的，它产生之后也极大地推动了人类学研究的发展。这类博物馆在国外起步较早，发展到现在，无论是软件方面（包括专业人员等）还是硬件方面（包括建筑、设备等），都已经颇具规模。其中，比较著名的有墨西哥国立人类学博物馆和肯尼亚国家博物馆等。虽然我国人类学的研究起步相对较晚，但经过多年的发展，现在也已经拥有了像厦门大学人类博物馆和云南大学伍马瑶人类学博物馆这样的高水平人类学博物馆。

（二）艺术类博物馆

艺术类博物馆是指那些收藏、研究和展示绘画、书法、摄影、雕塑、民间工艺、陶瓷、织绣、文学、音乐、舞蹈、戏剧、电影等资料的博物馆。当前比较常见的有文学博物馆、文化博物馆、音乐博物馆、电影博物馆、戏剧博物馆和美术博物馆等。

目前，世界各地已经建成了许多文学博物馆，以满足广大文学爱好者的需求。其中，既有包括德国现代文学博物馆和日本的镰仓文学馆等在内的国外文学博物馆，也有像中国现代文学馆这样的国内文学博物馆。

文化博物馆同我国博物馆分类中所说的专题性博物馆非常相似。这类博物馆主要通过收藏、研究和展示某种主题的藏品，进而揭示其文化内涵。如今，这类博物馆在国内外都得到了较快的发展。例如，我国的北京宣南文化博物馆、中国运河文化博物馆和青海藏文化博物院等，都属于此类。

音乐博物馆承担着收藏、保护、展示和传承音乐文化的工作，是艺术类博物馆的重要组成部分。巴黎音乐博物馆、西雅图摇滚音乐博物馆都是国际知名的音乐博物馆。我国也已经建成了哈尔滨音乐博物馆等音乐博物馆。

电影博物馆和戏剧博物馆也是现代常见的艺术类博物馆。中国电影博物馆、法国电影资料馆、美国的乔治·伊斯曼国际摄影和电影博物馆及德国电影博物馆等，都堪称国际知名的电影博物馆。而英国的伦敦戏剧博物馆，以及我国的北京人民艺术剧院戏剧博物馆、天津戏剧博物馆和上海戏剧博物馆等，则是戏剧博物馆的典型代表。这些博物馆对电影和戏剧的发展具有重要的指导和推动作用。

实际上，艺术类博物馆中绝大多数是以收藏和展出包括书法、绘画、雕塑和装饰艺术品等在内的各种造型艺术作品为主的美术博物馆。它可以被细分为两种类型。一种是艺术史博物馆，主要保存和展示历史上流传下来的各种美术作品。这类博物馆中比较著名的有法国的卢浮宫、意大利的佛罗伦萨学院美术馆和乌菲齐美术馆、美国的大都会艺术博物馆、俄罗斯的艾尔米塔什博物馆、我国的故宫博物院和上海博物馆等。另外，像美国民间艺术博物馆和我国的胡同张老北京民间艺术馆这样的民间艺术博物馆往往也被划归此类。另一种则是收藏和展示现当代艺术家作品的美术馆。中国美术馆、法国巴黎的蓬皮杜艺术中心和美国纽约的古根海姆博物馆等，都属于世界闻名的当代美术馆。这些美术馆的收藏决策往往受到流行美学判断标准、社会审美趣味和艺术品市场价格等因素的影响，呈现出复杂性。同时，这些决策也会对艺术家的创作及社会审美起到一定的引导作用。总之，美术博物馆不仅是公众接受审美教育的重要场所，而且是重要的旅游资源。

（三）科学类博物馆

科学类博物馆是指那些以自然界及人类认知、保护和适应自然界所需的科学技术为主要内容的博物馆。这类博物馆可以被细分为自然类博物馆和科学技术类博物馆两大部分。

自然类博物馆可以将自然界的一切作为收藏和研究的对象。这类博物馆往往通过研究和展示包括天文、地理和生物等在内的各方面自然藏品，使人们更加深入地了解自然界发展的历史和规律。在国外，此类博物馆常被称为自然科学博物馆或自然历史博物馆，我国则习惯将其称为自然博物馆。阿根廷的拉普拉塔自然科学博物馆、日本东京的国立科学博物馆、英国自然历史博物馆、法国国家自然历史博物馆、美国自然历史博物馆，以及中国地质博物馆、国家自然博物馆、上海自然博物馆等，都是颇负盛名的自然类博物馆。此外，具有博物馆性质的天文馆、水族馆、动物园、植物园、自然保护区和国家公园等也属于自然类博物馆。

科学技术类博物馆还可以被细分为科学技术史博物馆和科学技术博物馆。科学技术史博物馆往往会系统地收藏和介绍某种科学技术的发展历程。我国的自贡市盐业历史博物馆、江南造船博物馆、铜绿山古铜矿遗址博物馆、南通纺织博物馆，以及英国曼彻斯特科学与工业博物馆、法国的纺织历史博物馆等都属于这类博物馆。科学技术博物馆则主要指那些反映人类社会重要科技成果、揭示科学奥秘的博物馆。虽然从博物馆的发展历史来看，这类博物馆起步相对较晚，但由于其能够与近现代科学技术实现互动，所以发展速度较快，规模也都比较大。而且，它们的现代化程度普遍较高，在运用现代化展示手段和鼓励观众动手参与等方面具有开拓性。因此，自诞生以来，科学技术博物馆一直都是对公众进行科普教育的重要场所。法国发现宫、英国的伦敦科学博物馆、美国的芝加哥科学与工业博物馆、加拿大的安大略科学中心、中国科学技术馆等，都是这类博物馆的典型代表。此外，众多诸如交通、电信、广播、建筑、矿冶、农林、医药、航天等与现代科学技术相关的专业博物馆，往往也都属于科学技术博物馆。

（四）综合性博物馆

综合性博物馆的藏品丰富多样，往往兼具历史类、艺术类和科学类博物馆的性质。从世界博物馆发展的情况来看，这类博物馆形成的主要原因就在于其收集藏品时始终保留着博物馆专业化之前的特征，即将所有被认为有价值、有意义的事物都作为征集对象，而不考虑搜集品所反映内容的学科属性。因此，这类博物馆通常具有历史悠久、规模庞大、藏品丰富等特点。英国的大英博物馆、大埃及博物馆、加拿大的皇家安大略博物馆和印度博物馆等，都是举世闻名的综合性博物馆。我国的综合性博物馆通常展示某个地区的生态环境、社会历史、民俗风情，以及当代建设和发展成果。

综合性博物馆，也称地志博物馆。我国的南通博物苑、山东博物馆、甘肃省博物馆、湖南博物院、黑龙江省博物馆和内蒙古博物院等便是其典型代表。此外，需要特别指出的是，综合性博物馆如果发展规模过大，往往需要像大英博物馆那样适时地进行分离。例如，浙江省博物馆分离出了自然部用以新建浙江自然博物馆（2018 年 8 月更名为浙江自然博物院），辛亥革命纪念馆也是从湖北省博物馆中分离出来的。而且，随着博物馆专业化程度的不断提高，这种剥离无疑会成为国内外大型综合性博物馆未来发展的必然趋势。

（五）其他类型博物馆

1.生态博物馆

生态博物馆是现代博物馆家族中的年轻成员。自 20 世纪 70 年代生态博物馆的概念被提出，尽管关于其基本的定义还众说纷纭，但生态博物馆在保护特定地区自然和社会环境的整体性、展示和传承特定族群的历史文化遗存等方面所起的作用已为广大博物馆学者认同。作为一种新兴的博物馆类型，生态博物馆已如雨后春笋般在许多国家涌现。加拿大的上比沃斯生态博物馆、美国的亚克钦印第安社区生态博物馆、我国的梭戛生态博物馆等，都是典型的生态博物馆。

2.数字博物馆

20 世纪 90 年代以来，随着信息化时代的到来，计算机、网络技术开始进入博物馆，博物馆界随之出现了以数字化信息替代实物作为博物馆藏品的新形式，数字博物馆应运而生。数字博物馆也被称为数字化博物馆，是指运用计算机、网络、多媒体等数字技术和手段，将实体博物馆的收藏、研究、娱乐、展示、教育等功能以数字化方式完整呈现出来的综合信息系统。通常情况下，一个完整的数字博物馆至少需要由数字藏品、存储平台、加工平台和互动展示平台四部分组成。但由于数字博物馆属于新型博物馆，其理论基础和实践经验还不完善，所以国内外各个博物馆的网站、多媒体互动设备便成为当前数字博物馆的主要表现形式。即便如此，借助计算机和网络，数字博物馆依然显示出诸多优势，如能够突破时间和空间的限制，实现与观众的高度互动，有效保护博物馆实物藏品，提高博物馆信息资源的开放与共享程度，等等。正因为如此，随着信息技术的不断进步和实践经验的日益丰富，数字博物馆不但会保持现有的良好发展势头，而且会成为未来博物馆不可或缺的组成部分。

二、划分博物馆类型的标准

尽管各国在划分博物馆的类型时都依据藏品所反映内容的学科属性这一标准，但是由于各国文化传统和博物馆的实际情况存在差异，再加上对藏品所反映内容的理解不同和对类型范围的认识的差异，博物馆学者据此构建的分类体系也不尽相同。例如，日本学者伊藤寿朗就按照上述标准将博物馆分为五大类，即考古馆、历史馆、民俗馆、民族馆和纪念馆之类，美术馆、庭园之类，天文台、天象仪、理工馆、自然史馆和自然保护区之类，动物园、植物园、水族馆和天然公园之类，综合馆、乡土馆之类。而苏联学者也依据上述标准，将博物馆分为历史、纪念、地志、艺术、文学、技术和自然史七大类。我国学者在很长一段时间内将博物馆据此分为社会历史类、自然科学类和综合类。博物馆类型划分的复杂性由此可见一斑。

除了作为主导性分类标准的藏品所反映内容的学科属性，博物馆的观众形态、建筑及陈展方式等也是当代国际博物馆学界比较常见的类型划分标准。

（一）依据观众形态划分

依照参观博物馆的观众形态，可以将博物馆划分为普通博物馆、儿童博物馆和残疾人博物馆。

普通博物馆以全社会的公众为服务对象，适合各类人群参观。儿童博物馆则是以儿童为主要服务对象的博物馆。作为儿童游玩和学习的重要场所，该类博物馆内的一切都是根据儿童的生理和心理特点来设计的，它们往往拥有五彩斑斓的色彩、奇异夸张的建筑及新颖有趣的游戏等，十分有利于激发儿童的好奇心和求知欲，以及培养儿童细心观察、动手操作和认真思考的能力。美国的布鲁克林儿童博物馆、波士顿儿童博物馆，日本的滨银儿童宇宙科学馆和我国的上海儿童博物馆等，都是世界闻名的儿童博物馆。残疾人博物馆既包括将残疾人作为主要服务对象的博物馆，如希腊雅典的"光明之星"触觉博物馆等，也包括建筑设计和陈展方式充分考虑残疾人需要的博物馆，如提供"残疾观众服务"的美国的大都会艺术博物馆、具有无障碍设计的我国的首都博物馆等。

（二）依据博物馆的建筑和陈展方式划分

将博物馆的建筑及陈展方式作为分类标准，博物馆可以分为室内博物馆、遗址博物馆、露天博物馆和水下博物馆。

室内博物馆是指将陈展置于博物馆建筑之内的博物馆。目前，世界上绝大多数博物馆是室内博物馆。遗址博物馆已在历史类博物馆的介绍中提及，故此处不再介绍。露天博物馆是指将陈展置于露天处的博物馆。这类博物馆往往将分散在各地的历史遗存转移并集中在某个特定的区域，从而产生一种摄影棚效应，既能够展示某个地区或民族在特定历史时期的生活状况，又能够动态地反映某个地区或民族的历史变迁。瑞典斯德哥尔摩的斯堪森露天博物馆、挪威的民俗博物馆、芬兰的图尔库手工业博物馆、丹麦的里伯露天博物馆、日本的明治村和我国的北京石刻艺术博物馆等都属于此类。这类博物馆往往深受参观者和旅游者的青睐，能够创造可观的社会效益和经济效益。水下博物馆则是指那些将建筑和陈展都置于水下的博物馆，如我国的白鹤梁水下博物馆。

（三）其他划分标准

除了上述国际流行的划分标准，我国还经常根据博物馆的建筑规模，将其划分为大型博物馆（建筑规模大于 10 000 m^2）、中型博物馆（建筑规模为 4 000～10 000 m^2）和小型博物馆（建筑规模小于 4 000 m^2）三类；依据兴办博物馆的目的并结合藏品的性质，将博物馆划分为综合性博物馆、纪念性博物馆和专门性（专题性）博物馆三大类。

综上所述，尽管国内外博物馆学界都在博物馆的类型研究方面取得了一定的成绩，但考虑到未来新型博物馆的陆续出现，以及博物馆类型划分的复杂性和多样性，相关人员依然有必要将博物馆类型研究作为当代与未来博物馆学研究的重要课题予以关注。

三、划分博物馆类型的意义

首先，对博物馆进行科学的类型划分，不仅在理论上有助于相关学者更好地认识和总结不同类型博物馆的特点和规律，明确各类博物馆的发展方向，而且在实践中也有利于不同类型博物馆的工作人员最大限度地发挥特长，更好地实现个人价值。博物馆的不同类型决定了其在人才构成、组织管理、社会职能和经费来源等方面都不尽相同。因此，只有对博物馆的类型及其特点有清晰、准确的认识，博物馆管理者才有可能制定出切实可行的针对不同类型博物馆的经营管理方针；博物馆工作人员才有可能更加深刻地理解和把握自身工作的特点，明确自己的工作方向和目标，进而在各项业务活动中尽可能地扬长避短，最终为博物馆创造更大的社会效益和经济效益。

其次，通过对博物馆类型的划分，相关人员不仅能够看出一个国家或地区博物馆建设的基本格局，而且可以对现有博物馆进行调整，以及制订未来发展规划，从而使该国家或地区博物馆的布局渐趋合理，推动该国家或地区博物馆事业的健康持续发展。

最后，准确划分博物馆类型，有益于国内外博物馆学术交流活动的开展。目前，随着世界各地博物馆事业的蓬勃发展和博物馆学研究的日益兴盛，各国间的博物馆学术交流活动也日渐频繁。在此过程中，无论是对国内外相同类型博物馆间深入的对口交流来说，还是对不同类型博物馆间的相互学习和借鉴而言，准确划分博物馆类型都显得十分重要。

由此可见，科学准确地划分博物馆的类型，认识和掌握各类博物馆的特点，对博物馆的理论建设和实际工作都具有非常重要的意义。

第四节　博物馆环境

一、博物馆的室内环境

博物馆环境主要是指博物馆、纪念馆、考古所、美术馆、图书馆等文物收藏单位的库房、陈列室、储藏柜、展柜等处的环境。与文物本身直接接触的环境因素主要有温度、湿度、氧含量、污染气体种类和浓度、光辐射强度、虫和霉菌等，这些环境因素对文物能否长久保存有着重要影响。

1930 年，在意大利罗马召开的关于艺术品保护的国际研讨会上第一次提出了预防性保护的概念，现已经成为国际文化遗产科学保护的共识和发展方向。预防性保护的核心技术是对馆藏文物保存环境实施有效的监测和控制，降低各种环境因素对文物的危害，努力为文物创造一个稳定、洁净、安全的生存环境，尽可能阻止或延缓文物物理和化学性质的变化乃至最终劣化，达到长久保护和保存馆藏文物的目的。其中，保持博物馆环境的稳定性，主要是指控制温度、湿度，防止出现较大幅度的波动。评价博物馆环境是否洁净，除涉及有关污染气体极限浓度控制指标外，尚未有系统的标准。

博物馆环境中污染物的来源包括大气中污染气体、飘尘、建筑和装饰材料释放的有害物、装置设备的化学挥发物、生物及生物体的排泄物、工作人员和观众带入的食物，以及室内放置的植物等。

（一）博物馆环境温度

一般认为，博物馆室内适合文物保存的标准温度应为 15～25 ℃，这个温度范围是对大部分文物而言的，有些质地的文物对温度有更严格的要求。博物馆内温度不允许出现骤变，不仅一年之内的变化不能超过规定的标准，就一日而言，气温的变化也不能过于剧烈，一般规定日气温差为 2～5 ℃。博物馆室内温度分布具有场分布的性质，像重力场、磁场、电力场等一样。物理学中将存在着温度的场称为"温度场"，它是某一时刻室内空间中各点温度分布的总称。

（二）博物馆环境湿度

水是各种因素破坏文物的媒介，博物馆内的湿度条件是评价博物馆环境的关键。环境中的水分含量是以空气湿度为表征的，在调节博物馆内湿度时，必须考虑馆内相对湿度与温度的密切关系。博物馆内湿度分布是不均衡的，具有场分布特征，即"湿度场"。不同区域湿度的大小与附近是否存在"湿度源"以及通风情况有关。一般情况下，博物馆内湿度源主要与地下水和外界大气水分含量有关，在各类博物馆中，地下水问题在大的遗址博物馆中最为常见，地下水湿度源对博物馆的影响主要表现为室内湿度高于室外湿度。博物馆内的通风情况也是导致湿度分布不均衡的一个重要因素，当室外湿度高于室内或遇到大气降水时，展厅门口即上风口湿度高于展厅内部——这是因为展厅门口与室外空气最为接近，气流较快，从而带动水分向内部迁移。

（三）博物馆大气环境

博物馆的大气环境包含多种物质成分，除氧气、氮气、水分外，还包括硫和氮的氧化物（酸性气体）、小分子有机挥发物、飘尘、微生物等。上述各种成分都会使文物实体材料发生氧化、水解等腐蚀降解反应，从而损害文物。

（四）博物馆光照环境

光辐射，特别是紫外线的辐射，能够给文物实体质点提供能量，使质点活泼程度提升，从而使质点更容易发生改变和位移。例如，光照可引起有机高分子材质文物发生一系列光化学反应，加速有机高分子材料的老化变质，因而合理地选择光源、控制光源强度，以及科学地选用光稳定剂、紫外线吸收剂等抑制光引起的光化学反应的措施是十分重要的。

（五）博物馆微生物环境

微生物会使有机质文物霉烂、糟朽，因此消毒灭菌、防止微生物对馆藏文物的侵蚀和破坏是非常必要的。文物实体出现的霉烂只是微生物腐蚀的宏观特征。在微观层面上，在微生物的作用下，文物实体质点发生了改变或被腐蚀，产生位移，脱离了文物实体，使文物实体产生破损等现象。因此，微生物控制工作对博物馆工作来说十分重要。

博物馆防治微生物的重点是预防霉菌滋生和繁殖，预防霉菌的基本方法是在库房创造抑制霉菌繁殖的环境。适宜的温度、湿度对霉菌的繁殖极其重要，没有适宜的温度、湿度条件，即使有足够的营养，霉菌也不会发育。把博物馆温度控制在 15～25 ℃，相对湿度控制在 65%以下，有助于抑制霉菌发育。保持博物馆清洁无灰尘，也可阻碍霉菌发育，对预防微生物滋生和繁殖也很重要。

二、博物馆的观众环境

博物馆除了要考虑文物保护所需的环境条件，还应考虑观众在博物馆环境中是否舒适的问题，即既要考虑文物展示和保管所需的环境条件，又要考虑观众对环境舒适度的要求。

（一）观众环境特点

博物馆是公共场所，往往人员密集。现代博物馆建筑空间密封性好，有利于控制温度、湿度，但不利于空气流通，污染物容易积聚。实际上每位观众都是一个污染源，会释放出各种对文物实体有害的物质。个别观众还可能携带病原微生物，易造成疾病传播。

（二）观众环境中的视觉要求

杂乱的色彩会引起视觉混乱。人的眼睛像是一对自动搜索器，总是处于寻找状态，两到三秒就会移动一次，每移动一次就会抓住一些东西。然而在杂乱无章的色彩环境里面，如果没有可以观察的物体，人就会出现视觉饥渴。单一色彩易造成视觉疲劳，而"视觉污染"则是环境污染在人视觉上的体现。人观察到那些杂乱无章、极度不协调、丑陋的事物，会产生情绪上的烦躁郁闷、感官上的倦怠等。博物馆环境是集中了大量同样成分的视觉环境，色彩要和谐统一，但是统一并不是单一，色彩应与展览内容、博物馆建筑空间相协调。

第五节　博物馆的多元化合作

一、博物馆与资源提供者的合作

政府和捐赠者是博物馆资金或藏品的主要来源和支持者。博物馆应该与其建立良好的关系，使其成为博物馆教育活动的支持者、参与者和宣传者。

（一）加强与政府沟通，争取财政支持

博物馆需要加强同政府各部门的沟通，从而获得财政支持和政策支持。为此，博物馆应重塑自身社会形象，主动争取政府的政策扶持，并努力争取相关政府部门对博物馆的资金投入。

（二）加强与社会各界的交流，吸引社会捐赠

博物馆通过与社会各界的交流，一方面可以掌握观众群的需求，提高自身的竞争力；另一方面可以发现潜在的社会支持。博物馆管理人员必须具备宣传意识，这对于吸引社会捐赠十分重要。为了赢得企业的赞助，博物馆应主动与企业建立联系，向其展示自身的独特魅力，阐述赞助博物馆对企业发展的积极影响，从而激发企业管理人员的社会责任感。同时，通过加大宣传力度，博物馆还能增强公众对博物馆的认知、理解和支持，为自身创造一个有利于生存与发展的外部环境。通过建立良好的公共关系，博物馆能够提高自身的美誉度和社会影响力，进而吸引更多稳定的社会捐赠，为自身的发展注入源源不断的资金活力。

二、博物馆与中小学校的合作

博物馆应积极建立与中小学校的合作关系，以便开展丰富多彩的教育推广活动。中小学生是博物馆最主要的服务对象，中小学教师则是博物馆教育活

动最好的帮手。博物馆不仅是宝贵的社会文化资源，还是极其丰富的校外教育资源，更是中小学生接受素质教育的第二课堂。为了充分发挥教育功能，博物馆需要与学校携手，共同策划形式多样的活动。博物馆与中小学校的合作有多种模式，如"提供者"与"参与者"模式、"美术馆主导"的互动模式及"教师主导"的互动模式等。博物馆与中小学校的合作既可以是由博物馆提供活动，学校选择参与；也可以是由学校向博物馆提出活动构想，博物馆予以配合。馆校联合不仅能够丰富学校的教育资源，还能够优化博物馆的教育功能，也能够为学生的成长助力，是提升国民素质的有效手段。

同时，博物馆可以实行学校教育计划。这一计划主要针对中小学的班级或课程设计，目的是为学校教育服务，使博物馆成为学校可以利用的教学资源。博物馆的教育方式与其他教育部门截然不同，在教育目的和方法方面均有所差异。博物馆通过实物展示来教育观众，这是其独特优势所在。

三、博物馆与高校的合作

博物馆应主动尝试与高校在专业教学、科研合作、资源共享等方面建立相互依赖、相互补充的新型关系，共同承担为社会教育服务的重任，并为促进双方的共同进步和发展奠定坚实的合作基础。

（一）专业教学的补充

对高校来说，博物馆可以成为其教学实践基地。高校可以将博物馆文物与实践教学相结合，组织学生参观博物馆，使学生通过观看历史文物展览，了解历史发展的真实脉络，从而增加对考古学、人类学、民俗学、地质学、古生物学等学科知识的了解。这不仅有助于培养大学生多角度、多学科、综合分析问题的能力，还是对高校理论教学的有益补充。

（二）人才培养上的合作

在人才培养上，高校可以借鉴国际先进经验，探索创新路径，着手改革现有的教学体制。例如，很多博物馆、美术馆与高校的艺术史教学之间有着密切联系。高校可以与博物馆形成良性互动，依托博物馆的资源来提高大学生的技能，开展实践教学，并验证学术研究成果。

此外，随着我国设立文物考古、博物馆学、文物保护学等相关专业的高校的数量不断增加，这些高校能够为博物馆输送大量的专业人才。凭借雄厚的科研力量、丰富的资料储备及先进的设备条件，高校完全有能力协助基层博物馆解决一些实际问题，如课题研究或人才培训。从这个角度讲，博物馆与高校开展合作，实为双赢的选择。

（三）加强科研合作

博物馆的发展有赖于科研的推动。只有将科研置于引领地位，不断提升科研水平，博物馆才能创造出具有原创性和精品性质的科研成果，从而切实提高展览的科学性和思想性。博物馆通常收藏着数以万计的文物，随着考古工作的开展，还将有大量文物出土，这些珍贵文物为科研工作提供了新材料、新亮点和新方向。因此，博物馆应主动寻求与高校的合作，以此带动学术研究的开展；也应定期邀请高校的专家到博物馆为观众举办专题讲座。

（四）实现图书等资源共享

博物馆的工作人员要想做好学术研究，就离不开图书资料。鉴于高校图书馆拥有丰富的图书文献资源供读者使用，因此加强与高校的合作，充分利用先进的信息技术手段，加速图书资料的自动化和网络化建设，实现资源共享，是博物馆节约经费开支的有效途径。此举能够拓宽信息获取的渠道，降低信息获取的成本，对博物馆科研工作的推进大有裨益，也有助于挖掘博物馆的教育潜力。

（五）志愿者的培养

大学生在课余时间可以选择到博物馆担任志愿者。对大学生志愿者而言，他们不仅能在博物馆幽雅的环境和浓厚的文化氛围中不断积累经验，还能将所学知识与实践相结合，使博物馆成为他们融入社会、增长见识、实现价值及回馈社会的最佳场所。

四、博物馆之间的合作

博物馆间的联合建设，即博物馆际合作，主要包括藏品的互助和互相提供场地举办临时展览。这种合作不仅限于同一行业或同一地区的博物馆之间的纵向联合，而且涵盖跨行业、跨地区的博物馆之间的横向合作。每个博物馆都应构建自身的纵横合作体系，以完善博物馆社会服务网络。这一网络能够促进各博物馆间成功经验的交流，实现教育资源共享，甚至能帮助博物馆共同推出更具影响力的教育项目，从而充分展现博物馆的社会服务功能。

五、博物馆与社区的合作

社区是博物馆的"邻居"和"朋友"。博物馆教育与社区教育之间既相互依存又相互促进。博物馆作为社区教育的一部分，二者具有共性。同时，由于教育内容、方法及手段的差异，博物馆与社区又各自展现出自身独特的个性。这种相互作用丰富了社区文化建设的内涵与形式，更好地满足了群众日益增长的精神文化需求。

（一）把展览办到社区

博物馆的教育具有多维性，与社区教育的方式高度契合。通过举办流动展览，博物馆工作人员把藏品和研究成果以生动的形式呈现给社区公众，吸引他们前来参观，并通过不断更新研究成果，让公众对博物馆保持新鲜感，进而提升他们的知识水平和综合素养。

（二）建设社区虚拟博物馆

博物馆可以利用现代网络技术，建设社区虚拟博物馆，共享博物馆的资源。时间、经济等因素往往限制了社区群众观赏藏品与资料，因此建设虚拟博物馆成为解决这一问题的有效途径。社区群众可通过访问网站，查阅藏品与资料，使用博物馆的资源。虚拟博物馆消除了地理上的屏障，以便捷经济的方式使社区群众共享信息和成果。

（三）社会力量的参与

博物馆是全社会的事业，其发展离不开社会力量的支持。在社区教育过程中，热爱博物馆的社区志愿者为博物馆注入了活力。他们积极为博物馆筹集资金、提供义务服务，并就博物馆的陈列展览、文物征集和科学研究等提出宝贵意见。博物馆则通过开办讲座、组织志愿者宣传讲解等活动，加强与志愿者队伍的交流与合作，增强其社会责任意识。

（四）实施文化中心项目

文化中心项目是指博物馆将部分教育活动移到博物馆外的各个社区文化中心进行，为社区设计专门的教育活动。例如，在社区文化中心举办讲座、演讲、表演等活动。

六、博物馆与新闻媒体的合作

博物馆要维护好自己的公众形象，不可避免地需要借助新闻媒体的力量，以增进公众对博物馆的了解，提升博物馆的美誉度和知名度。一方面，新闻媒体可以利用其传播功能推介博物馆的活动；另一方面，新闻媒体也是博物馆可以利用的教育平台。

新闻媒体已经成为人们工作、生活不可缺少的一部分。信息传播的最佳效果在于它宣传广度和力度的完美结合。新闻媒体的传播范围极其广泛，可以打破传播者和受众之间的界限，最大限度地满足传播双方表达和接收信息的需求，成为博物馆教育的又一个平台。一方面，博物馆通过新闻媒体向公众传递信息，履行其作为文化机构进行文化教育的责任。博物馆可以借助新闻媒体的影响力，多角度引导公众从历史、风俗、乡土人情等方面进行思考，使文化教育的宣传达到口口相传的程度，更好地对历史、文化进行输出。通过构建信息网络，博物馆能够轻松地将信息传播至全国各地。另一方面，新闻媒体也可以将公众的需求和愿望反馈给博物馆，使博物馆在第一时间接收这些反馈，并据此及时完善与调整其教育活动。

总之，通过新闻媒体，博物馆可以整合博物馆的教育资源，设计不同的教育推广项目，完善馆内和馆外网络，一方面使社会大众参与博物馆项目，另一方面使博物馆更好地融入社会，最终建立一个完善、立体的博物馆教育体系。

第二章　博物馆教育概述

第一节　博物馆教育的本质和发展

博物馆教育的发展是一个漫长的过程，从博物馆建立之日起，博物馆的教育职能就随之产生了。博物馆的教育任务是传播文化知识，扩大公民素质教育的覆盖面，进而推动先进文化的交流与传播，使博物馆成为人们追求精神享受的文化场所。凭借直观的教育特点和服务大众的本质，博物馆教育已成为社会教育不可或缺的组成部分。

博物馆是一个为社会和社会发展服务的、公开的、永久性的非营利机构，其基本职责是收集、保存、研究关于人类及其环境的见证物，并通过展览等方式公之于众，为人们提供学习和观赏的机会。博物馆的功能包括教育、收藏、保护、科研等方面。博物馆教育是博物馆根据其展品和陈列形式，运用多种手段，直接形象地对观众进行历史文化教育和科普教育的过程，能够有效提高观众的文化素养、思想品质和审美能力。博物馆是能在馆内外广泛开展教育活动的专门社会教育机构。

一、博物馆教育的本质

博物馆教育本质上是一种社会教育形式，服务对象包括社会各阶层的人。博物馆教育与成人教育相结合，是成人继续教育的延伸。成年人在博物馆里，可以根据自己的意愿、需求和学习方式，有选择地补充和丰富自己原有的知识并吸收新知识，进而提高自身的整体素质。随着当前社会教育日益趋向于终身化，将博物馆教育与成人教育相结合，不仅是博物馆事业发展的需要，也是社会教育发展的需要。此外，博物馆如同一所使人终身受益的社会大学，是人们追求"终身教育"的理想场所。

近年来，我国博物馆事业蓬勃发展，这一趋势不仅推动了博物馆教育观念的更新，还促进了教育活动的创新。博物馆社会教育旨在搭建一个公共教育平台，使博物馆成为全民提高自身素质的文化殿堂，这也标志着传统博物馆教育向现代博物馆教育的历史性跨越。当前社会，博物馆教育与学校教育、家庭教育及其他社会教育的有效结合，既完善了整个教育体系，也有助于博物馆自身的建设与发展。作为社会教育的组成部分，博物馆教育内容广博、形式多样且效果显著。作为公共文化设施，博物馆就像一部立体的"百科全书"，一个实物的"图书馆"。

总之，博物馆教育本质上属于社会教育，其以传播文化、普及知识为目的，以服务大众、提高全民素质为宗旨，在不同阶段承担着不同的社会教育使命。博物馆作为历史文化保护机构，运用文物展品和陈列对人们进行教育，不管活动的形式如何，其宗旨都在于培养和教育人。教育对象的广泛性、全民性、终身性，教育内容的直观性、实物性、丰富性，教育方式的开放性、自主性、愉悦性，成为博物馆教育独有的特点。在教育实施过程中，博物馆教育既有别于其他社会文化教育机构，又不同于学校教育机构。

二、博物馆教育的发展

大约在 19 世纪中叶，博物馆才开始有目的、有组织地陈列藏品，并有计划地对观众施加影响。此外，西方国家对博物馆教育的认识相对较早。19 世纪 50 年代建立的德国纽伦堡日耳曼国家博物馆就是按史前时代、罗马时代、德国时代三个系统组织陈列的，以帮助观众了解德国不同时代的社会面貌，这显然是一种教育行为。这类博物馆陈列展览扩大了以实物教育为特征的博物馆的影响，博物馆教育的价值逐步为人们所认识。20 世纪 40 年代以后，博物馆成为弘扬优秀传统文化，增强民族凝聚力的场所。随着科学技术的进步和社会的不断发展，世界各国开始普遍重视博物馆在教育方面的作用。20 世纪 60 年代以来，欧洲一些国家的博物馆采取了多种手段来丰富博物馆的教育功能，除了举办常设展览和定期更换内容的专题展览，还经常举办各种学术讲座。大多数博物馆在展览的形式、内容和教育手段上，都十分重视观众的感受。教育职能在博物馆的众多职能中日益凸显，并越来越引起重视，博物馆作为教育的场所也日益发挥着重要作用。

在我国，改革开放以后，各地博物馆经过不断探索并借鉴国外博物馆的先进经验和理念，各方面都有了显著发展，人们对博物馆教育的认识也逐步深化。20 世纪 70 年代末，国家文物局发布的《省、市、自治区博物馆工作条例》指出，博物馆通过征集收藏文物、标本，进行科学研究，举办陈列展览，传播历史和科学文化知识，对人民群众进行爱国主义教育和社会主义教育，为提高全民族的科学文化水平，为我国社会主义现代化建设作出贡献。这确立了博物馆在国民建设中的重要位置，也肯定了博物馆教育的作用。此后，各地区博物馆一方面设立讲解员为参观者进行讲解和宣传，另一方面建立爱国主义教育基地，加强爱国主义教育。

如今，博物馆不仅是文物资料汇集保存和展出中心，而且逐渐成为文化研究和教育活动中心。人们不再仅仅把博物馆看作保存文物遗产、民族文化遗产和自然遗产的收藏机构，还将其视为对民众而言必不可少的文化教育服务中心。

第二节　博物馆教育的特征

如今，博物馆的门类日趋完善，结构比例日趋平衡，涵盖了综合类、历史类、艺术类、科学类等多种类型，且其功能也不断丰富。博物馆不仅是收藏中心，也是文化中心、教育中心、学术中心，还是休闲中心。博物馆在承担社会责任、履行教育使命、提升公民素质的过程中，呈现出其他公共文化服务机构及学校无法比拟的、更为广泛的优势和丰富的特色。

一、全民性

博物馆教育以全体社会成员为对象，凭借数量大、内涵丰富的馆藏文物，可以针对不同年龄、不同层次、不同群体的需求，全方位地发挥教育功能。博物馆教育的使命在于提高全民的科学文化素养，丰富民众的精神生活，并促进人的全面发展。博物馆教育具有公益性和全民性的特点。

博物馆存在的最终目的取决于观众的需要，观众是博物馆教育的出发点与归结点。博物馆教育以观众需求为导向，博物馆取得的社会效益（包括经济效益）最终也要由观众来评价。博物馆教育是平等的，所有社会成员都可以自由地进出各个陈列空间，参加博物馆组织的各类社会活动，从中学习科学文化知识，并接受理想情操和审美情趣的熏陶。

二、社会性

博物馆是典型的社会教育机构，它面向整个社会开放，服务对象包括社会各阶层人员，不论其出身、性别、职业、民族或文化程度如何。博物馆的教育功能具有广泛性，影响人们生活的各个方面，并不同程度地渗透社会生活实践和文化形态的不同领域，从而成为公众教育实践的必要环节，构成社会发展与文化进步的内在动力。因此，博物馆应高度关注观众的精神文化需求，研究观众的文化层次和社会心理，充分展现自身的社会性特征。

无疑，博物馆在营造人文环境、提高人文素养方面发挥着重要作用，通过爱国主义教育、乡土教育等多元化途径，使正确的价值观、人生观深入人心，帮助观众将道德观念和社会责任感转化为自觉的行动。此外，博物馆公民素质教育的外延涉及智商、审美、技艺、社交能力等各个方面，创造了一个生活化、综合化、系统化的"社会大课堂"，为博物馆社会教育功能的进一步拓展提供了广阔的空间和丰富的维度。

三、终身性

博物馆教育在时限上具有终身性的特点，可以真正形成互动交换最频繁、最持久的"社会课堂"。作为社会教育的组成部分，博物馆教育内容广博、形式多样，且教育效果显著。作为公共文化设施，博物馆是一部立体的"百科全书"，一个实物的"图书馆"。因此，博物馆成为终身学习的重要场所。

四、直观性

博物馆教育以实物为基础，精心组织陈列展览，综合运用文字、图片说明等各种辅助性形式，并借助讲解服务、视听教育、参与性操作等辅助手段，把文物和标本的科学内容与艺术形象有机结合，表达陈列展览的主题、意义、内涵与影响，普及经济、政治、历史、文化、科技等方面的知识。陈列展览作为博物馆实施教育的主要载体，直接向观众展示真实的第一手材料。这种以实物例证向观众传递文化内涵和信息的方式，具有鲜明的直观性、形象性、生动性和强烈的说服力、震撼力，是博物馆教育区别于其他教育方式的重要特色。尤其对于青少年而言，这种直观、形象的教育方法更符合他们形象思维能力较强、抽象思维能力较弱的特点，其效果往往优于抽象的讲解和理性的说教。

五、形式多样性

数字博物馆、网络平台、视频资源、人性化服务等，使博物馆教育活动呈现出日益丰富的特征，更加贴合现代人对文化生活的需求。例如，博物馆通过举办义务讲解员培训班，为观众提供成为讲解员的机会，从而提高他们的参与感；通过开设人文历史讲堂，向观众传授丰富的历史文化知识；通过举行知识竞赛和征文活动，激发观众的学习兴趣和创造力。此外，博物馆还运用新型讲解方式，使讲解更加生动有趣；利用高科技手段开展视听教育，为观众带来沉浸式的学习体验；制作多媒体内容和影视作品，为观众创造身临其境的感觉。这些举措丰富了博物馆的教育内容，提高了博物馆的教育效果。

六、开放性

博物馆等文化设施属于为公众服务的公益设施，是对公众普及各类科学文化知识的场所，理应最大限度地对全社会开放，吸引尽可能多的人来学习参观。然而，在过去，一些博物馆常以高雅文化的代表自居，与公众保持一定的距离，形成了"闭门自守，坐等参观"的模式。这种模式不仅导致博物馆门庭冷落，也阻碍了丰富的实物馆藏资源充分发挥其教育功能。

免费开放以后，博物馆开始放下传统高端文化定位的架子，积极融入大众文化和通俗文化，推出观众喜闻乐见的展品，以更加灵活多样的教育活动，持续吸引观众参观。在固有的陈列展览的基础上，博物馆还提取文化的精华部分，将文物和历史资源有效整合，制作成流动展板，并举办临时专题展览，使固定的文物和展览流动起来，形成一座座小型的流动博物馆。通过与其他单位共建教育基地，博物馆将各种巡回展览带入学校、社区等单位，不断丰富教育形式。

此外，博物馆还根据不同参与者的需求，设计多样化的学习活动与教育项目，以满足群众多样化、个性化的文化需求；通过提高教育的计划性和针对性，保障教育资源的文化特色，并向社会公布教育活动的日程，方便公众参与，从而树立博物馆作为社会教育机构的良好形象。

七、自主性

在当前的博物馆教育中，知识信息的传播量日益增加，且科技含量不断提高。知识的传播不再是教育者向受教育者的单向传递，而是双向交流、互动影响。博物馆教育正经历一个由以博物馆为主到以观众为主的过程。观众可以按照自己的意愿，选择适合自己的项目去参加。博物馆教育中也不存在严格的师生关系，教育者与接受者之间没有强制性的、固定的依存关系，也没有明确的责任与义务划分。在这种宽松的氛围中，被教育者没有心理负担，拥有自主选择权，因此更容易接受和学习知识。

当代博物馆承载着"为观众自我学习提供服务，实现教育目的"的重任。在博物馆中，公民素质教育具有完全的自主性：没有任何人被强迫学习；没有规定的课程和学习进度；教育无所不在，受教育者在开放的环境中完成自我学习和教育。只要公民有提高自身素养的意愿，就可以根据自己所需前往博物馆学习知识、拓宽视野、激发创意。公民素质提高的最佳途径是在完全自主、自由的状态下接受科学文化、道德礼仪等方面的教育与熏陶，而博物馆恰好为此提供了理想的场所和丰富的教育资源。

八、学习过程的愉悦性

博物馆不仅是一所社会学校，还是一个休闲娱乐场所，寓教于乐是其优势所在。博物馆通过陈列、展演、讲解等丰富多彩的手段，围绕同一主题，以"人"与"物"的互动交流为中心，引导参观者通过观察、聆听、触摸及操作等方式，接收、加工并记忆信息，从而完成整个认知过程。对于青少年学生而言，他们可以将学校课程内容与博物馆的展览相结合，实现从单一智力学习到脑、心、眼、耳、手并用的学习转变。

时代的发展带动了博物馆社会教育观念的更新和教育活动的创新。博物馆教育因其直观性、非强制性等特点，深受民众青睐。如今，博物馆需要准确把握社会生活的新特点和广大民众的新期待，采取外向型、多维度、以社会文化需求为导向的公众教育模式，充分展现其独特的文化价值。同时，博物馆的教育功能正逐步从传统文化领域向更广阔的科学领域拓展，从被动等待观众的参与向规范化的全民教育转变，使博物馆成为公众流连忘返的文化园地，成为文化教育和传播的中心。

第三节　博物馆教育的内容

博物馆凝聚着人类文化遗产的精华，记载着人类历史发展的进程，展现着人类整体文明与智慧，具有独特的教育资源优势。在博物馆的教育职能中，公众教育为其核心职能，充分体现了博物馆的文化责任和教育责任。博物馆教育的根本目的和意义在于提高人的素质、促进人的全面发展。众多博物馆共同构成了一个具有独特且强大教育功能的体系，为国民教育体系注入了新的活力。

一、科学文化普及教育

博物馆被誉为立体的教科书和实物的图书馆。对于成年人而言，它是补充知识、研究问题的理想场所；对于青少年来说，则是一个充满新奇、激发幻想的地方。博物馆的知识传播和社会教育方式以直观性和实物性为最大特点，有极强的说服力和感染力。通过丰富多样的实物标本、图片等表现形式，博物馆能最大限度地展示自然科学的知识内容，其直观的表现形式有着极为明显的普及效果，能够使观众在最短的时间内获取自然科学基本知识。自然博物馆更是一部立体的"百科全书"，涵盖了天文、地理、生物、环境、人文等许多学科的知识。博物馆的展示内容不仅包括地球亿万年演化的遗存，而且包括演化的结果——千姿百态的自然生命现象及生态环境。

此外，自然科学的展览中还融入了生态发展及品德人格教育的元素。博物馆的科普教育让观众在轻松愉快的娱乐游戏中，了解科学知识并掌握科学方法，不仅能使观众在体验中学到科学文化知识，还能启发他们形成热爱大自然、维持生态平衡、保护生态环境的意识，从而在潜移默化中培养正确的人生观和价值观。把科学和情感融到一起的体验教育更是令人耳目一新，是一种具有超强感染力的科学教育形式。博物馆只有不断创新，设计开发出大量体验式的、寓教于乐的大型科普展品，普及热点科学知识，才能更好地激发人们的好奇心和科学探索精神，从而推进素质教育，提高国民的科学素养。

二、历史文化教育

历史文物能够形象地再现历史，是一笔宝贵的、不可多得的精神财富。例如，历史类博物馆通过征集和挖掘历史文物、开展研究工作、更新展览形式等一系列措施，不断丰富教育内容，拓展教育平台，充分发挥社会教育功能。

一些博物馆有着丰富的历史文物资源。这类博物馆以著名的历史人物、重要的历史事件为中心，挖掘深层次的相关内容，选取与历史人物、历史事件密切相关但人们知之甚少的历史情景，通过情景剧、音乐剧、小品、诗歌朗诵等艺术形式，结合宣教创新、送展活动及生动活泼的艺术演出，让文物"动"起来，演"活"历史。这种方式给观众营造了一种互动、参与的氛围，给他们带来了一种心灵上的强烈震撼。观众通过观看文艺表演，能够了解背后的故事，加深对历史文化的印象，感受艺术语言所诠释的文化底蕴和所表现出的民族正气。特别是对青少年而言，他们在这个过程中能够受到优秀传统文化的熏陶。

博物馆中革命历史遗址、遗迹及文物资源十分丰富，为开展爱国主义教育提供了得天独厚的条件。博物馆作为爱国主义教育基地，是生动、直观的教育场所之一。文物本身就代表了一定时期的历史与文化，体现了古代劳动人民的智慧。因此，博物馆本身就是一本爱国主义教科书。此外，各类博物馆、纪念馆、革命遗址等保存的历史遗迹，能够激发人民群众的爱国热情，特别是能让青少年学生不断增强社会责任感和历史使命感，逐步成长为建设祖国的有用之才。

三、公共意识教育

公共意识是公众对公共生活的主观反映。在我国社会结构转型的关键时期，公共意识不仅是一种重要的社会资本，也是一种稀缺的资源，主要包括独立的人格精神、权利意识、自制自律的行为规范、民主意识、爱国意识、社会公德意识、法律意识及参与意识等。

博物馆所蕴含的公共意识是对观众进行教育的宝贵资源。博物馆是文化共享的公共空间，观众作为个体在其中参观，有各自不同的参观方式，但无论哪种参观方式都必须遵守公共秩序，以不影响他人、不损坏文物为前提。观众在博物馆的参观活动主要围绕展览展开，这一过程依赖于感觉、视觉，并辅以听觉、触觉等，观众通过观察、阅读、听讲及操作等活动来接收、加工和记忆信息。在这个过程中，喧哗吵闹不仅会破坏博物馆的氛围，而且会影响其他观众对展示内容的理解。因此，博物馆的观众只有具备克己、利他的公共意识，养成在公共场所尊重他人、遵纪守法的习惯和自觉性，才能保证博物馆参观活动的正常进行。参观秩序不仅体现观众的公共意识，也是衡量社会文明程度的一个重要指标。

博物馆作为公共文化教育和文物保护的场所，作为培养公众公共道德习惯的场所，对公众的公共行为有着更高的要求。博物馆可以通过组织工作人员讲解博物馆创始者、捐赠者及志愿者的高尚行为，让观众了解博物馆创立、发展的历程，了解文物守护者付出的精力和捐赠者的高尚品德，使观众更好地体会和理解博物馆的公益性，启发观众为公众奉献的意识，促成公共意识的形成。此外，博物馆也可以培养观众爱护人类的公共财富——文物的意识，让观众，特别是青少年认识文物、了解文物，激发他们对祖国文物的热爱，并自觉参与文物保护。

近年来，博物馆的志愿者活动吸收了众多具有公益精神的社会人士加入，共同推动博物馆事业的发展。这些活动不仅弘扬了良好的社会风气，还进一步培养了人们无私奉献的公共意识，成为新时期博物馆社会教育活动的重要组成部分。

总之，博物馆作为面向公众的公共文化教育机构，在充分利用自身公共意识教育资源、培育公众公共意识方面，拥有独特的优势，肩负义不容辞的责任，是培育公众公共意识的一片沃土。

四、审美教育

审美教育是指运用自然美、社会美与艺术美的手段，给人们以情感的熏陶，培养广大人民，特别是青年一代的审美能力，使其按照美的规律塑造美好心灵，学会审美生存，即学会做人、学会生活，与大自然和谐相处，从而成为全面发展、人格健全的"人"。由此可知，审美教育是一种人的教育，旨在培养"生活的艺术家"。

博物馆是一个地方的文明宝库，具有历史文化内涵的文物展览、艺术展览，浓缩的是人类文化的精华，具有深刻的文化启迪意义。同时，有的博物馆也是一个精致的自然景观，展示着丰富多彩的动植物标本。这些展览让参观者从中得到美的熏陶，启发心智，进而提升自身的综合素质。

博物馆作为民族文化遗产的集萃地，其厚重的历史氛围和浓郁的艺术气息，是学校等其他教育场所所不具备的。展览文物经过精心筛选，或具有鲜明的时代特色，或具有浓郁的地域风格，或是精美绝伦的工艺珍品，或是世间罕见的艺术杰作。观众在参观时，面对所展示的令人感慨万千的历史长卷，以及一件件跨越历史长河而留存下来的民族文物，在时空比较中沉浸、回味、思考，将审美心理融入情感，融入人格塑造，在怡情悦性的基础上追寻祖先的生命信息，启迪智慧。这样，观众便完成了欣赏、感悟、理性思考并再现美的过程，提高了审美鉴别力，并获得了高层次的精神享受。

总之，博物馆能让公众更深刻地认识历史、认识人类，从而清醒地认识现实、认识自我，找准审美文化的正确方向，产生发自内心的民族自豪感，树立正确的世界观、人生观和价值观。

五、休闲教育

为践行 20 世纪 90 年代博物馆"全方位教育"的理念，现代博物馆逐渐把社会教育功能的焦点从传统教育向休闲教育转移。"教育"与"休闲"本是博物馆功能中不同的两端，整合这两项资源既是博物馆应对发展的选择，也是社会对博物馆功能所做的选择。

博物馆休闲教育是指通过参观博物馆这种特殊的公众消费模式，培养人们对休闲行为的选择和价值判断的能力，其外延涉及智商、情商、审美、技艺及社交能力等方面。博物馆休闲教育的过程是引导观众发现创意、思考、反省与改变的过程，即满足观众在从事劳动后调整身心、发展智力、激发热情、实现自我价值等的过程。经过博物馆休闲教育，人们可以以创造性的休闲方式来实现自己的追求与理念，达到自我发展与承担社会责任相契合的境界和目标。

博物馆休闲教育的内容可以概括如下：通过捕捉、提供信息和正式、非正式的教育，帮助休闲者发展智力、提升创造力、培养情趣、完善自我；通过教育和引导休闲者的行为方式，改变其消费观念，培养其成为自由而全面发展的人；通过普及休闲知识、阐明休闲理念、揭示休闲价值，引导休闲者由依赖他人指引转向自我指引、调节和控制，从而保证区域文化的健康发展，推动人们伦理道德的重建。

博物馆休闲教育力求实现功能的系统化，以建筑物和藏品等"物"的独特存在方式，展现人类的文明与智慧，为不同兴趣、年龄和能力的人提供一幅跨越时空的历史画卷，创造一个"生活化的社会"。

六、生态环境教育

博物馆的生态环境教育源于生态危机，旨在唤起社会公众对生态环境的保护意识。博物馆的生态环境教育是人们在学校以外，参观博物馆时受到的与生态环境保护相关的教育。博物馆通过丰富的信息资料，帮助人们深入了解环境变迁的原因和影响，深刻认识大自然的现状，从而自觉参与环境保护。

生态环境教育的目的是持续不断地宣传生态环境与人的关系，并及时将生态环境研究的新成果介绍给公众。随着全球生态环境的急剧变化，人类赖以生存的地球正处在生态危机之中。博物馆作为社会教育的机构，对人类进行热爱自然、保护地球、普及生态环境知识的教育已迫在眉睫。虽然学校、环保部门、新闻宣传单位等机构也在进行生态环境教育，但博物馆凭借其独特的优势，在这一领域发挥着不可替代的作用。

生态环境教育已成为博物馆教育的重要组成部分。博物馆教育具有生动直观、科学严谨、全民参与、终身受益等特点。通过展示人类环境的"历史遗迹"，博物馆为观众营造了一种特定的氛围，使他们在亲身体验中获得知识，接受环境教育。例如，科学类博物馆可以通过举办专题展览、巡回展出、科学讲座等活动，普及环境学、生物学、生态学等领域的知识。长期进行生态环境教育，宣传自然与人、自然与社会如何建立和谐关系，有助于人们树立起生态环境保护意识。

第四节　博物馆教育的要素

一、博物馆教育资源

对教育资源的认识和挖掘是博物馆教育的重要环节。博物馆不仅要了解自身拥有的教育资源，还要对这些资源进行研究和细化。博物馆的教育资源可以分为有形教育资源和无形教育资源两大类。有形教育资源包括博物馆的建筑、环境、人力资源、藏品和展览。无形教育资源是指有形教育资源所承载的各种知识和信息，依附于有形教育资源。二者都是博物馆宝贵的教育资源。

基于博物馆的有形教育资源与无形教育资源的关系，下面重点论述博物馆的有形教育资源。

（一）博物馆建筑

博物馆建筑是文化教育建筑物的重要类型，也是重要的公共建筑。博物馆建筑主要分为两类：一类是本身就是珍贵的历史文化遗迹的博物馆建筑，承载着丰富的历史文化信息；另一类虽然不是文化遗产，却是保存文化遗产的重要场所。

博物馆建筑作为一种独立的建筑类型，是在近代形态博物馆出现之后逐渐发展起来的。由于古代形态博物馆与宫殿、城堡、府邸等建筑有着密切的联系，因此与近代形态博物馆相伴而来的一批博物馆建筑，大多是由宫殿、城堡、府邸等转变而来的"再生型"博物馆建筑。所以，"再生型"博物馆是指利用古旧建筑作为馆舍而建立的博物馆，这类建筑构成了博物馆建筑的一种特殊类型。从博物馆的发展历程来看，近代形态博物馆刚出现时，许多博物馆就是利用古旧建筑改建而成的。在当今世界各国的博物馆中，"再生型"博物馆仍占有相当大的比例。这类博物馆通常有两种情形：一种情形是利用名人故居、历史事件旧址而筹建的博物馆（主要是纪念类博物馆），如绍兴鲁迅纪念馆；另一种情形是利用文物建筑或其他古旧建筑而建立的博物馆，如苏州园林博物馆等。

后来，一些博物馆建筑是纯粹为满足博物馆功能要求而营建的建筑，这些建筑或多或少地受到古典建筑风格的影响。封闭式的古典风格博物馆建筑，曾一度被视为博物馆建筑的最佳样式。然而，随着 19 世纪末 20 世纪初以强调实用性为特征的现代建筑风格的流行，博物馆界对博物馆自身功能定位开始明晰化，博物馆建筑的面貌发生了显著变化，出现了专门的博物馆建筑。正是由于建筑界和博物馆界的共同推动，一种强调满足博物馆功能要求而非纯粹追求建筑形式语言的博物馆建筑类型在 20 世纪初期出现了。例如，中国人民革命军事博物馆是我国第一个综合类军事博物馆，其整个建筑从平面布局、立面造型到室内外空间的组织安排，以及装饰的色彩变化、质感对比等方面，都体现了博物馆建筑物庄严挺拔的特征，给人以简洁、明朗、朴素、大方的印象，既有较浓厚的民族特色，又反映了时代的特征。

（二）博物馆环境

博物馆环境是指博物馆特殊的文化环境，观众可以在这里获得与其他地方完全不同的体验，博物馆的文化环境是博物馆得天独厚的教育资源。博物馆环境主要指展厅环境。博物馆环境需要专门设计、营造，环境营造的标准是既要有利于藏品又要有利于观众和研究人员。以历史类博物馆为例，其文化环境的营造以具有历史、艺术、科学价值的文物为主要载体，并与其他标本和辅助展品进行科学组合，以此来展示社会、地方历史和古代人类科学技术的发展过程。

博物馆的展品主要是具有历史、艺术、科学价值的文物。一方面，这些文物的馆藏环境、照明条件、固定方式、物品布局、防震措施及安全保障等都必须达到科学要求的标准。这就需要博物馆完美地呈现文物的历史、艺术和科学价值，同时要确保文物的安全性与审美的和谐统一。博物馆陈列设计不是肤浅的"室内装修"，而是真正能做到博物馆是文物收藏、研究、展示与保护的多功能体现。另一方面，文物陈列的方式也会深刻地影响观众的心理感受与行为方式。例如，历史类博物馆面向全社会开放，其观众构成广泛，包括不同年龄层、兴趣爱好和知识结构的人群，他们的参观目的也多种多样。因此，这类博物馆的文物陈列需要满足不同层次观众的需求，既要注重浅显易懂的基础性、普及性陈列，也要注重专业性，通过丰富的内容和多样的形式来揭示文物的历史和艺术价值。这就要求博物馆将考古学、历史学的研究成果与博物馆学、设计学等其他学科完美地结合起来，通过陈列展览这一媒介，将知识传播给观众，从而实现博物馆的教育目的。

（三）博物馆人力资源

博物馆的人力资源主要包括馆内人力资源和馆外人力资源。馆内人力资源是指博物馆内部的工作人员，馆外人力资源是指与博物馆相关的高校或研究机构中的相关领域专家。他们可以到博物馆举办各种讲座、座谈会等学术活动，是博物馆可以利用的外部教育资源。馆内人力资源和馆外人力资源共同构成了博物馆人力资源的整体框架，是博物馆教育资源的重要组成部分。

1.馆内人力资源

博物馆要进一步发展，离不开一大批适应现代化需求的高素质人才。博物馆教育已发展成为一项独立的业务功能，亟须具备扎实专业知识和丰富实践经验的教育人才。博物馆工作的出发点在于为观众服务，最终目的是使观众通过来博物馆参观或参与活动而获得教育。因此，在整个工作过程中，博物馆工作人员应精心策划，用心选择前期活动的主题，整合所有教育资源，确保每一个教育项目都具有吸引力。根据社会需要和博物馆的定位，选定陈列展览的主题，并围绕这些主题进行实物资料的收集、研究及陈列展览的设计，这是开展博物馆教育活动的主要环节。从这个意义上说，博物馆的教育工作在博物馆陈列展览开放之前就已开展。而陈列展览开放后的教育活动，则是博物馆教育的延续与深化。因此，博物馆教育应当始终是博物馆所有业务活动的主要出发点和最终归宿。

博物馆工作人员要对观众一视同仁，展现出热情、真诚和关爱，以满腔热情和严谨态度为他们服务。博物馆作为普及文化知识的重要机构，涵盖了丰富的自然科学文化信息，要求其工作人员知识结构合理完备，既博又精，是专才基础上的通才。博物馆教育者需要科学地把握观众的心理，通过观众的表情、举止、声音透视观众的内心，准确地洞察不同类型观众对博物馆的需要，并根据观众的知识水平、年龄及参观目的，灵活掌握服务方式，不断探索实用且能让观众乐意接受的教育方式和内容，以满足每一位观众的求知欲。

随着博物馆办馆层次的提高和人才竞争的加剧，重视人才、吸纳人才、用好人才，已成为当前博物馆人力资源管理的重要内容。可以说，人力资源管理对推动博物馆各项工作、实现博物馆发展目标具有关键作用。因此，博物馆应运用科学管理的理念，充分调动博物馆教育工作者的主动性和创造性，找准定位，以吸引更多的观众走进博物馆，从而更有效地发挥自身的公益性社会教育功能。

2.馆外人力资源

博物馆聘任馆外专家的做法是明智之举、战略之策，有利于为博物馆教育事业注入生机和活力，更有利于提升博物馆的形象和地位。这些受聘的馆外专家，有着丰厚的文化积淀和独到的学术见解，在民族、历史及文化等领域作出过卓越的贡献。他们热心为博物馆的具体工作和长远发展出谋划策，在涉及民族文物的修复和保护、民族文化宣传等方面发挥把关作用，并助力馆内业务人员素质的提高，是博物馆不可多得的人才资源。

我国博物馆多为财政全额拨款单位，编制名额有限。随着博物馆的免费开放，参观人数激增，这对博物馆人力、物力、财力等方面都提出了更高的要求。在此情况下，引进志愿者成为缓解博物馆人员短缺问题的有效途径。目前，博物馆志愿者服务内容主要包括服务台咨询、观众接待引导、志愿讲解、展厅维护等。志愿者来自社会各界，他们有着不同的社会阅历，更能理解观众心理，并能从观众的角度出发提供服务，满足不同参观群体的不同需求，提升博物馆的服务能力和质量。志愿者在参观者和博物馆之间发挥了很好的纽带作用，对参观者来说更具亲和力，宣传服务也更有针对性，能够使博物馆作为社会教育基地的功能得到更好的发挥。

（四）博物馆藏品

博物馆的藏品是博物馆收藏的记录和反映人类社会及自然世界发展历程的实物证据。可以说，每一件藏品都是人类科学和文化的反映。博物馆通过充分研究和利用这些藏品，解读它们所隐含的信息，帮助观众了解自然与社会。因此，博物馆的藏品及其附带的文化、科学和历史信息是博物馆教育不竭的源泉。

藏品最重要的特性是它的信息量、吸引力和表现力。藏品的信息量使其成为珍贵的资料库，将历史事件、自然现象和文化现象表现出来。艺术品、日用品、生产工具（包括现代生产工具）均与专供贮存或传递信息的文献一样，蕴含很大的信息量。藏品的吸引力取决于其外观，是吸引参观者注目的一种表现能力。藏品所特有的外形、色彩、体积等都可能是吸引力的由来。藏品的表现力是藏品赋予人们的一种激情。藏品的信息量、吸引力及表现力均由其内容、外部特征和价值理解表现出来。当然，藏品还应具备完整性和收藏价值，以保持其陈列意义。完整性不仅指藏品入馆时的状态，还意味着其具备长期保存的能力；而收藏价值则与博物馆根据专业标准搜集的其他藏品相关联。

除以上共性外，每件藏品还有各自的特征，与藏品的材料、形状、尺寸、用途、构造、技术、制造时间等相关。收集品进入藏品行列需要经历一系列科学整理的过程，即由博物馆向私人征购或接受馈赠的一切收集品、文物，在它们成为全民族共有的文化财富之前，都要经历一个从原有存在环境、发掘地点或原先保管处进入博物馆的复杂过程。博物馆会对文物进行科学处理，并经过一系列保管和登记、整理成文字资料的工序，再经过科学研究，之后将文物正式纳入收集品之列，成为藏品。

藏品价值的实现和作用的发挥有赖于藏品与其他博物馆构成要素——工作人员、博物馆环境等的相互联系，有赖于博物馆功能的发挥。藏品的潜在价值，只有经过一定数量的观众观赏、研究，才能转化为现实的认识价值、审美价值和教育价值。博物馆的藏品，经过征集、收藏、保管、研究等一系列的工作，只有最后通过陈列展览与观众见面，才算真正完成自己的使命。陈列展览对藏品起了激活价值的作用，但前提是藏品要贴合观众的需求。只有符合观众的需求，才能唤起他们的热情，激起他们的求知欲望，促使他们去思考，从而满足他们的精神需求，促进他们综合素质的提升。

无论是将收集品转化为藏品，还是设计陈列展览，博物馆工作人员都是博物馆中最积极、最活跃的因素，是连接藏品与博物馆设施的中间环节，也是推动博物馆藏品及其功能充分发挥的核心力量。博物馆藏品的充实、完善必须依赖于博物馆工作人员的努力。博物馆工作人员犹如技艺精湛的演员，在博物馆这个大舞台上，借助藏品与设施，为观众呈现出一幕幕精彩纷呈的历史与当代剧目。

（五）博物馆展览

博物馆主要的活动形式之一就是举办陈列展览。每一个展览都如同工作人员解读的一段历史。观众通过参观展览，能够了解博物馆藏品及其蕴含的文化价值。博物馆通过策划不同的展览，将藏品按照不同的主题组合起来，向观众展示，以此传播历史和科学文化知识。

博物馆举办的陈列展览一般有两种形式：一是基于其征集和收藏的文物举办相对固定、长期的陈列展览，这些展览专业性强，内容真实，具有较高的研究价值；二是利用机动展厅适时举办一些临时展览，这些展览具有周期性、临时性和专业性的特点。展览是博物馆重要的教育资源，展览主题与内容的选择、陈列形式的设计在一定程度上决定着博物馆教育功能的发挥，也影响着博物馆的经济效益和社会效益。

1.展览主题与内容的选择

第一，展览设计人员大多以展品所表达的信息来构思主题思想。在这样的内容设计过程中，文化内涵的挖掘、表现与升华，以及引导观众的作用一般集中在博物馆序厅的设计上。序厅统领整个展览的主题思想，具有先声夺人的作用。

第二，文物展品构成了陈列展览中传递知识和信息的载体。陈列语言的提炼首先要求对实物藏品进行研究，同时展品的挑选必须具有典型性、代表性。对于不同知识结构与兴趣偏好的参观者而言，文物的陈列既要重视基础性、普及性，也要有较强的专业性。

第三，辅助展品主要包括模型、图标、图解、幻灯片、录音录像等多种非文物类展示资料，这是构成陈列语言的另一要素。配合文物展品陈列，辅助展品可以利用绘画、模型等使众多文物之外的展示信息进入陈列空间。辅助展品作为一种资料补充，为文物的陈列起到了很好的解释说明作用。因此，博物馆学者、历史学家、考古学家的学术研究成果常被制作成图表、模型、场景复原等多种辅助展品形式，与文物展品组合，让文物凸显历史、艺术和科学价值，力求使展览变得生动有趣且通俗易懂。

第四，文物展品的组合是构成"博物馆陈列语言"的基础要素。文物展品，以及与陈列内容、实物展品相适应的各式各样的设备与道具都是分散的单体。这些单体要通过陈列手段的艺术加工，才能组合为陈列内容。在组合展品时，应采用历史、艺术、科学的方法对这些要素进行整合加工，避免机械化、僵硬化。

2.陈列形式的设计

陈列设计作为展览的主要环节，和展览内容设计的关系是相辅相成、辩证统一的。为了使形式设计更完美，设计人员要对展览器物的特性有足够的了解。在设计的语义和符号上，各种强调自身特点的人文化表现手段应受到设计人员的重视。设计人员通过有机组合，把不同系统的事物（事件）有机串联起来，并借助观众的联想，使这些元素形象地连接在一起，从而产生更富有内涵的意义。

第一，每个展览都拥有明确的主题，而在观众参观展览之前，设置一个具有强烈视觉冲击力的展标往往会有意想不到的收获。这样的展标能吸引观众停下脚步，因为它可以从某个侧面反映展示文物的形态特征以及要表达的精神要义。

第二，在充分考虑展线的延续性和连贯性后，展柜的形式、大小也应该有所创新，不要一成不变，因为不同的展品需要采用不一样的表达方式来展现其特点。

第三，展厅作为一个公共空间，在探究大众的审美情趣和心理反应方面显得尤为关键。在信息化相当发达的现代社会，展览成功与否的评判标准不再局限于展品的好坏。如果陈列设计人员不能突破人们的生理特点、行为习惯及视觉体验等方面的局限，那么在观众对传统展示方式逐渐失去兴趣的情况下，形式的创新就更加重要了。

第四，每种色彩与不同质感的文物搭配也要有合理的设计。特别是主题性很强的展览设计，设计人员在重视物质技术手段的同时，更要强调创造出具有表现力和感染力的室内空间展示色彩。一个与展览形式和内容都相得益彰的色彩空间，能够给观众带来视觉上的愉悦感，并营造一种具有文化内涵的展示环境。

二、博物馆教育的对象——观众

教育者和教育对象是博物馆教育中不可或缺的两个基本要素，二者相辅相成。观众是博物馆发挥自身教育职能的基本对象，也是博物馆的受益者和支持者，他们反映着社会发展对博物馆工作的要求。与藏品和陈列展览同样重要，观众构成了博物馆不可或缺的基本要素。观众既是博物馆服务的对象，又是博物馆赖以生存的基础。因此，博物馆工作人员应研究和了解观众的文化需求，以更好地为他们服务。

（一）博物馆观众的特征

博物馆教育的对象应该是博物馆对之施加了影响，参与博物馆组织的活动，与博物馆的影响范围有直接关系，并与博物馆产生交互作用的人的集合体——观众。其特征如下：

1.客观性

博物馆观众并不是由博物馆的主观愿望决定的，任何个人、群体或组织都可以成为其观众。

2.广泛性

博物馆教育的对象具有广泛性，不受性别、国籍、年龄、职业、地位等的限制。个人、群体或组织只要同博物馆在某一共同问题上产生直接的联系，就可以成为博物馆的观众。

3.可变性

博物馆与其观众都有较大的自主性。观众可以选择喜欢、接近或支持博物馆，也可以选择对某个博物馆保持冷淡或疏远的态度。因此，在不同时间段参观博物馆的观众的数量是不同的，同时观众群也会不断变化。

4.多样性

博物馆观众是由不同的个人、群体和组织构成的，可以划分为多种类型。对于博物馆来说，不同类型的公众有不同的兴趣与需求，并与博物馆建立不同类型的关系。即便是同一类型的公众，彼此间也有较大差异，具有不同的行为方式。观众是与博物馆直接或间接关联的具有个体差异的具体人群，他们既在利益上展现出共性，又各自具备特性。

（二）博物馆观众的文化需求

现代博物馆观众的核心需求是在轻松愉悦的氛围中汲取知识、掌握技能、激发创新思维并享受高质量的文化生活。博物馆观众需求的实现是一个循序渐进的过程，因此在设计教育服务时，相关人员应该注意到学习过程的阶段性和关键点，根据观众在不同学习过程中的不同需求为其提供合适的服务。

1.观众参观博物馆的动机

观众参观博物馆动机产生的基础是文化需求。根据参观动机，可以将观众划分为四类：一是以获取相关的专门知识为目的的观众，这类观众为数不少；二是从事学术研究的观众，这类观众以开展学术研究活动为目的，虽然人数不多，但属于文化层次较高的参观者；三是有组织地来参观，接受爱国主义教育、革命传统教育的观众，这部分观众大多数参观欲望不是很强烈；四是为了进行文化娱乐消遣的观众，这类观众大多是零散的，数量较多，且多集中于旅游旺季。

2.观众参观博物馆的兴趣

关注观众的兴趣就是关注他们的文化需求。博物馆通过推出精品展览，展出高级别的文物、艺术品和科学标本，运用现代科技的展陈手段、高标准的展厅内部装修，营造或华贵或神秘的展览氛围，促使观众产生兴趣，从而获得深刻的感知与领悟。在参观过程中，观众会产生各种感觉、记忆、想象、情感等，心理活动也较为丰富。

3.观众对博物馆的评价

观众的评估，包括参观后的评价。博物馆教育服务于社会教育的总目标和总任务，根据博物馆所在地的社会发展状况和社会成员应具备的基本素质来组织适应社会发展需要、能够获得社会和观众认可的教育活动和服务内容。博物馆教育工作者在组织教育活动时，不仅要考虑观众的文化背景、生理和心理特点、职业、参观目的等，也要注意教育媒介、教育方式、教育目的、教育成效的评价标准和教育者自身素质等因素的影响。

观众在参观博物馆陈列或参加博物馆举办的其他活动时，都是按照自己的思想文化修养和兴趣爱好，去理解和评价博物馆的价值的。尽管他们的意见和反馈可能有所差异，但公众的普遍反馈往往指向了公众需求的大致方向，中肯的批评与建议是博物馆改进工作的重要依据。因此，观众不仅是博物馆教育的对象，而且是博物馆活动的积极参与者，更是客观评价和检验博物馆各项工作及其效果的最终评价者。

博物馆的社会价值是在为公众服务的过程中体现的，所以提高观众在德、智、美等方面的修养是博物馆的基本任务。观众对博物馆的重要性体现在他们不仅是博物馆教育活动和服务的对象，而且是促进博物馆教育工作不断改进的动力。

（三）博物馆观众的类型和层次

由于社会条件和个人素养的差异，博物馆的观众可分为不同的类型和不同的层次。这种分类呈现出明显的金字塔形结构。从低到高，第一层是数量较大的观众群体，他们到博物馆多数是出于好奇，没有明确的目的，但一般参观后也会有所收获。第二层的观众有明确目标和期望，他们希望从博物馆中学到在书本或课堂上学不到的东西。虽然这部分观众数量相对不多，但他们是博物馆的忠实观众，一般会多次来博物馆参观。第三层观众高居金字塔塔尖，人数很少，但修养极高，他们或是为了同古人进行"对话"，或是把博物馆作为滋养心灵的沃土，或是为了领略其他民族文化的风采，无论走到哪里，他们都会走进博物馆，视博物馆为自身精神生命的归宿。

博物馆观众并不按参观者的自然人群分布，而是按人群中每个人不同的文化素养分布。因为个人文化素养处在不断变化之中，观众并不会固定在某一个层次上。随着博物馆事业的发展，参观人数和次数的增多，观众的文化素养也在逐步积累和提升。从这个意义来说，博物馆的观众反映了整个社会的文明程度，而随着整个社会文明程度的提高，观众的整体素质也会随之提高，进而推动博物馆观众数量的显著增加。

教育作为博物馆的一项重要职能，其对象是全体社会成员。但根据当前观众参观的统计数字，博物馆的观众有 60%～70% 是中小学生，这意味着青少年已成为博物馆的主要观众，也是博物馆教育的重要对象。显然，博物馆已成为中小学生的第二课堂。青少年正处于学习文化、汲取知识、认识社会的关键时期，最适宜接受博物馆形象化与直观性的教育。博物馆凭借文物、标本的形象性和直观性，直接作用于人们的大脑，给人以深刻的印象。对青少年来说，博物馆基本的教育活动之一就是组织陈列展览。博物馆工作人员在设计陈列展览时，应充分考虑青少年学生的特点和需求，确保他们在博物馆看到的内容能够与学过的或正在学的内容相呼应，并采用图表、绘画、模型、布景箱、多媒体等辅助手段帮助他们理解展览的内容。同时，博物馆的讲解人员要精心编写讲解稿，力求语言浅显易懂、生动活泼，以便青少年能够轻松听懂并牢记于心。此外，博物馆还应设立活动中心，为青少年提供更多从事探索性活动的空间。与学校相比，青少年可以在博物馆根据自己的兴趣、爱好和实际需求选择学习内容。因此，博物馆在进行陈列展览的形式和内容设计时应充分考虑这部分观众的要求，力求易于为青少年所理解和接受。青少年是国家和社会的未来，把他们培养成社会主义事业的合格建设者和可靠接班人是教育的根本目标。随着博物馆事业的发展壮大，博物馆将作为一种宝贵的教育资源而越来越受到学校和社会的广泛关注和高度重视，也将被视为值得信赖的青少年教育阵地之一。

随着社会的发展，中国正逐步进入老龄化社会，老年人群体日益庞大。由于拥有较多的闲暇时间，为避免生活陷入重复与单调，许多老年人把参观博物馆、纪念馆作为走出家门寻求精神慰藉的重要方式。随着旅游业的发展，越来越多的老年人摒弃传统的观念，走出家门，加入旅游大军的行列。博物馆作为旅游的重要基地之一，对老年人同样具有吸引力。因此，博物馆应关注老年观众的精神文化需求，考虑老年人的特点和观展需求，有针对性地为他们提供优质的服务，组织丰富多彩的文化活动，让老年人老有所学、老有所教、老有所为。老年人同样是博物馆可开发利用的人才资源。他们中不少人身体状况良好，头脑清醒，精力旺盛。他们中还有很多人有报国之志、效国之才，渴望继续发挥余热，为社会作贡献。博物馆通过组织适合老年人的活动，不仅能够激发他们参观的热情，还能充分利用他们的专业技能与特长，有助于他们的身心健康。同时，博物馆在关注老年观众的同时也获得了人才资源、藏品资源及信息资源，实现了社会资源共享，促进了博物馆和老龄事业的共同发展。

综上所述，观众对博物馆的教育工作有着深刻的影响。他们在政治、经济、社会各个方面，都对博物馆教育起着重要作用。因此，博物馆应当充分了解并深入研究观众，将观众的需求作为博物馆工作的方向，使博物馆教育跟上社会发展的脚步。

三、博物馆教育的媒介——讲解

（一）博物馆讲解的特性

博物馆讲解可以理解为这样一种活动：以馆藏文化和自然遗产资源为依托，通过口头交流的方式，针对多样化的观众群体进行智力开发，并为之提供愉悦体验。

在博物馆为观众提供的服务中，讲解是观众在博物馆参观过程中非常希望获得的服务。讲解员通过精心提炼讲解词，以精准的语言和饱满的情感传递文化信息。好的讲解，可以有效补充背景知识，使观众更全面地了解展览内容；可以弥补展览策划过程中存在的不足，给观众留下更加美好的印象；可以让展品鲜活起来，使观众回味无穷。

博物馆讲解工作不是一项简单而重复的劳动，而是复杂且有创造性的工作。讲解员的讲解水平是博物馆文化品位的体现。讲解水平直接关系到博物馆的宣传效果，影响博物馆工作的质量，往往也是观众评价博物馆服务水平的一项重要指标。从社会职能的角度来看，博物馆集珍藏、展示、教育等功能于一体，这就决定了博物馆展陈的讲解不同于一般意义上的解说，有其独特性。

1.故事性——讲述展品背后的故事

博物馆的展览以实物展品为主，而展品自己不会说话，其更深层次的价值有待观众发掘。观众之所以走进博物馆，在很大程度上是因为被展品背后的故事吸引，正是这些丰富多彩的故事，赋予了展品鲜活的生命力，使它们变得生动且立体。只有通过讲解，观众才能够了解更为丰满的、富有文化价值的展品，才能认识和发掘展品背后的故事。

2.情感性——增强展品的感染力

好的讲解能够感染观众，使观众有身临其境的感觉。在展览中，经过讲解人员的情感渲染，即使普通的展品也不再普通，因为讲解员为其注入了深厚的情感色彩，使之有可能成为令人记忆深刻的展品。尤其是对于那些本身就蕴含浓郁情感的展品来说，富有情感的讲解能够给观众以强烈的冲击力、震撼力和感染力，使其记忆深刻，多年之后仍难以忘怀。

3.知识性——拓展展品的外延

讲解的知识性体现在其能够拓展展品的外延，有效解答观众的疑问上。博物馆在策划展览时，为了加强展品间的联系，帮助观众理解展览主题，会使用一定量的图表、沙盘等辅助展品，以及一些说明文字，但仅有这些是不够的，它们向观众传递的知识和信息非常有限。观众在博物馆内参观时，一般不会仔细地阅读有关说明文字，大部分只是走马观花，参观完毕，未必能留下太深印象，甚至可能对参观感到失望。而讲解员能够凭借较高的文化素养和丰富的专业知识，通过精彩的讲解，激发观众的情感，调动他们动脑思考的积极性，拉近与他们的情感距离，从而在活跃的气氛中达到满足观众需求的目的。

4.趣味性——增强展品的吸引力

博物馆内陈列的展品成千上万，观众在参观的过程中，很容易产生视觉和审美上的疲劳。尤其是当展品类型比较单一，且说明文字比较简单、单调时，大多数非专业的普通观众要领悟其中的精髓确实是很难的。如果讲解员能够在讲解过程中融入趣味性元素，如讲述展品的发现过程、流传经历，或是铭文中的趣事，就能引起观众的兴趣，给他们留下深刻印象，使观众觉得有意外收获。

5.互动性——与观众深入交流

博物馆的讲解是一个与观众交流与互动的过程。在讲解过程中，讲解员可以通过观察观众的表情、姿势、言谈等来获取有关信息，并据此灵活调整讲解的内容和语速。讲解员通过与观众的互动与沟通，不仅能够消除彼此间的陌生感，还能有效提升教育效果。

6.启发性——韵味深远，启迪思考

所谓启发性，即在博物馆讲解中，讲解员不仅要传递基本的信息和知识，为观众解答问题，还要讲求技巧，使解说充满韵味，为观众的思考留有余地，让观众透过现象认识本质。

故事性、情感性、知识性、趣味性、互动性和启发性是博物馆讲解重要的特性。在讲解的过程中，讲解员需要根据展览的特点、讲解对象的不同而突出不同的方面，灵活地运用。讲解工作能够有效弥补展览的不足，充分体现博物馆的社会教育职能，使观众在艺术与文化的广阔天地中获得体验、增长知识。

（二）博物馆讲解员的业务素质

讲解员可以说是博物馆中的教师，是历史文化知识的传播者。讲解的目的在于揭示人类历史的发展历程，引导观众感受艺术、自然和人性的美，使优秀传统文化得到继承和发扬，启发现代人更好地建设家园。因此，讲解员要具备以下业务素质：

1.深厚的专业知识储备

首先，讲解员要非常熟悉馆藏文物，熟知陈列包含的所有内容和相关的背景知识。讲解员不仅要掌握丰富的专业知识，还应涉猎天文、地理、历史、自然、社会等多个领域，掌握广博的知识。此外，讲解员还可以适当地研修一些与博物馆教育相关的学科，如教育学、传播学、语言学、文学、艺术学、心理学等，以提高自己的修养和鉴赏能力。

其次，在掌握这些基础知识的同时，讲解员还应依托馆藏文物的优势，针对陈列中的某些专题作深入的研究，了解、掌握博物馆领域的最新研究成果，特别是本馆的学术研究动态，这样才能保证向观众传递准确的、前沿的信息。讲解员只有对陈列展览有深刻的理解，在讲解时才能更加自信，才能有更多的内容与观众交流。

最后，讲解员的工作应该朝着研究型的方向发展。讲解员作为博物馆的一线工作人员，在向观众传输知识的同时，也要从观众身上汲取知识。只有坚持在相关专业领域进行研究，尝试在博物馆管理、收藏、陈列、研究、宣传教育等方面深入思考和探索，努力成为专家型的讲解员，这个职业才能焕发出勃勃生机。

2.良好的基本技能

讲解员必须具备出色的语言能力。

首先，讲解员必须使用经过推敲、锤炼的优美语言。他们要做到语音、语调、语气和谐悦耳，表达流畅，用词优雅，言简意赅，声情并茂，通俗易懂。只有这样，其语言才具有感染力，才能使观众听后产生愉悦感和情感的共鸣。

其次，讲解员要采用能打动观众的语言。他们应以生动、形象的方式表达，让讲解内容充满趣味性和哲理性，从而启发观众思考，吸引并打动他们，使他们乐于理解和接受所传递的信息。

最后，讲解员应擅长运用各种修辞方法。在讲解的过程中，讲解员可以适当地使用比喻、拟人、排比、对比、引用等修辞方法，使讲述更加清楚、生动。在讲述时引用诗词或是名人说过的话，也是讲解中常用的手法，能够丰富讲解的意境，使内容更加引人入胜。

3.科学的讲解方法与技巧

讲解是一个再创造的过程，讲解员只有掌握科学的讲解方法与技巧，才能充分展现自身的才能。

首先，讲解员必须注意把握语言尺度，实事求是，客观、准确地讲述陈列展览的各方面内容，不能误导观众。所谓客观，就是不因个人的喜好、判断、假设而妄下结论。所谓准确，就是要观点明确、语义清晰，适当使用专业性和学术性的词语，准确地描述历史事件、自然现象和规律，确保知识的准确传递。

其次，讲解员不能喧宾夺主，要注重与观众的互动和交流。讲解员的作用就是帮助观众深入地了解展览内容，让他们能有更多的收获，并对博物馆产生好感。因此，讲解员应找准定位，根据展览的特点和观众的喜好，以观众为主体，引导他们参观，产生互动，激发他们的兴趣并调动他们的积极性。同时，讲解员应准确把握观众的需要，适时讲述重点和观众感兴趣的内容，给观众留下观赏和思考的时间；通过与观众互动来深入交流，以幽默的语言活跃气氛，消除观众心理上的陌生感，从而拉近与观众的距离，提升讲解的吸引力和观众的参与度，使讲解内容更加丰富多彩。

最后，讲解员应对不同的观众采用不同的讲解方式。博物馆是面向全体社会公众开放的，讲解员要针对观众群体的广泛性、参观目的的多样性，秉持科学普及、传播文化的宗旨，确定合适的讲解内容和方式，开展全面教育，做到"因人施讲"。

4.对讲解过程的掌控能力

首先，讲解员要事先向观众简明扼要地介绍一下重点内容，并询问观众的参观意向，据此设计讲解内容和行程线路，控制参观的时间和节奏。

其次，讲解员要留意观众的反馈。讲解员需要具备敏锐的观察力，善于从观众的举止、表情和言语中捕捉并分析其内心活动，以便及时做出正确的判断并调整讲解策略。

最后，讲解员应具备处理突发事件的能力。由于突发事件往往具有不确定性，讲解员需要以高度的责任心和对工作的热忱，灵活应对各种可能出现的状况，积累经验，提高讲解中的掌控能力。例如，当观众因某些原因对讲解员产生怀疑，或者言语不礼貌时，讲解员应保持自己的风度和理智，礼貌地让观众表达自己的想法，然后给予解释。

总之，博物馆讲解员只有具备良好的素质，掌握一定的讲解技巧和方法，才能更好地适应社会发展，才能吸引越来越多的人自觉地走进博物馆，接受博物馆的文化熏陶，从而使博物馆的教育职能得以充分发挥。

第五节　博物馆教育的多维融合

一、博物馆教育与学校教育的融合

（一）博物馆教育与学校教育融合的意义

在当前教育体系不断完善并大力倡导实践教学的大背景下，深入研究学校教育和实践活动教育的整合变得非常重要。博物馆作为展现历史文化与传统人文艺术的重要公共场所，其与学校教育的融合显得尤为关键。学校教育的优势在于能够为学生提供专业的教育指导，但在教育资源方面有着一定局限；博物馆教育能够为学生提供更加多样化的历史、文化、人文、艺术等方面的教育资源，但在系统性、专业性教育方面稍显不足。二者的融合，能够实现优势互补，为学生提供更全面、多样化的学习体验。例如，在学习了关于历史的知识后，学生可以通过参观博物馆中的历史文物展品，更加深入地了解历史背景和文化传承等方面的信息，还能了解当地历史文化特点及特色文物。

第一，博物馆教育和学校教育的融合可以有效推动跨学科教学的发展。博物馆作为具有多元素材的知识库，融合了人文、自然、社会等多个领域的知识，是跨学科教育的理想场所。二者的融合有助于构建跨学科教学体系，使学生能够通过跨学科的学习，获得更深层次的知识。例如，对于一些与生命科学相关的知识，学生除了在学校的生物课上进行学习，还可以通过博物馆中的动植物展览，获得更多有关生命科学的知识。

第二，博物馆教育和学校教育的融合能为学生提供更为丰富和有趣的学习体验。相较于单一的课堂教学，博物馆通过实物展示、实践操作、解说引导等方式，给学生带来更加多元、生动的学习体验。二者的融合，让学生有更多机会体验不同的学习方式和场景，让学习变得更加有趣、有意义，从而促进教学效果的提升。

第三，博物馆教育和学校教育的融合有助于培养学生的实践能力和社交技能，为学生提供更多的社交机会和实践机会。例如，学生可以在博物馆中参加小组活动，与同伴进行互动和讨论，这为学生提供了交流的机会，有助于提升他们的实践能力，培养他们的社交技能。

（二）博物馆教育和学校教育融合的措施

1.明确博物馆教育的目标和内容

在推动博物馆教育和学校教育融合的过程中，首先需要明确博物馆教育的目标和内容，并基于这些目标和内容，对博物馆的教育模式及其与学校教育的融合方式进行优化，从而发挥博物馆教育的效果。为此，博物馆和教育部门需要联合起来构建适合博物馆教育的教学体系。这个体系不仅要与标准教材内容相衔接，还要能够与校本教材和综合实践活动课程相融合，为学生打造一个全面的学习框架。例如，在历史学科的教学中，博物馆可以依据历史教材内容，设计一系列编年史教育活动。通过参加这些活动，学生能够直观感受文物的演变和历史的变迁，从而更深刻地理解历史知识。而在物理学科的教学中，科技类博物馆则可以设立科技实验室，利用物理模拟设备帮助学生更直观地观察和理解物理现象与规律，进而提升学生的物理实践能力。

2.建立专业的博物馆教育团队

建立一支专业的博物馆教育团队是提高博物馆教育质量的关键。该团队应具备多元化背景，涵盖历史、文化、艺术等多个领域，由博物馆讲解员、教师、考古专家、历史学家、文物保护专家等专业人员组成。他们的专业优势将在博物馆教育中得到充分发挥，从而实现博物馆和学校教育资源融合的最佳效果。

与此同时，博物馆和学校之间还需要建立一个教育资源共享平台，以确保二者之间能够实现信息互通、知识资源共享。利用教育资源共享平台，博物馆教育团队可以将博物馆中收集的文物、历史资料、艺术品和其他文化资源及时共享给学校教育团队，学校教育团队也可以将学校课程设置、学生需求等信息与博物馆教育团队分享，以确保双方的教育资源都能够得到充分利用，进而提升融合效果。

此外，加强博物馆和学校的沟通、交流也非常重要。在推进博物馆教育和学校教育融合的过程中，相关人员可以采用多种手段，如组织研讨会、开办教育培训班、参加文化艺术节等，以各种形式宣传博物馆教育和学校教育融合的新理念、新方法和新成果。同时，博物馆还可以组织一些公益活动，吸引更多的学校和教育机构积极参与，为建立更加完善的博物馆＋学校教育体系打下坚实的基础。

3.推广博物馆教育进校园活动

博物馆教育进校园活动作为馆校合作的重要内容，对于将博物馆的新技术、文物、研究课题等资源融入校园教育具有重要意义。

第一，博物馆需要进一步加大宣传推广力度。宣传和推广是提高博物馆教育进校园活动知名度的关键，博物馆需要通过多种渠道，如博物馆网站、微信公众号、学校官网、校园电子屏幕等，向师生宣传活动内容和时间安排，让更多的人了解和参与活动。此外，博物馆也需要协调新闻媒体和社交媒体，提高活动的曝光度和影响力，形成舆论效应。

第二，在推广博物馆教育进校园活动时，博物馆需要制订详细的工作计划，包括确定活动的时间、地点、主题、内容、参与范围等，以及安排好人员和物资配备。尤其是在开展携带珍贵文物进校园的活动时，博物馆应做好文物保护工作。同时，为了吸引更多的学生和教师参与博物馆教育进校园活动，博物馆可以通过开展讲座和展览的方式，提高活动的趣味性和互动性。在举办讲座和展览活动时，学校可以邀请博物馆专家分享相关主题的知识并举办相关体验活动，让学生乐于接受和参与其中。此外，博物馆还可以推出线上教育和虚拟实验室等新型教学方式，让学生能够通过网络获取更多博物馆教学素材，以便能够更加直观地体验更为丰富的教学内容。

4.构建多元化的博物馆教育环境

为了提升学生的体验感，构建多元化的博物馆教育环境显得尤为重要。博物馆需要不断探索并采用新技术，以优化自身的教育环境，满足自身教学工作的实际需求。例如，由于很多学生对自然和互动活动感兴趣，博物馆可以推出一些以互动为主的，以当地的自然历史、恐龙化石挖掘为主题的化石挖掘体验等活动，让学生能够在活动中学习到自然科学和考古方面的知识，在动手实践中体会到乐趣。

二、博物馆教育与终身教育的融合

终身教育对教育对象进行了生物学意义上的年龄划分，而对身体条件、社会阶层等具有社会学意义的差异则持全面接纳的态度。这一理念与博物馆全民性、开放性和公益性的特征高度契合。另外，相较于其他免费的公共服务机构，博物馆对学生自身知识储备的要求更低。在理想的情况下，无论是儿童还是成人，即使没有接受过任何正式教育，也能够在博物馆中获得相应的教育服务。

同时，博物馆以全民终身教育思想为引领，以推进与和谐社会发展目标相适应的学习型社会建设为宗旨，通过藏品及其相关知识为所有生命阶段的人提供终身的、连续的、整体的非正规教育。非正式环境下的教育作为国民终身教育的重要途径正在被越来越多的学者重视。博物馆拥有海量的文物与艺术珍品、高层次文博教育与研究团队、先进的展示技术与沉浸式学习场景，以及灵活多样的教育活动形式，能够为观众提供更加客观和丰富的信息。博物馆相较于其他非正规教育机构的最大优势，就是能够提供"基于实物的教育"。这种教育方式通过多维度的感官体验，给学生带来丰富的学习感受。博物馆作为一个集学习与娱乐于一体的非正规教育场所，还通过实物、空间与时间的融合，创造以体验为基础的学习形式。此外，博物馆还能依托自身丰富的馆藏资源和数字资源，开发出多种主题的学习项目，进而形成以项目为基础的学习模式。这些不同的学习形式共同为学生提供更为多样和丰富的学习机会，促进博物馆教育与终身教育的融合。

三、博物馆教育与学生素质教育的融合

（一）博物馆教育在学生素质教育中的作用

1.有助于培养学生的艺术文化素养

素质教育是新时代教育的主要方向，其核心在于培育学生的健全人格、生活技能，促使学生实现德智体美劳的全面均衡发展。博物馆中的馆藏资源内容丰富且涵盖诸多方面，包括历史、经济、科技与文化等，因而积极发挥博物馆的教育职能，引领学生进行观览与了解，可丰富学生对这些方面的认识，拓宽其视野，进而提升其文化素养。另外，博物馆中各种各样的藏品具有一定的艺术价值，如历史文物通常具有精美的设计、多元的色彩和独特的造型，还蕴含丰富的文化内涵，能够使学生在观赏、游览博物馆的同时获得艺术启迪与审美启发。这一过程还有助于激发学生学习艺术的兴趣，促使其审美能力

的提高。

2.有助于培养学生的人文精神

博物馆中的馆藏物品大部分都是与人相关的，这些馆藏资源意蕴深厚，承载着丰富的人文精神，因而在引入博物馆资源对学生进行教育的过程中，学生能获得人文精神的浸润，这对于学生的成长、发展影响深远。例如，在红色博物馆里展出的物品和资源包括记录革命斗争的文学作品、革命英雄的遗物及革命斗争所用的战斗工具等。学生通过观察这些物品，能够更深入地理解它们背后蕴含的革命精神，从而在潜移默化中培养自身的人文素养。

3.有助于培养学生的创新意识

创新是新时代发展的核心驱动力，学生创新意识的培养已成为当前教育体系中不可缺少的一环。传统教育模式主要聚焦于教材，长期实行下来容易使学生的思维局限在课堂之内，缺乏必要的拓展与深化，加之单一的教育方式也容易营造出较为枯燥的氛围，这不仅影响了学生学习的积极性，还限制了学生的个性化发展，更阻碍了学生创造性的发挥。而博物馆中所展览陈列的物品大部分都是人类生产、生活的凝缩体现，展现着人类在探索社会与自然过程中所发现的规律，学生在观赏这些物品和资源的过程中能获得启蒙，从而促使自身结合个人生活经验，进一步发现生活中的规律，激发创新意识，勇于发挥创造性。

4.有助于培养学生的发展理念

博物馆内陈列的展品与资源能够映射出当时社会的文化背景、人们的生活方式、生产习惯等。学生通过对这些展品进行观览和学习，能够从历史的角度进行回顾，并结合现代视角进行深入思考。在古今对比中，学生能够发现历史发展的规律，从而更好地把握时代变迁的脉络，这有助于学生形成发展理念。在这种发展性认知的引导下，学生能够以正确的视角看待当今社会经济、政治等领域的发展，准确地在自我发展、社会发展与国家发展中找到自己的定位。这不仅激励学生不断提升自我、完善自我，还促使他们发挥个体的积极作用，为社会的全面发展和国家的进步贡献力量。

（二）利用博物馆教育职能开展学生素质教育的路径

1.提高博物馆与教育主管部门对教育的重视程度

为了在学生素质教育中充分发挥博物馆的教育职能，博物馆和教育主管部门需要树立正确的教育观念，增强教育意识，从而为实施学生素质教育创造良好的条件，确保博物馆在素质教育中的积极作用得以彰显。博物馆凭借其丰富的实物资源，可以作为学生素质教育的第二课堂。因此，博物馆的相关工作人员需要了解自身的教育职责，在运营管理中融入以学生为目标的素质教育理念，合理规划资源，并与教育主管部门紧密协作，推动博物馆教育与学生素质教育有效融合。例如，博物馆可以设立专门的教育部门，并配备专业的教育人员，负责组织和开展面向学生的教育活动。同时，博物馆教育人员可以根据不同年龄段学生的需求，结合资源实际，编写教材，供学生学习，以帮助他们更深入地了解博物馆及其展品。此外，博物馆教育人员还可以定期举办讲座，针对不同展厅进行宣传讲解，使学生在参观过程中能够更深入地了解相关文化知识，在潜移默化中提升自身的综合素质。

此外，博物馆与教育主管部门可以联合举办座谈会，共同深入探讨素质教育的内容，特别是校内教育与校外教育的有机结合。在此过程中，博物馆将扮演校外教育重要支撑者的角色，与学校紧密合作，共同策划一系列学生素质教育活动。

2.加强博物馆与学校的紧密合作

在开展学生素质教育的过程中，博物馆应构建与学校之间的紧密合作关系，确保博物馆资源能够真正融入素质教育实践，充分发挥自身的育人功能。

第一，博物馆需要充分了解、全面掌握学校素质教育的要求，提高责任意识和合作意识，与教育主管部门、学校进行积极沟通，通过实地调查等方式了解学生素质教育的现状、内容与目标，并在此基础上合理规划博物馆教育与学生素质教育融合的方案。同时，在调查过程中，若发现学校素质教育存在不足，博物馆可利用自身丰富的馆藏资源，有针对性地补充学校素质教育的短板，进一步提升素质教育的成效，促进学生综合素养的提升。

第二，博物馆工作人员与学校教师要加强交流沟通，开展一些博物馆培训合作项目，为学校教师提供更多参与机会，通过培训拓展学校教师对博物馆教育职能的认识，使其了解博物馆在素质教育实践中的作用，从而促使教师积极将博物馆教育资源融入教学内容和教学计划，切实发挥博物馆的教育价值。例如，邀请学校教师参加博物馆的专题讲座、与其共同规划以教育为主题的博物馆项目活动、组织馆校协同的研讨会等。同时，与学校教师携手设计适合学生、满足学生发展需求的教育活动，由教师带领学生前往博物馆，再由博物馆工作人员进行专业讲解，使学生在这种教育模式下获得深刻体验，进而提升学生的综合素质。

第三，博物馆的馆藏资源与学校教育资源应实现深度融合。博物馆丰富的资源为素质教育提供了有力支持。为了推动学生素质教育的发展，博物馆应充分利用馆藏资源，积极开发教育价值，为学校素质教育活动的开展提供一些参考和借鉴，有效提升学生素质教育的整体效果，促进学生的全面发展。例如，博物馆可以自主探索开发一些教育资源，并在此基础上制订素质教育计划。学校教师可借用这些教育资源，将其与学科教学内容相结合，拓展课堂内容，丰富学生的知识视野。在使用博物馆资源的过程中，学生对知识的认识将更加深刻。另外，博物馆也可以为合作学校的师生提供免费的博物馆参观券，为学生提供更多接触、观览博物馆馆藏资源的机会，促使其从中体会到社会的发展进步、科技的革新升级、文学艺术的魅力等，进而提升其综合素养。

第四，为了增强学生的教育体验并促进其全面发展，博物馆教育与学生素质教育之间的互动交流需得到强化。博物馆与学校保持积极、活跃的互动至关重要。博物馆应通过设立专门面向学生的开放活动日，为学生提供一个深入探索博物馆的机会。在选定的时间段内，学生可以尽情浏览各个展厅的展览品。这样的深度体验能够让学生真正领略到馆藏资源的艺术魅力、文化底蕴，从而受到感染和启发。例如，博物馆教育人员可以与学校教师沟通设计以"革命"为主题的开放活动，并根据学生观览的革命文化展厅设计"学习单"，让学生在观览的同时完成对"学习单"的填写。随后，教师收集这些"学习单"，并将其反馈给博物馆教育人员。博物馆教育人员则针对学生提出的问题，精心制作解答、解说视频，并通过教师呈现给学生。这一过程不仅解决了学生的困惑，还加深了他们对革命文化、历史进程和革命人物的了解，激发了他们的爱国情感。

3.引入信息技术，创新博物馆教育方式

要发挥博物馆在促进学生素质教育中的作用，必须从教育方式上进行创新，紧跟时代步伐，采用先进智能的信息技术来优化素质教育活动的实施。这不仅能够使博物馆的教育职能得到更好的发挥，还能进一步提升学生的综合素养，从而实现素质教育的目标。

在信息媒体时代，博物馆要充分利用各种技术手段创新教育方式，开辟博物馆教育的新路径。例如，博物馆可以与学校共同建设线上教育平台，实现双方的互联互通。教师可以根据教学需求，将学科教育资源上传到平台上，而博物馆教育人员则可以挖掘博物馆的教育资源，并将其制作成可学习的资料，也上传到教育平台上，供学生作为拓展类课程进行学习。又如，博物馆还可以利用 3D 技术、5G 网络技术等将博物馆中的所有陈列展览均制作成动态立体的模型，对各藏品进行智能扫描，并设置虚拟主播形象，逐一设定好解说词，让学生在课下随时随地登录博物馆网站，以"云游览"的方式观览他们感兴趣的馆藏物品和资源。在这样的学习方式下，学生能够近距离且多角度地观看藏品的细节，更清晰地了解这些馆藏资源背后的故事，认识到它们的文化、历史与艺术价值。另外，博物馆还可以开设多平台账号并提供直播服务，由博物馆工作人员直播讲解各种藏品。这种"云游览"的方式不仅能够带领更多人了解文物、艺术作品和遗迹，还能激发学生对这些馆藏物品与资源的兴趣。在近距离的交互中，学生可以主动搜索并了解这些馆藏资源的历史文化价值，从而在思想认识与价值观方面获得启发。同时，这种直播方式还能够扩大博物馆社会教育的影响范围。

4.秉持以生为本的原则，规划适合学生的陈列展览

为了充分发挥博物馆教育在促进学生素质教育中的作用，博物馆方面应以学生为中心，以提升学生综合素养、促进学生全面发展为目的开展教育活动。在规划博物馆的陈列展览这一核心工作时，博物馆应紧密围绕以生为本原则，与学校协同优化教育教学过程。博物馆工作人员要充分考虑学生的认知心理和兴趣，对陈列展览进行精心设计。

在素质教育目标的指引下，博物馆陈列展览的内容应根据不同年龄段学生的成长发展需求进行合理规划。针对大学生，博物馆陈列展览的重点在于让

他们通过观览博物馆陈列的藏品，进一步认识社会发展变化的规律，从而提升其社会责任感和历史责任感，增强其民族自信和文化自信，并激励他们在行动中为国家和社会发展作出积极贡献。针对中学生，博物馆陈列展览的重点在于让他们通过观览博物馆陈列展览的藏品，进一步了解中华优秀传统文化、优良革命传统与革命文化等，增强其爱国热情，坚定其理想信念。针对小学生，博物馆陈列展览的重点则在于让他们通过观览陈列展览，了解一些历史事件、革命故事，认识一些历史人物，激发其对文物、遗迹等的兴趣，并增强他们的爱国意识。

第三章　博物馆教育活动

第一节　博物馆教育活动的特点和意义

一、博物馆教育活动的特点

（一）活动地点灵活

博物馆教育活动以展览教育活动为主，多在展厅及周边区域举行。博物馆教育活动开展的地点主要视活动本身的属性、预计的观众数量等因素而定。

过去，展厅内的公共活动区域面积有限，因此展厅附近的教室或多功能厅常被用来开展展览教育活动。现在仍有一些博物馆延续这一传统。

但近几十年来，博物馆的空间设计有了一定改变，更多公共活动被移至展厅内举行，因此也改变了展厅的某些属性。这样的转变，一大原因在于：越来越多的博物馆注重将研究、藏品、公共节目（包括展览和教育活动等）三大项目融合，以增强合力。这一趋势影响了展览策划与博物馆的整体运营管理，且影响范围在未来可能进一步扩大。

值得注意的是，并非每座博物馆都拥有独立的探索室、实验室和教室等，尤其是一些中小型馆，在初期营建时并未规划、预留独立的教育空间。因此，将教育活动适当地移至展厅特定角落，通过"触摸小车""探索小车""探索抽屉""探索站"等形式开展活动，不失为在解决空间难题的同时将展示和教育功能完美融合的途径之一。

（二）注重临场体验与实物体验

当前，博物馆公共节目的一大典型特征，即致力于增加观众与实物藏品（包括手工艺品、艺术品及标本）及研究接触的机会。该特征在展览教育活动上体现得尤为明显。也正因为如此，越来越多的活动被移至展厅内举行，这构成了博物馆教育活动相较于其他教育机会和休闲体验的独特的优势。

实际上，许多现代博物馆采用临场的、实物体验式的教育，如利用三维空间造景、情境塑造、遗址复原，使遥远的历史场景或自然风貌得以重现。观众与实物近距离接触甚至"零距离"互动，使得展览教育活动更具直观性、实感性，以及动态和活力。

（三）多采用互动方式，鼓励人与人之间的互动

自我导向的、探索式的教育有别于传统的教授式教育。现代博物馆教育致力于引导并鼓励观众按照自己的意愿和方式去探索。并且，教育活动注重人与人之间的互动，具体体现在以下几个方面：观众与博物馆引导者之间的互动，该引导者可以是导览员（提供展览导览和解说）、表演人员（提供节目表演）或是示范者（提供示范演示）；观众与一些引导性展品（展项）之间的互动，如视频、电脑导览节目；观众与参观小组中其他成员之间的互动；观众与其他参观小组之间的互动。

实践证明，在博物馆内，与他人进行互动非常重要。博物馆的氛围是观众体验的重要组成部分。当前，许多博物馆，尤其是儿童博物馆，非常重视"由工作人员提供帮助"的观众体验。因为儿童博物馆的主要观众的读写能力有限，故观众在展厅内使用平面媒体时需要工作人员的适当引导和帮助。

（四）激发观众情感，给予他们灵感和启发

好的展览与教育活动，不仅能激发观众思考，更能全方位激活他们的感官

体验。一些博物馆的教育活动通过融合传播技术与演示内容吸引观众，并调动他们的积极性。这种策略在艺术馆中较为常用，并逐渐在其他类型的博物馆中广泛应用，为观众提供具有启发性、引导性的，寓教于乐的学习机会。通常，情感上的参与更有助于观众收获难忘的参观体验。

实际上，好的博物馆教育活动能够对观众的学习起到激励的作用。任何一项好的教育活动，首先，能够吸引观众的注意力，诱发其好奇心，从而激发其情感，使其在情感上与某一主题联系起来；其次，能够鼓励他们参与具体的活动，为他们提供受教育的机会；最后，能够落实到行为上，授权观众在实际行动中实践先前所学。整个过程循序渐进，让观众在自然的状态下亲自参与，收获新知，提升情感。

二、博物馆教育活动的意义

随着社会的进步和人们文化素养的提高，博物馆教育活动越来越受到人们的关注。博物馆教育活动作为一种重要的文化教育方式，具有深远的意义。

（一）有助于丰富人们的文化生活

博物馆作为文化的守护者和传承者，拥有丰富的藏品。通过参加博物馆教育活动，人们可以亲自参观博物馆，近距离欣赏和感受文物的魅力，从而加深对传统文化的认同感和自豪感。同时，博物馆还可以组织丰富多样的文化展览、讲座、研讨会等活动，使人们了解更多的历史文化知识，拓宽人们的视野，提升人们的审美能力。

（二）有助于传承和弘扬优秀传统文化

博物馆藏品的多样性使得人们可以更好地了解自己民族的历史和文化。借助教育活动，博物馆可以将文物与现实生活相结合，通过展览和解说员的讲解，向参观者传递文物背后的文化内涵和历史价值。此外，博物馆还可以通过举办民俗展览、传统手工艺品制作等活动，引导人们传承和弘扬优秀传统文化，增强民族凝聚力和认同感。

（三）有助于提升公众的文化素养和审美能力

通过参与博物馆教育活动，人们可以从中学习更多的历史、艺术和人文知识，提升自己的文化素养。同时，博物馆通过举办艺术展览、音乐会、戏剧表演等活动，能够培养人们的艺术鉴赏能力和审美情趣。

（四）有助于促进社会的和谐发展

博物馆作为社会教育的重要场所，通过开展教育活动，可以吸引大量观众参与其中，从而促进社会交流和互动。在这个过程中，人们可以借助博物馆这个平台，相互交流、分享自己的观点和见解，增进彼此的了解，化解矛盾，在一定程度上促进社会的和谐发展。

第二节　博物馆教育活动的类型

博物馆教育活动是博物馆发挥教育功能的重要渠道，其目的不在于教育公众，而是根据公众的需要，为他们创造参与学习的机会并为其提供接受教育的场所。博物馆教育活动的类型包括研学活动、科普活动、学术讲座等。

一、研学活动

研学活动是博物馆发挥教育功能和实现文化传播的主要手段之一，是面向社会公众，尤其是青少年群体进行综合素质教育的文化旅游活动。中共中央办公厅、国务院办公厅印发《关于实施中华优秀传统文化传承发展工程的意见》，要求大力发展文化旅游，充分利用历史文化资源优势，规划设计推出一批专题研学旅游线路，引导游客在文化旅游中感知中华文化。博物馆研学活动成为一种新型的文化传播方式。

从学校角度来看，研学活动是学校组织的通过集体旅行、集中食宿等方式开展的校外教育活动，能让学生在与平常生活不同的环境中拓宽视野、丰富知识，加深学生与自然的亲近感和对文化价值观的认同感，培育学生的自理能力、创新精神和实践能力。一般情况下，博物馆不提供食宿和交通工具，仅提供教育场所。因此，博物馆一般是学校研学活动的重要一站或一个节点，而非全部研学活动的实践地。

从博物馆角度来看，博物馆利用馆藏资源，通过研学活动，对青少年开展课外实践教育，并将弘扬社会主义核心价值观融入实践教育活动，旨在全面推进落实素质教育。博物馆研学活动是学校教育与博物馆教育相结合的产物，既有利于促进书本知识和生活经验的深度融合，也有利于培养学生的创新精神、实践能力和社会责任感，提升学生的综合素质。因此，在我国大力推进素质教育的背景下，开展研学活动是馆校结合的一种教育方式。简言之，博物馆研学活动是以博物馆藏品及其衍生文化资源为教育内容、以课程教育与实地参与为教育手段的一种文化旅游活动，研学活动的参与者为社会公众，主要是学生群体，也包括非学生群体。

（一）研学活动的模式

1.研学活动中的"学"

博物馆研学活动里的"学"，体现在博物馆教育功能的不断延伸上。博物馆中的研学活动，又称探究式学习，是以学生为中心，在博物馆教育工作者和学生共同组成的学习环境中，在学生原有认知的基础上，引导学生主动探究、主动学习的过程。博物馆是学校开展研学活动的一个环节、一个重要组成部分，博物馆研学活动是学校教育和社会教育衔接的创新教育形式，是教育教学的重要内容，是综合实践育人的有效途径。

2.研学活动中的"游"

"游"是指在游览过程中潜移默化地学习文化知识，是一种具有教育目的的休闲旅游。

博物馆研学活动充分体现了"学"与"游"的有机结合。在文化旅游融合发展的大背景下，在"学"中"游"，在"游"中"学"，越来越成为休闲旅游发展的主要方向。

当前研学活动主要是"研学＋旅行"的形式，是探究性学习和休闲旅行相结合的校外教育活动。

（二）研学活动的特点

1.体验性

研学活动借助客观事物，引起学生强烈的好奇心，激发其内在的求知欲。博物馆研学活动让学生自主地运用已有的生活经验去探索未知的世界，将自然知识或人文知识巧妙地融入研学活动，使学生在休闲娱乐中收获知识，思维得到拓展，身心获得解放。研学带队教师或博物馆教育工作人员会在研学活动中引导学生主动提问并探究问题，培养学生的发散性思维，提高学生学习的积极性和主动性。研学活动相较于普通课堂和展厅讲解，氛围更加轻松活泼，能够减轻学生在学习时的心理压力。研学活动的目的在于启发学生，而非"填鸭式"教育，学生在研学活动中不仅能收获旅行的快乐，还能在自主探索中获得更加深厚的知识储备。

研学活动强调让学生在真实的环境中自我体验、自我感悟、自我成长。研学活动是动态的学习，青少年在学习课本理论知识后，在社会实践中进行探求、体验、求真，使理论知识和社会实践相互印证，去伪存真，探求真知。在研学活动中，感受与学校生活截然不同的社会环境，不仅是参与生活的体验，也是一种情感意志的体验。

2.课程性

博物馆开设的特色课程是校内教学资源和校外教学资源有机融合的综合实践课程，是研学活动过程中的特色教育形式，其根本宗旨在于提高学生的身心素质，培养学生的核心素养。博物馆研学活动应区别于学校课堂教育方式，侧重于在学中玩、在玩中学，应避免成为学校课堂教育方式的刻板复制，失去博物馆教育的特色和意义。博物馆应根据不同年龄阶段学生的发展要求、不同学段素质教育的要求，设置与博物馆资源密切相关的研学活动课程。博物馆研学活动课程应注重趣味性、参与性、体验性和启发性，重点激发学生的探究兴趣，而不是灌输式教育。

研学活动要遵循教育的内在规律。博物馆在开展研学活动课程时应准备好丰富多样的教学道具和辅助教学材料，供参与研学活动的学生动手操作。例如，建筑类博物馆可开设小木工的手工制作课程，纺织类博物馆可开设扎染、刺绣等课程，电影博物馆可开设角色扮演的课程等，以激发学生兴趣。

开展研学活动的根本宗旨是对学生进行素质教育，相较于学校课堂教育方式，博物馆研学活动更强调动手动脑，培养学生发现问题、研究问题和解决问题的能力。此外，研学活动承载着学生道德素养的养成、创新精神的培育、实践能力的培养等多个方面的综合教育任务，研学活动是综合实践课程的良好载体。

（三）研学活动的原则

1.实践性原则

研学活动以"学"为目的，以"游"为手段，因此研学不是纯粹的旅游，而是有教育目的的旅游，是在玩中学、学中玩。博物馆开展的研学活动，能够促进学生拓宽视野、丰富知识、陶冶情操，提高学生与中华优秀传统文化的亲近感，这是博物馆开展研学活动的首要目的。博物馆研学活动要结合学生的身心发展特点、接受能力和实际需要，注重知识性、科学性和趣味性，为学生的全面发展提供教育空间。

博物馆提供的研学活动项目要以实践为主。除了参观展厅，博物馆还可以因地制宜，设计多种体现地域特色的体验活动，引导学生在与日常校园环境不同的教育环境中开阔眼界、体验社会、完善自我。

2.安全性原则

研学活动涉及项目实施和活动操作等方面，博物馆要坚持安全第一，强化安全保障机制，明确安全保障责任，落实安全保障措施，确保学生安全。

二、科普活动

科普教育，即科学普及教育，旨在利用科普活动向公众传播科学技术知识、科学思想，弘扬科学精神，加强公众对科学的认知和理解。科普教育是一种知识普及型活动方式，科普的内容不仅包括自然科学教育，还包括人文社会科学教育。

科普活动是以科普为主题开展的一种有组织、有目的的群体性活动，旨在向公众普及科学技术知识，倡导科学方法，传播科学思想，弘扬科学精神，是促进公众理解科学的重要渠道。科普活动还是以开发公众智力和提高公众素质为使命，利用专门的普及载体和灵活多样的宣传、教育、服务形式，面向社会、面向公众，适时、适需地传播科学精神、科学知识、科学思想和科学方法，实现科学的广泛扩散、转移和形态转化，从而取得预想的社会、经济、教育和科学文化效果的社会化科学传播活动。目前，我国科普教育主要集中在自然科学领域，如科学类博物馆、历史类博物馆或科普场馆等场馆的科普活动，不仅传播科学技术知识，也让观众认识科学、了解科学。

不同类型的博物馆开展的科普活动有不同的特点，一般来说，科学类博物馆中的科普活动大多是对科学技术知识的普及，历史类博物馆中的科普活动大多是对历史文化知识的普及，而综合性博物馆则二者兼具。

（一）科普活动的类型

科普活动的类型有科普展览、科普讲座、科普大篷车、科普沙龙、科普体验、科普展演、科普视频等多种形式。

科普展览是开展科普活动的重要类型，其中科技类科普展览最为常见，科技类科普展览大多由不同的科学单元构成，会向公众介绍不同的科学技术知识原理及运用方法，展览中一般也会提供讲解服务。科普讲座区别于学术讲座，是主要针对青少年开展的普及性、通俗性讲座。科普大篷车是通过特制的改装车和车载展品等科普资源为基层地区（特别是边远地区）学校、社区、乡村提供科普服务的公益性流动科普设施。科普沙龙是科普讲座的一种特殊形式，比讲座的开展形式更宽松，具有研讨性和交流性。科普体验运用辅助展品和教学教具，模拟某一科学原理的产生，由观众亲自参与，通过观众的切身体会，加深其对科学知识的印象。科普展演和科普视频是目前新兴的科普教育方式，主要通过展演和短视频等多种途径对观众进行科学知识教育。

（二）科普活动的特点

科普的目的是促进公众理解科学，掌握科学技术，提高科学素养。科普活动开展形式多样、传播途径灵活，主要有以下特点：

1.贴近性

从普及对象上看，科普活动具有贴近性。科普活动属于普及性活动，博物馆开展的科普活动，无论是自然科学类还是人文社会科学类，都是结合馆内资源开展的贴近群众的各项公益教育活动，能够引起群众对于历史文化、科学知识的兴趣，具有广泛的群众基础。

2.社会性

从参与角度看，科普活动具有社会性。科普活动能够依据现实情况，深入基层社区、中小学、乡村等各个层面开展，社会各界人士均可以参与，因此具有社会性。

3.灵活性

从活动方式上看，科普活动具有灵活性。科普活动的开展可以因地制宜，活动方式多种多样，实现途径机动灵活，有进基层的科普展览，有进乡村的科普大篷车，有进校园的科普展演等。科普活动没有固定教学大纲和教材编制周期的限制，因需传播，因材施教，可以随时随地宣讲和传播最新科技动态和科学文化知识。

（三）科普活动的方式

1.亲子活动

亲子活动一般是由父母和孩子共同参与的有益于儿童健康成长的活动。亲子活动主要针对年龄较小的儿童群体，博物馆开展的亲子活动是为父母及孩子提供的适合共同参与的教育活动，旨在为家庭普及科学文化知识。

（1）亲子活动的优点

①规模适中。博物馆亲子活动一般以 10～15 组家庭为宜，规模适中，有

利于孩子与父母、孩子与孩子在活动中进行交流。例如，博物馆可以开展"非遗"小手工制作、端午节包粽子、中秋节做月饼等适合亲子合作完成的活动，通过父母与孩子的通力配合，培养父母与孩子间的亲密关系，帮助父母了解孩子的性格特点。通过亲子活动，孩子能更多地接触社会，与不同的人沟通，激发自身的潜能。

②教育对象明确。和其他社会教育活动相比较，亲子活动的教育对象明确，一般以家庭为单位。

③注重亲子协作。博物馆设计的亲子活动应包含父母和孩子能同时参与的活动形式，重点在于孩子独立探索发现的环节，以激发孩子的好奇心，培养孩子的求知欲和勇于探索的精神。亲子活动应尽可能让孩子在父母的协助下独立完成，而不是由父母代劳。

④难度适宜。亲子活动不宜有难度特别高、操作时间特别长或者流程过于复杂的项目，应难度适宜，适合父母和孩子共同完成，重点突出亲子之间的交流和配合，在互助中增长见识；但亲子活动也不宜过于简单，缺乏挑战性和探索性。

（2）亲子活动的形式

①亲子游戏。博物馆可以设计适合父母和孩子进行的游戏，或是孩子与孩子之间的互动游戏，从而锻炼孩子的动手能力和沟通表达能力。

②手工制作。博物馆可以开展各种小手工制作活动，促进亲子之间的交流，达到获取知识、启迪智慧、增进家庭成员情感的目的。

③亲子课堂。博物馆可以设计亲子课堂，将博物馆的知识通过亲子课堂传递出去，在寓教于乐中实现教育目的。

2.社区活动

社区是以共同居住为前提的社会单元组织，由若干社会群体或社会组织聚集在某一个区域里形成一个生活上相互关联的共同体，是社会有机体最基本的内容。社区的基本要素包括人口、空间、设施和组织。居住在同一个社区的人员，通常具有不同职业背景、不同年龄层次等。博物馆教育中涉及的社区，具体是指城市中相对稳定的居住小区、乡村中的村小组或村落聚集地等。社区活动要根据社区居民的需求来开展，如在以老人群体为主的社区，博物馆可根据馆藏资源，举办健康养生等方面的社区讲座活动。同时，博物馆可以通过举办各种活动，丰富社区居民的精神文化生活，使社区邻里关系和谐稳定，推动社区物质文明与精神文明建设，营造文明、和谐、友爱的社区氛围。

博物馆的社区活动主要包括进基层社区开展社会教育活动和邀请社区居民进博物馆两种途径。"博物馆进社区"的主要形式有展板展览、文化宣传长廊、文艺演出等。博物馆将陈列展览"搬"到社区，展览场地不再局限于博物馆展厅，博物馆可以在社区中举办小型的流动展览或图片展览，因地制宜，在社区文化中心、楼道、文化长廊等安全的场地进行展示。邀请社区居民进博物馆，则是指邀请社区居民以团队形式参观博物馆或参与馆内社会教育活动。"博物馆进社区"活动可以使行动不便或因各种原因无法到博物馆参观的观众在家门口就有机会了解和观赏到博物馆陈列展览，从而丰富群众的日常精神文化生活。对于这类社区活动，群众的参与度普遍较高。

3.参与性活动

参与性活动的形式比较广泛，只要是能有效调动社会公众的积极性和创造性的活动都可以称为参与性活动，如征文比赛、辩论赛、模拟法庭、摄影比赛、绘画比赛、知识竞赛和趣味游戏等，这些活动能使人们在交流、互动中提升个人素养。博物馆参与性活动还包括组织公众到自然景区、环境污染地等地实地走访观察，或在馆内设置体验区，使参观者可以亲自参与体验如化石挖掘、剥离、复原等模拟或实景工作，或参与动植物标本的制作和研究等各类科学实验活动。

三、学术讲座

博物馆学术讲座是博物馆向公众进行文化传播的教育活动，是由博物馆组织馆内外各个领域的专家，为拓展公众的知识面而举办的学术活动。学术讲座是提升博物馆社会影响力的重要手段。

（一）学术讲座的内容

博物馆学术讲座的内容十分广泛，既有自然科学类讲座，又有人文社会科学类讲座。讲座的具体内容会根据各个博物馆的性质和任务而定，既可以是配合展陈内容举办的学术讲座，也可以是博物馆前沿知识和科学趣闻，或者是各领域的专题研究分享等。

学术讲座主要分学术类讲座和普及类讲座，学术类讲座是对知识的纵深挖掘，普及类讲座主要针对青少年和社区居民，讲授的知识侧重通俗化和易于理解。

不同博物馆会根据本馆特色，为馆内开设的学术讲座命名，如湖北省博物馆的长江文明大讲堂、长江文明馆的大河讲堂、中南民族大学民族学博物馆的南湖大讲坛等。这些博物馆的学术讲座名称均是根据本馆的主要特点、历史背景、环境位置等信息确定的，易于理解、记忆和传播。博物馆邀请的学术讲座主讲嘉宾一般是对某一领域有深入研究的专家，讲座内容远远超过博物馆讲解词的深度和广度，具有很高的学术交流价值。

专题讲座是博物馆开展专题教育的主要形式之一，一堂生动的专题讲座，能让博物馆观众受益匪浅。专题讲座最大的优势是主题鲜明，主讲嘉宾一般为业内专家或相关领域的研究者，其将自己多年的研究成果或研究心得，通过讲座这一形式，转化为社会大众易于接受的知识，普惠社会大众。随着人们知识素养的提高以及对终身教育理念的日益重视，自然类博物馆可利用自身的优势，将与生态文明建设相关的专题讲座引入学校、企事业单位、社区和各种社会组织等，启发和引导人们将生态文明理念融入日常工作和生活中，这样有助于让生态文明教育直接发挥作用，促进社会可持续发展。

（二）学术讲座的形式

学术讲座不是简单的课堂教学，而是主讲嘉宾根据大众需求，将自身的研究成果、科学前沿知识用通俗易懂的方式表达出来，从而达到传播的效果。在学术讲座现场，主讲嘉宾一般会和观众进行互动并回答观众提出的问题。

博物馆开展的学术讲座一般有三种形式：第一种是主题演讲式讲座，在报告厅或礼堂等固定场所开展，讲座过程中主讲嘉宾会用幻灯片辅助演示，观众可以自行提前预约参与，讲座时间一般不超过 2 小时。这类讲座比较正式，博物馆需要提前做好策划宣传及后期跟踪报道，一般的报告厅或礼堂可容纳人数较多，受众面较广。第二种是小型学术沙龙，是主要针对某一主题开展的小型的非正式的讲座和研讨，沙龙形式多样，如在博物馆咖啡屋、休闲茶座等温馨空间进行探讨。第三种是科普小课堂，一般在多媒体教室开展，主讲嘉宾根据听众需求，开展普及性的知识传播，这类讲座介于正式讲座和小型沙龙之间，没有学术讲座那么正式，而是以互动体验式的科普讲解为主。

（三）学术讲座的主讲嘉宾

学术讲座主讲嘉宾的来源渠道主要有四个：一是本馆的高级职称人员，博物馆获得副研究馆员及以上职称的人员都称为高级职称人员，作为本馆的资深研究人员，有义务定期开展学术讲座，将自己的研究成果、研究心得或博物馆集体最新研究成果及时向公众传播；二是同行博物馆的研究人员，这里指其他博物馆获得高级职称的人员；三是大专院校的副教授及以上职称的研究者；四是社会公众人物，社会公众人物是吸引听众的主要因素，许多听众会冲着主讲嘉宾的知名度前来，社会公众人物的讲座活动常常能收到事半功倍的传播效果，所邀请的社会公众人物的讲座内容应和博物馆有直接或间接的关系，且该社会公众人物没有负面新闻，以免产生负面效应，得不偿失。

（四）学术讲座的时间

博物馆一般会定期举办讲座，但具体的举办时间则因馆而异、因时而定。博物馆大多会举办固定时间讲座和特殊时间讲座，固定时间讲座是一个博物馆根据常规工作计划定期举行的讲座，有的博物馆每半年举办一次，有的博物馆每个月举办一次，因馆而异。此外，还有在新馆开馆等特殊日子举办的学术讲座。

（五）学术讲座的听众

听众是讲座的客体，主要由以下四类人员构成：第一类是博物馆的忠实观众，他们把参观博物馆作为自身精神文化生活重要的一部分，不满足于参观基本陈列和临时展览，也不满足于讲解员的常规讲解，而是更加关注博物馆学术讲座信息，积极参与博物馆举办的学术讲座，以期获得更多文化知识；第二类是博物馆周边社区居民，周边社区居民参观博物馆比较便利，获得讲座信息比较及时，尤其是赋闲在家的老年群体，他们热心参与公共活动，身体状况良好，博物馆的讲座还能丰富他们的退休生活和闲暇时光，因而是讲座听众的来源之一；第三类是博物馆从业者，博物馆从业者需要不断完善自己的知识结构，博物馆管理者也从制度上强调了博物馆从业者应多听讲座，更新专业知识储备，因此博物馆从业者对于博物馆最新的讲座信息比较关注；第四类是中小学生，由于学生的主要任务是学习，很少有机会接触学术氛围浓厚的讲座，因此许多父母会在节假日带领孩子参加学术讲座，感受学术氛围，博物馆也会组织邀请各类学校的学生参与讲座。此外，各行各业的社会公众，也会从不同渠道了解到博物馆的学术讲座，并参与进来。

（六）学术讲座的宣传

学术讲座的开展目的是发挥博物馆公共文化服务机构的社会教育作用，因此一场好的学术讲座需要精心策划。策划涉及前期宣传和后期跟踪报道，前期宣传是为了激发听众参与的热情，博物馆可通过海报、宣传牌、橱窗、大众传媒、自媒体（博物馆的网站、公众号等）等途径发布讲座信息，广泛宣传，引起公众的关注。发布的宣传推广信息应包括讲座内容、主讲嘉宾介绍、讲座时间、讲座地点及如何预约报名等。后期跟踪报道主要是通过联系各种媒体报道学术讲座的情况，包括社会评价、观众反响等。

第三节　博物馆教育活动的实践

在博物馆事业发达的国家，如美国、英国、日本、法国、加拿大和意大利等，博物馆被视为国民教育的独特资源和重要阵地。这些国家不仅明确将博物馆纳入国民教育体系，还为博物馆教育活动的开展提供了充足的财政支持。实际上，国际社会高度重视博物馆在国民教育，特别是学校教育中的重要作用。早在 1960 年，联合国教科文组织就在《关于博物馆向公众开放最有效方法的建议》中明确指出，对于博物馆为学校和成人教育所能作出的贡献，应予以承认并给予鼓励。这应通过设立适当的机构进一步系统化，这些机构负责在地方教育部门与那些因藏品性质而对学校特别重要的博物馆之间建立正式和定期的联系。

本小节将选取一些国家的博物馆开展教育活动的实践案例，一方面展示它们在博物馆教育（活动）方面的特点和优势，另一方面也再次印证重视博物馆教育已成为国际社会的普遍做法。

一、美国博物馆的教育活动

美国博物馆的一大显著特点是重视教育功能，这一特点也赢得了社会的广泛认可和支持。1918 年冬季，波士顿的多所学校因缺乏取暖用的煤而被迫停课，当时该市的博物馆迅速行动，为青少年开设了讲座，临时承担起学校的教育职责。早在 1946 年，陈梦家先生就指出，（在美国）每到一地，即可通过观察博物院的状况来判断其教育文化的水平。2001 年"9·11"事件发生后，史密森尼学会（是美国一系列博物馆和研究机构的集合组织）旗下博物馆的观众数量大幅减少，同时许多学校也取消了原定的与博物馆相关的教育项目。面对这一局势，美国的一些州长和议员特意前往博物馆参观，以示安全。密西西比州州长强调，对于我们学校的孩子们而言，（相比恐怖袭击）更大的危险是他们无法前往首都华盛顿（的博物馆）了解国家的文化遗产。此外，美国政府还积极倡导博物馆强化其公共教育功能。近年来，随着公立学校从政府获得的艺术教育经费不断被削减，为了适应这一形势，众多美国博物馆纷纷开展了面向学生的教育项目，甚至有不少捐款被专门指定用于这类项目。

美国是全球范围内将博物馆与学校教育结合得较为紧密的国家之一。一项调查的结果显示，93%的被调查者认同这样一个观点：博物馆是教育的积极参与者，它为儿童提供了动手学习和校外探索的机会，已成为公立学校教师们课堂教学、课后活动以及职业发展的重要合作伙伴。当前，美国有相当一部分正式课程是在博物馆的展厅、教室、仓库等场所进行的。学生们有机会目睹各类藏品，从而获得比课本内容更加深刻和直观的知识，进而巩固他们的学习成果。

总体而言，美国博物馆在教育活动的开展上呈现出以下特点：

第一，教育活动内容丰富，形式多样。这些活动涵盖了视听放映（如影片录像）、供观众亲身体验的探索项目、针对学生的专门教学课程、教具外借服务、教师培训、学生实习，以及图书馆等设施设备的对外开放等。以美国自然历史博物馆为例，该博物馆年接待观众量高达 320 万人次，其中学生观众就占据了 50 万。其教育部门推出的"自然与科学"活动，专为 3 岁以上的儿童设计。这些儿童在家长的陪伴下，可以在一个名为"发现厅"的小型两层展室内尽情玩耍。这个展室中陈列着人类学展品、自然标本及动植物培育箱，在这个展厅中，孩子们穿上小夹克，手持放大镜，像小小的探险家一样去"发掘恐龙"、认识标本，活动结束后还会收到博物馆颁发的毕业证书。此外，博物馆还推出了每月两次的"博物馆过夜"活动，这是一项收费项目，孩子们可以在周五下午 5：30 至 5：45 入场，一直活动到午夜。

在弗利尔美术馆和亚瑟·萨克勒美术馆，制作室内摆满了各种手工作品，如纸做的荷花、船只、中国庭院模型及万圣节面具等。在举办中国青州展时，博物馆的家庭项目组成员还教孩子们制作首饰；而在中国庭院主题活动中，他们则引导孩子们学习写诗。这些活动充分展示了美国博物馆对孩子们进行世界文化启蒙教育的重视。

第二，教育设施设备完善。许多博物馆，如大都会艺术博物馆和芝加哥艺术博物馆，在新一轮的改建和扩建工程中，都将拓展教育服务功能作为重要内容。不论规模大小，美国博物馆普遍设有公众教育部或教育服务部，并为学生配备了专门的教室、实验室，以及专为儿童参观设计的陈列室等。此外，美国的博物馆通常会准备一系列供学校教育使用的配套材料，这些材料包括文字素材、幻灯片、标本实物、教师手册、海报等。一些博物馆更是特别设计制作了多种类别、不同层次的教师工具包等辅助教具，并免费发放给相关的大中小学。另外，弗吉尼亚美术馆的教育中心制作的印第安文化学习箱也备受推崇。这个学习箱里包含了海报、书籍、介绍食谱的磁带、挂毯、传统小琴、面具等物品，专门租借给学校使用。

第三，馆校合作深入且高度重视学校项目。20世纪以来，众多美国博物馆与学校建立了紧密的联系。以芝加哥的菲尔德自然史博物馆为例，该博物馆与芝加哥公共学校在2008年共同完成的一项调查显示，芝加哥学生的科学理解水平在全美城市学区中处于最低水平，且当时尚未出台系统性的改革方案来提升该市中学的科学成绩。为此，菲尔德自然史博物馆联合芝加哥儿童博物馆、佩吉·诺特巴特自然博物馆等机构，共同推出了一项为期四年的科学教育改革项目，该项目针对七所急需帮助的中学。

事实上，美国博物馆每年都为教育活动投入大量经费，这些经费用于国家、地方或核心课程的教学，并针对各学科量身设计博物馆项目。目前，除了常规的参观活动，美国所有的科技博物馆还为教师、学校和地区提供了许多教育服务，并将支持学校的项目视为高度优先的任务。

第四，多元化的教师职业发展项目。教师教育是青少年教育的"倍增器"。目前，90%以上的美国非正规科学教育机构致力于提升小学教师的专业素养，因为在培养学生对科学的兴趣方面，教师尤其是小学教师起着关键作用。这些机构每年服务的小学教师占全国小学教师的近 10%。它们为教师提供了多种类型和程度的职业发展项目，包括讲习班及后续课程、专题研讨会、实习（包括驻馆实习）和上岗培训等。例如，史密森尼学会等机构每年都会与有关学校的教师开展多次座谈，听取他们的意见和建议，并邀请相关教师参与教育教材的编写工作。总之，通过提供多元化的教师职业发展项目，博物馆与教师之间建立了更紧密的关系。

二、英国博物馆的教育活动

自 20 世纪 80 年代中期起，英国的教育管理体制发生了较大的变化，其中，推行国家统一课程成为一项引人瞩目的改革举措。在义务教育期间，学生必须学习包括数学、英语、科学、历史、地理、技术学、音乐、艺术、体育和现代外语在内的十门基础学科，其中数学、英语和科学被视为核心学科。在此背景下，英国的各博物馆纷纷针对不同学龄段的儿童编制教育手册，这些手册与学校课程紧密衔接，并供教师参考使用。

2006 年 11 月，英国政府在自然历史博物馆发布了"课堂之外的学习"宣言，强调学生除了学习学校必修课程，还应通过课外学习获取更多知识。这一宣言旨在鼓励学校充分利用校外的学习资源。实际上，在宣言发布之前，英国的博物馆已经意识到学生课外教育的重要性，并积极探索与学校的合作机制。经过近 20 年的发展，英国的馆校合作取得了显著成效。让孩子们走出教室、走进博物馆已成为英国现代教育的发展趋势。

2012 年初，英国教育部发表报告，建议将艺术课程纳入 14～16 岁学生的基础课程之中。此外，国家课程评审专家组的报告也提出，16 岁学生的必修课程范围应更加广泛，包括艺术和文化类课程。该报告认为，在基础教育中，美术和音乐课程都具有重要地位，对巩固艺术课程在英国国家课程中的地位起到了积极作用，也让人们更加清晰地认识到艺术学科在教学系统中的价值和重要性，进一步肯定了博物馆在青少年艺术教育中的重要作用。

总体来说，经过多年的探索与实践，英国的馆校合作机制已形成了一定的模式和特色，具体体现在以下几个方面：

第一，馆校合作广泛而深入。英国于 1988 年开始实施国家课程，并明确指出博物馆教育应与学校课程相结合。以纽卡斯尔市的泰恩-威尔博物馆群为例，它们与中小学及高校建立了紧密的合作关系，不仅将博物馆的知识内容融入教材和课外活动，还特别设立了多间活动室供学生使用。此外，博物馆还设计了多种游戏，以帮助学生对历史、生活、艺术作品及战争灾难等产生感性认识。另外，维多利亚与艾尔伯特博物馆作为全球重要的艺术设计史博物馆之一，也积极响应国家"艺术与设计"课程的指标，开发了一系列适合不同学习阶段学生的手册。数据显示，该博物馆超过 80% 的参观者来自学校团体。事实上，从小学阶段开始，英国的学校就会在博物馆内开设相关课程，并且这些课程会根据各个博物馆的特色和发展进行动态调整，以确保教学内容能够与时俱进，并始终贯穿学生学习的各个阶段。

第二，教育活动多样，教育资源丰富。在英国，从小学阶段起，学生就有机会在博物馆内接受课程教育，而授课人员不仅包括学校教师，还有博物馆工作人员，授课形式丰富多样。以切斯特的罗马古城遗址为例，当地的博物馆工作人员会身着古代罗马士兵的铁制盔甲，手持尖刺长枪，喊着口令，领着一群由学校教师陪同的小学生，共同参与这场生动的历史课。工作人员带领学生登上城堡后，便会生动地讲述曾在这片土地上发生的历史事件。

值得注意的是，英国的馆校合作并非简单地将博物馆与学校预先设定好的教学大纲机械地传授给学生，而是在具体的实施过程中，更加注重培养学生的自主学习能力、探索能力、实践能力、组织能力和合作能力，以此激发学生对艺术、科学等方面的兴趣。此外，英国的博物馆还设立了专门的学生游艺室、校外教室，并配备了各种齐全的活动设施设备，致力于引导学生通过亲身实践来对科学现象及原理形成感性的认识。

第三，教育活动差异化。英国的博物馆针对不同观众类型，精心设计并实施了一系列各具特色的教育措施。具体而言，这些教育服务可以划分为以下几类：

一是为在校生提供第二课堂服务。英国的博物馆不仅为学校团体提供参观场地、动手操作道具、专业讲解及餐饮服务，还具备向高校出借藏品的能力。例如，大英博物馆为学校观众提供了直接教学和引导教师参观的服务，并通过举办"博物馆之旅""博物馆夏令营"等主题活动，在特定时间段内让学生近距离接触展品，甚至在展厅内组织寓教于乐的活动。针对 16～19 岁的学生，大英博物馆还设计了包括讲演、实物接触和展示在内的学校研究日活动。

二是为成年人提供终身教育服务。英国的博物馆安排了丰富的文化艺术休闲活动以及有助于观众个人发展与提升的机会，包括各类课程、学术讲座与研讨会，以及结合展览内容的文艺演出等。例如，大英博物馆拥有一支专注于成人教育活动的团队，其成人学习项目通常以讲演、研究班、谈话、制作工作坊、辩论和表演等多种形式展开。

三是为残障人士提供无障碍设计服务。英国的博物馆为聋哑人提供手语讲解，为盲人提供盲文说明牌和可触摸的展品，确保残疾人在博物馆中享有与其他观众同等的受教育权利。

四是为家庭观众提供专门服务。英国的博物馆设立了家庭活动日，提供家庭套票，并设计辅助道具以方便家庭参观。在英国，许多博物馆还提供"家庭百宝箱"服务，孩子在参观时可以免费领取一个装有放大镜、彩色板、画笔等辅助道具的漂亮小书包，这不仅有助于孩子更好地参观，还促进了亲子间的情感交流。

总之，差异化教育活动在英国博物馆中十分普遍。以英国自然历史博物馆为例，该博物馆为 13 岁以下学生举办"自然历史俱乐部"，指导他们完成野外或室内作业；针对大学生，该博物馆除了为其特定课程提供大量展品，还在暑假期间接待二年级以上的大学生，使他们能够深入了解藏品的广泛知识；针对研究生，该博物馆则指定专门工作人员指导其参与博物馆的实际工作。

三、日本博物馆的教育活动

日本的博物馆高度重视教育活动的开展。日本的《博物馆法》是依据《社会教育法》制定的，自现代日本博物馆制度建立之日起，日本就以法律形式确立了博物馆教育在社会教育体系中的核心地位。青少年教育作为日本博物馆教育工作的重心，受到各级相关部门的特别重视和大力支持。

目前，日本对校外教育实行三级行政管理体制：中央级的文部科学省设立了生涯学习政策局；地方的都道府县级教育委员会则设立了专门事务局，并在其下分别设立了学校教育部和社会教育部；市町村级的教育委员会。其中，决策权归文部科学省所有，行政权由都道府县和市町村的教育委员会行使，而执行权则委托给各地方的专门机构和社区，这些机构包括博物馆、图书馆、文化馆、美术馆、天文馆等，社区机构则涵盖少年自然之家、青少年馆、青少年之家、青年馆、青少年中心、儿童馆及青少年研究中心等。为了便于博物馆教育功能的发挥，日本规定博物馆由都道府县教育委员会负责管理。

如今，日本博物馆界将"对话与合作"视为运营的基础，探索如何打造一个"人人都能轻松利用"的博物馆环境。同时，日本博物馆将青少年视为重要的服务对象，倡导以青少年的视角观察世界，并致力于让他们在快乐中学习。更为重要的是，21 世纪的日本博物馆致力于适应民众在"知识社会"时代的新需求，与民众携手共创新价值，为民众的终身学习活动提供服务。

总的来说，日本博物馆教育的一个典型特征是以青少年教育为核心，这一理念贯穿博物馆的一系列教育活动，具体体现在以下几个方面：

第一，高度重视青少年教育在博物馆教育中的核心地位，并给予大力支持。青少年教育作为博物馆教育工作的核心内容，得到了各级相关部门的特别关注和有力扶持。政府在政策和资金方面提供了支持，助力构建了层次丰富、各具特色的博物馆青少年教育体系。根据日本现行的《博物馆法》，博物馆应与学校、图书馆、研究所、公民馆等机构紧密合作，共同推进教育活动。

第二，展示精心设计，有效传达教育信息。博物馆在展示设计时充分考虑了青少年观众的生理和心理特点，以提升教育效果。这主要体现在以下几个方面：一是展览内容设计从青少年的需求出发，举办专门面向青少年的展览；二是运用多元化的展示技术和方法，提高展览的吸引力和互动性；三是为青少年提供多样化的教育信息服务，帮助他们更好地理解展示内容。例如，东京都现代美术馆以现代艺术为主题，通过举办以动漫为主题的临时展览，如"哈尔的移动城堡"展（取材于日本漫画大师宫崎骏的同名动漫作品），与迪士尼公司及日本千叶大学合作的"迪士尼艺术展"，成功吸引了大量青少年观众。此外，在科技类博物馆中，对互动性、参与性展示的合理运用也大大提高了展览的吸引力。在大阪市立科学馆，大部分展示内容都要通过亲身参与才能感知了解，观众被鼓励充分利用各种感官认知。在滋贺县立琵琶湖博物馆，传统的"严禁触摸"标志被"请触摸""请闻一闻""请听一听"等温馨的提示语替代，消除了青少年参观博物馆时的畏惧感。此外，许多日本博物馆还为观众免费提供参观指南、精品文物介绍资料及教育活动宣传材料，以帮助他们更好地理解展览内容。许多博物馆还开辟了面向青少年观众的专门学习场所，作为展览的延伸和补充。

第三，积极开展与学校等教育机构的合作。文部科学省强调，学校在进行教学时，应充分利用各地的文化设施和社会教育设施，这进一步凸显了博物馆教育与学校教育紧密合作的重要性。因此，许多日本的博物馆与邻近的大中学校建立了合作关系，为这些学校提供免费参观服务或到学校举办讲座，普及博物馆知识。例如，东京国立博物馆与包括东京大学在内的21所学校建立了合作关系。此外，许多幼儿园也与当地美术馆携手合作，如芦屋市立美术博物馆每年都会在相邻的幼儿园开展一系列美术创作教学活动，横滨美术馆则每年为幼儿和中小学生举办100场造型系列活动，分为"素材体验型活动"和"目的指向型活动"。值得一提的是，在日本，学校教师有机会在博物馆工作1～3年，协助博物馆开展与学校教育的合作活动，并进行相关研究。国立科学博物馆每年都会接受来自学校、地方政府教育委员会及青少年教育设施的科学教育指导者进行研修。此外，许多日本的博物馆还积极为学校、青少年活动中心等机构举办上门讲座、小型巡回展览，并为其提供免费借用博物馆资料、标本的服务。同时，博物馆之间也积极开展青少年教育工作的合作研究，逐步建立起合作研究网络。

第四，将博物馆教育融入社区教育。社区作为发挥社会教育功能的重要主体，一直受到日本政府的重视。为了更好地开展社区教育，文部科学省致力于完善作为社区学习基地的公民馆、图书馆、博物馆、美术馆等设施。自 1999 年起，日本在全国范围内每个市都设计并建设了一所"儿童中心"。同时，日本还有许多国立博物馆和各种专项博物馆等科普场所，几乎每个城市都建有体现本地特色的儿童科技馆。为了提高社区教育指导者的能力和素质，国家和地方共同出资开展了一系列培训工作。

第五，举办超越博物馆的特色教育活动。这些活动已不局限在博物馆内开展，而是充分利用不同类型的机构的特点，举办各种户外活动，进一步拓展博物馆的教育职能。例如，日本的一些历史博物馆会组织青少年参观与展览相关的考古遗址，由考古学家现场讲解考古知识；国立科学博物馆则利用其附属的自然教育园和植物园，组织中小学生进行自然观察和生态实习活动；滋贺县立琵琶湖博物馆则组织青少年采集水样，进行以水中浮游生物为主题的观察学习和手工制作活动；美秀美术馆在山间的传统民居及农田举办名为"秀明自然农法"的体验学习活动，让青少年体验用传统方法栽培农作物，并了解日本传统建筑的相关知识。

四、法国博物馆的教育活动

法国拥有超过 7 000 家不同类型的博物馆，每年吸引数以千万计的游客，为国家带来数亿欧元的财政收入。2000 年，法国文化部长宣布，从当年 1 月 2 日起，国立博物馆在每月的第一个周日免费开放。这一措施随后扩展至所有公立博物馆，部分私人博物馆也逐步加入免费开放的行列。自 2009 年 4 月 4 日起，法国进一步放宽免费政策，允许 25 岁以下人群及教师免费进入国家级博物馆和历史遗迹参观游览，此举旨在培养年轻人参观博物馆的习惯，从而帮助博物馆获得稳定的参观群体。同时，法国政府还针对 18 岁以上的成年人制定了专门的博物馆教育计划。

（一）"博物馆之春"

为了促使更多的学生走进博物馆，法国制定了一系列长期且持久的措施，以进一步拓展博物馆的教育职能。自 2004 年起，在一年一度的"博物馆之春"活动中，由相关部门推出的"带着你的父母去看博物馆"活动，吸引了 500 多家博物馆参与。在为期一个月的时间里，几十万法国儿童收到了活动主办单位发出的邀请信，他们可以凭此信与父母一同免费参观博物馆。这一活动不仅在国内得到了社会各界的广泛支持，还吸引了欧洲各国的积极响应。法国博物馆作为青少年教育的重要场所，充分利用藏品、展览等人类文化遗产资源与当代信息资源，为青少年打造了第二课堂。同时，它们还摒弃了传统的教育观念，鼓励观众积极参与展览，并切实关注他们在参与过程中的感受。

（二）"星期三现象"

每逢周三下午，法国的中小学校里的小课堂关闭了，社会大课堂对学生敞开了大门。在体育场，小足球队员、小篮球队员们身姿矫健，尽情奔跑；在博物馆，一群群学生怀揣着对艺术的敬畏之情，步入艺术的殿堂，在教师和博物馆讲解员的引导下，睁大眼睛去探索真善美的世界。

（三）"从娃娃抓起"

在法国，各式各样的艺术博物馆如雨后春笋般涌现，艺术成为与历史、语言、自然科学并驾齐驱的"核心学科"，艺术博物馆成为青少年审美教育的重要阵地。一群群幼儿、小学生、中学生，在卢浮宫的维纳斯雕像前、蒙娜丽莎画像前驻足凝视，在奥赛博物馆莫奈的油画《印象·日出》前、米勒的画作前席地而坐。他们稚嫩的脸庞、专注的神情，以及不时发出的欢笑声，给人留下了深刻的印象。卢浮宫每年接待 600 多万参观者，其中一半是学生。提升学生的艺术素养，是该馆的重要使命之一。此外，位于巴黎东北部的维莱特科学与工业城，作为欧洲最大的科普中心，每年接待 300 多万参观者。该城还为 12 岁以下的儿童开设了 4 000 平方米的儿童馆，并根据不同年龄段进行了区域划分。

五、其他国家的博物馆教育活动

加拿大安大略明确规定了学生在博物馆的学习课时与学分要求，这一举措极大地促进了馆校之间的紧密合作，并为此类合作提供了制度保障。以多伦多市中心的皇家安大略博物馆为例，作为北美洲第五大博物馆，也是加拿大规模最大、藏品最多的博物馆，其教育部门配备了 5 名专职人员，另有 30 余名学校教师、艺术家和科学家担任兼职人员。该馆的地下二层全部用于教育部门的活动，设有 11 间教室。该博物馆的教育部门工作人员根据学生的年龄进行分班，并围绕展览内容设计相关兴趣课程，并在每年暑假组织夏令营，制订详细的课程计划和活动方案，寄送给学校和家长，鼓励他们送孩子来博物馆学习。

在意大利，根据相关法律规定，各地方政府需要与博物馆等文化机构缔结协定，与国家教育系统的各类学校建立特别合作关系，为学校提供教学资源，开发教学项目，传播文化遗产和科学知识，以促进学生的全面发展。这一政策使得教育部门将博物馆纳入教学体系，形成了学校与博物馆、师生与博物馆之间的良性互动，博物馆的社会教育和服务功能得到了充分发挥。

此外，丹麦、荷兰、西班牙等国的相关法律也有将博物馆纳入国民教育体系的规定。一些国家的博物馆还设立了流动展览车，采用将陈列品布置在汽车里，开到各地进行展览的方式，受到了偏远地区学生和公众的热烈欢迎。

综上所述，将博物馆纳入国民教育体系已成为普遍做法。同时，教育活动的质量和数量也日益成为各博物馆经营管理绩效评估的一项重要指标。

第四章　博物馆展教能力的提高

第一节　博物馆展教能力提高的方向

博物馆的发展与变化过程实际上就是科学教育观念不断更新、教育形式逐渐丰富、教育内容日益深化、教育效果愈加凸显的过程。博物馆因其教育功能，在提升公民科学素质、增强国家创新能力、促进生产力发展方面所起的作用日益凸显，从而使博物馆场馆的建设和发展日益受到社会与公众的关注。特别是从 20 世纪中后期以来，博物馆的创新和发展更证明了这一点。从目前的发展趋势来看，我国博物馆教育体系已初步构建完成，创建了一批有博物馆特色的品牌教育活动，人才结构更为合理，公民科学素质显著提升，教育活动的开发与实施能力亦明显增强。在此过程中，博物馆需要着重关注教育活动体系、教育活动品牌、场馆体制机制、展教人才队伍等方面的建设目标及实施路径，以确保博物馆教育事业的健康发展。

一、教育活动体系建设

为了推进博物馆教育活动体系建设，博物馆需要将原本零散、临时且形式单一的教育活动在内容与形式层面进行有机整合，同时注重教育活动核心价值的全面提升，并充分结合教育目标三维化、教育方法特色化、教育形式多样化、教育受众分层化、教育手段全媒体化、教育资源衍生化、教育过程全程化、教育项目系统化的发展趋势，逐步打造以展览为主、拓展为辅，以馆校结合为特色的形式多样、内容丰富的教育活动体系。

教育目标三维化就是要摆脱单纯传播知识的教育目标，确立知识与技能、过程与方法、情感与价值的三维教育目标。教育方法特色化与教育形式多样化是相辅相成、互相交融的，即小众精品教育和大众普适教育并行发展，在满足不同层次观众需求的前提下，开展具有博物馆特色的教育活动。教育受众分层化是指根据观众对象的不同特点，开发不同教学目标、内容、形式、深度及版本的教育活动，以提高教育实效。教育手段全媒体化、教育资源衍生化是教育产业发展的必然趋势，有利于拓宽传播渠道，扩大教育影响面。教育过程全程化与教育项目系统化则是教育活动体系建设最终的目标形态，即建成全流程、系列化的教育资源池，涵盖基于展览的教育活动、中小学科学实践课、学校教师培训课、家庭教育项目、社区教育项目、讲座论坛类活动、科普剧及其他教育活动，从而形成系统化、系列化、规范化的教育体系；同时，建立较完善的数字化教育活动资源库，为博物馆教育工作者提供教学资源和职业拓展平台。

二、教育活动品牌建设

教育活动的品牌建设不是一朝一夕就能完成的，而是需要始终围绕公众和社会需求，对品牌进行系统、科学的规划，通过长期积累，树立品牌形象，促进品牌推广，形成良好口碑，融入公众生活。

第一，要把教育功能作为提升教育活动品牌价值的内在核心。教育活动的成功与否，关键在于其核心的教育功能能否有效实现以及教育活动的内容能否准确地传递给公众。如果说衡量一个展览是否出彩最主要的指标是展品的可看性，那么教育活动考核的关键则是教育内涵的可达性。因此，围绕教育活动的核心进行研发，并不断提升其质量和教育效果，是构建品牌的基础保障。

第二，要把服务延伸作为提高教育活动品牌效应的重要手段。博物馆要关注公众的需求，注重与科普受众的沟通交流，建立起教育活动的评估、反馈和调整修正机制；要运用适合自身特点的营销策略和手段，如加强与媒体合作，加大宣传力度，不断提升教育品牌的知名度和影响力；加强与旅游管理部门、旅行社的合作，开发基于教育活动的研学旅行项目；加强与教育机构尤其是中小学的合作，使博物馆真正成为学生的第二课堂；策划组织一系列公益品牌活动，如科普扶贫、科普下乡等，以彰显博物馆的社会责任。

第三，要将创新开放作为巩固教育活动品牌优势的强大动力。博物馆应加大自主创新力度，在突出自身特色教育活动的同时，紧抓公众感兴趣的重要社会和经济问题，从而打造出一批具有社会影响力的教育活动品牌。这里所说的创新，不仅包括内容和形式上的创新，还包括发展理念、品牌运营和管理模式的创新，这些都是许多优秀品牌成功的内在基础和基本经验。因此，博物馆应重视推进教育活动品牌的现代化管理，建立面向社会和市场的运作机制，提升创新工作的开放性，避免孤岛现象，并借鉴商业组织精细化管理的做法，建立起适应博物馆教育品牌运营与发展的管理体系。

三、相关体制机制建设

相关机构应进一步深化体制机制改革，从行业层面的博物馆建设标准、博物馆等级评价制度，到场馆层面的功能定位、经费投入、发展规划及评价机制，再到员工层面的岗位职责、绩效考核等逐步完善制度建设，为教育活动的开发与实施、博物馆教育人才培养提供一系列制度保障。

从博物馆行业层面来看，博物馆的体制机制建设应聚焦于场馆教育功能、教育活动设施等方面的建设标准，把教育活动资源建设和教育活动的开发与实施作为场馆发展的首要任务，并据此确立一定的制度化标准。

从场馆层面来看，博物馆要制定以科普展教效果为核心的评估考核办法，建立博物馆教育水平量化评价体系，对博物馆的展教服务质量与效益进行评估，把教育活动开发和实施的数量、质量、效果评价作为重要内容，并引入博物馆等级评定制度，提高博物馆开展教育活动的主动性，以促进场馆教育功能的可持续发展。

从员工层面来看，博物馆行业需要解决岗位定位模糊这一普遍问题。这要求博物馆管理方从体制机制层面入手，在深入研究博物馆教育特点的基础上，对博物馆展教人员应承担的工作责任进行科学合理的设定。行业内应就博物馆教育活动的应有模式和展教队伍的应有岗位达成共识，确立以教育活动开发和实施为核心的岗位职责，并将其与绩效考核标准挂钩。

四、展教人才队伍建设

在博物馆体制机制日趋完善的基础上，博物馆管理方应结合博物馆的岗位设置和业务需求，为展教人才队伍的长期发展设定清晰的目标，这既包括对整体队伍发展方向的把握，也包括对个人职业发展道路的规划。

在进行展教人才队伍建设时，博物馆管理方应构建以对口学历、专业学位教育为主，以中短期专业培训为辅，以科研平台、学习交流平台为支撑的立体化、多层次的人才培养体系。为此，博物馆需强化与高校的合作，加强科普专门人才培养的学科建设和专业设置，增加相关专业学生到博物馆实习的机会，把好展教人才职前培养的质量关。

同时，博物馆管理方应优化入职后展教人才培训体系。一方面，将自身展教工作现实与长远发展需求相结合，搭建展教人员课题研究、项目开发的常态化科研平台，举办各类行业交流学习活动，引导展教人员将理论与实践相结合，将实际工作中的经验和思考融入研究工作之中，以科研成果指导实际工作，不断提升展教人员的理论素养、学术水平和实践能力。另一方面，要大力推进展教人员从业资格管理和职业标准建设，拓宽展教人员专业技术职称晋升通道，培养一批具有理论基础与实践经验的优秀科技辅导员，从而进一步提升展教人才队伍的整体水平。

第二节　博物馆展教能力提高的路径

"十一五"期间，全国范围内掀起了一股博物馆建设的热潮，各地新馆如雨后春笋般不断涌现，直至"十二五"期间这股热潮才逐渐平息。基础建设高峰期过后，越来越多的博物馆开始将重心转向自身软实力建设方面，并重视以教育功能为核心的工作的开展。这一转变既受到外部因素的影响，即国际大环境下博物馆功能定义的演变对国内科技馆事业发展走向的指引；也源于内部因素的驱动，即博物馆自身对功能结构、社会需求的认识转变，推动了场馆功能、传播目标、教育方法及实施手段等方面的快速发展。

第一，这一转变的根源在于博物馆功能的升级发展，反映了整个博物馆行业对博物馆教育认识的提升，是博物馆教育功能日益强化的体现。

第二，传播目标的全面升级。从美国科学促进会将科学的态度和价值观作为科学教育的重要目标，到提倡以科学探究为核心的教育，再到致力于帮助公众发展科学理解能力，最终形成了知识与技能、过程与方法、情感与态度相结合的三维化传播目标。这与学校正规教育的教学目标相契合，构成了公民科学素养的三个层次，即科学知识与技能、科学意识与方法、科学世界观。

第三，教育方法的转变。从场馆早期单一的讲授、听课模式，到"做中学"的兴起，强调在活动中学习并注重学习过程，再到以探究为核心的教育。博物馆的教育工作也随着教育方法的转变而不断演进，逐渐形成了一系列特色化的教育活动，以帮助观众更好地提高学习效果。

第四，实施手段方面的升级和飞跃。随着技术的不断进步及教育理念的更新，博物馆教育活动的实施手段也日新月异，从最初的以语音和文字为主，到电教手段的运用，再到引入实验、表演等有助于实验发现和探究过程的实施策略。未来，随着互联网技术的不断发展，博物馆教育活动将呈现出综合运用多种手段的全媒体化发展趋势。

未来我国博物馆展教能力的建设将根据博物馆教育事业发展的总体趋势，集中围绕观念意识、属性特征、实施模式、手段方法及支撑发展能力的人才培养几个方面，并加强社会资源的整合与跨界合作，同时注重从实践到理论的沉淀，并发挥理论对实践的指导作用。

一、强化教育体系构建，转变观念并深化实践

博物馆内部需首先转变观念，将教育活动的开发与实施作为博物馆工作的重点，根据场馆展览展示资源，开发具有特色的高水平教育活动。展教人员作为提升博物馆展教能力的核心力量，其最重要的职责应是教育活动的开发与实施，而展厅的日常开放运行只是展览教育工作顺利开展的基础保障。因此，博物馆要明确教育活动的定位——不是锦上添花，而是充分发挥场馆的社会功能。

博物馆在对外层面需全面渗透其教育属性与特色，重点开发特色化、多样

化的教育活动，逐步实现教育活动的系统化和综合化，包括基于展厅的展览教育活动，基于学科专题的拓展类教育活动，以及基于互联网的线上教育活动。同时，博物馆要注重自身教育体系的全面性与特殊性，确保教育活动与实体场馆、流动场馆、数字场馆同步开发，形成各有侧重、形式多样的策划方案，为公众打造易于实现教育目标的场景。此外，博物馆应重点扶持依托展览资源、展现博物馆特色、体现当代先进教育思想的教育活动项目，深化展览主题，高效利用实体展览的教育资源，提高实体展览的教育效果；加强对资源包和基于流动设施的教育活动的开发，使基于流动设施的教育资源更加丰富、教育效果更加生动。

二、深化科学内涵，推动形式创新

为了深入挖掘教育项目的内涵，博物馆需要从组织形式创新及内容策划上发力。博物馆应尝试在空间上突破场馆的地域限制，深入开展各类馆外科普活动，如流动博物馆进社区、企业、学校、农村等。由于各社区环境、人员结构的不同，博物馆应针对不同年龄层次和知识需求的人群，加强对教育活动形式的创新，有针对性地结合社会热点开展教育活动，让这些地方成为博物馆宣传阵地的延伸，实现提高公民科学素养的目的。从时间上，博物馆的活动不应局限于工作日，夜间观测活动、博物馆奇妙夜、科普日特殊活动等都可以丰富场馆教育活动的形式。这些组织形式上的创新能够充分发挥博物馆作为教育阵地的功能。

在教育项目核心内容的策划方面，博物馆教育人员要不断开拓思路，持续提高科普教育活动的影响力，探索具有创造性的博物馆发展之路。目前，拓展类教育活动的组织、策划和实施主要由场馆展教人员负责，尤其是策划阶段，对馆外社会化资源的利用尚显不足。虽然偶尔会有中小学教师参与项目策划，但高校和科研院所的专业教师参与较少，而中小学教师的专业基础相对薄弱，难以满足策划教育项目的需求。

上海科技馆在这方面进行了有益的尝试：在科学表演策划阶段，其策划人员先后赴华东师范大学、同济大学等高校的物理、化学、生物基础实验室考察学习，与实验室的教授、研究生共同讨论实验设计以及道具装置的设计与制作。在道具制作过程中，策划人员积极联系设计公司和制造厂商，利用专业化社会资源定制道具和装置。在活动排演后期，策划人员再次邀请专业教师到现场进行指导，科学把关，有效提升了教育项目的科学内涵。

三、借助"互联网＋"延展概念

博物馆应运用"互联网＋"的思维和信息技术手段，创新传统教育活动模式，采用先进教育理念，不断丰富教育活动内容，吸纳高校、科研院所、企业等社会力量参与到教育活动的开发和实施过程中，进一步提升教育活动质量。

博物馆应做到：利用互联网技术，通过云计算、大数据和个性化分析，为公众定制所需要的教育活动，满足公众对教育活动的个性化需求，以及公众对国家科技热点、公共应急事件的科普需求；转变教育模式，重组公众学习的过程，边学边创，重视实际动手能力，培养公众特别是青少年的创造力；促进教育活动的共建共享，推进教育活动与信息化的深度融合；应用信息技术手段，整合各类教育活动资源，建立资源库，通过示范推广和资源共享，最大限度地发挥教育活动资源的优势；通过新媒体平台和各类终端，加强多媒体传播和社交互动，提升教育活动推广效率，以及教育活动在公众中的认知度和影响力，营造"互联网＋"教育活动的新环境；推动线上、线下的结合，通过场馆的数字平台将教育活动拓展到线上，打破时间、空间的限制，以公众喜闻乐见的形式，全面升级实体馆教育活动和数字教育资源，促进教育活动线上、线下协同发展。

随着"互联网＋"与智慧场馆建设的不断推进，更多的信息将通过互联网进行传播，在今后互联网的发展中，线上、线下平台的优势对博物馆观众的教育体验可能会起到决定性的作用。

四、构建科研体系，强化教育活动理论支撑

理论与实践是相辅相成的，要把握博物馆教育工作未来的发展方向，就要有足够的理论依据去支撑。基于此，博物馆要提前布局理论研究与学科建设，搭建与博物馆教育相关的学科框架，为构建完善的博物馆教育学科体系提供指导。

在理论研究过程中，博物馆应借鉴国外相关经验及其他学科的有关内容，从教育的具体特点和发展现状出发进行思考，逐步实现对教育基础理论的构建；通过设立相关课题，组织科技馆、高等院校、科研院所及社会有关专家，大力开展有关博物馆教育活动的文献综述、基础理论与实践应用研究，在将理论研究与实践应用密切结合的同时，为博物馆教育活动理论体系的建设奠定基础，为提升博物馆展教能力提供理论支撑和实践探索路径。

此外，博物馆还应加强理论研究成果的学术交流，通过行业内外的学术交流平台、学术刊物，推动先进理念和工作经验的广泛传播，并鼓励引进国外前沿理论和先进经验。在理论研究成果的实际应用中，博物馆可聚焦于教育活动评估办法和指标体系的研究制定，建立博物馆教育水平量化评价体系，将教育活动开发和实施的数量、质量、效果评价作为重要内容，实现教育活动开发、

实施阶段的前、中、后期全过程评估，促进展教能力的持续、健康发展。

五、构建展教专业能力培训体系

目前，各场馆展教人员专业背景、职称评定、专业发展方向等差异较大，整体业务素质与展教工作特别是拓展类教育活动的专业需求之间存在显著差距。鉴于展教方向专业人才的培养刚刚起步，对在岗展教人员进行系统的在职培训就显得尤为重要且迫切。各场馆对展教人员专业培训的内容主要包括展教相关理论及理念、展教专业技能和方法等方面。

近年来，中国科学技术协会多次组织全国范围的展教骨干人员的培训，这些培训广受好评，并在一定程度上缓解了骨干人才短缺的问题，但能够参加培训的人员仍然有限。因此，博物馆应构建一个"分级分区"的展教人员培训体系。分级，是指组织骨干人员进行师资培训，培训内容包括展教理论研讨、活动策划组织、现场实施指导、案例观摩学习及评估反馈等，培养目标是使受训人员成为场馆甚至某一地域范围的培训师，再由其培训当地的师资和人员，如此辐射延伸，能够大大扩大培训的覆盖面，缓解展教专业人才短缺的压力。分区，是指某一个单项的教育活动技能培训可以由不同区域该项目特色场馆承办，发挥承办场馆的资源优势，推广特色项目，培育特色专业人才。

六、推进制度与人才队伍建设

博物馆要研究制定展教人员的岗位职责、职业标准、专业技术职务任职资格，以及相应的以绩效、能力为核心的评价考核办法，完善激励、晋升、奖惩机制，激发活力，实现科学管理。

博物馆还应做到以下几点：

第一，创新教育人才培养模式，结合展教队伍长期发展目标与实际岗位设置、工作需要，以及科技辅导员的能力特长、兴趣方向，构建全方位、多层次的科技辅导员人才培养体系，继续引导扶持高校科普相关专业发展，培养具有现代科学理念和传播理念的科普人才。

第二，建立展教人员课题研究、项目开发的常态化科研平台，引导展教人员将理论与实践相结合，并借助馆校、馆企、馆院、馆馆之间的学习交流渠道，充分组织专业学科领域研究，提高从业人员的业务素质和综合能力。

第三，出台符合博物馆展教工作特点的专业技术职务评审办法，打通专业技术职务晋升通道，充分考虑博物馆收藏、研究、教育等方面工作的特殊性及多样性，实现博物馆专业技术岗位的全覆盖。

第四，采取有效措施，积极创造有利条件，鼓励和引导优秀的科普教育人才参与博物馆的教育事业，吸引科学家、科研工作者、中小学科技教师参与教育活动工作，壮大志愿者队伍，组建多层次的科普人才队伍。

七、共建共赢互惠，构建"馆—教—校"大科普格局

馆校合作不仅仅是场馆与学校之间的合作，教育主管部门的指导和支持、科研院所等社会力量的辅助与支撑同样起着至关重要的作用。因此，博物馆应本着共赢互惠的原则，建立场馆与学校深入、长久、稳定的共建机制，构建"馆—教—校"大科普格局。

首先，馆校共建的成功推进离不开场馆和学校上级主管部门的支持，最好能够有较为明确的制度要求、硬性指标或奖励机制，促使学校有动力、有热情参与共建。例如，某市教育委员会推出的"学生电子卡"项目，将学生到场馆参观学习纳入学校拓展课程，由教育委员会统一在试点场馆安装 POS 机，学生到馆参观进出需刷卡记录在馆学习时间，达到一定时长可获得相应的学分。

根据试行情况来看，这一举措显著提升了学生、教师和家长参观场馆的积极性，学校也积极响应。

其次，博物馆与学校应搭建起科学教育的交流平台，面向中小学生推出品牌化、系列化的科学实践课程。这要求博物馆充分发挥教育资源优势，将课本中枯燥、抽象的知识用生动、直观的形式呈现出来。博物馆应根据学校需求，以博物馆展项为核心，突出博物馆教育资源多元化与探究式学习的特点，联合学校共同开发基于博物馆的学习课程。

最后，加强学校教师培训，使其对博物馆教育资源进行全面而深入的理解和认识，推动博物馆教育资源融入学校教育。这不仅能够促进学校利用博物馆资源开展拓展式学习与创新实践，还能加快促进博物馆成为学校科学教育的重要合作者与强大助力。

八、跨界融合，引导和鼓励社会各界广泛参与

博物馆应积极吸纳各类基金会、慈善机构、民营企业、社会机构、个人参与博物馆教育活动的开发与实施，与其建立良好的沟通合作关系，各取所长、各发其力、各扬其优，为长期合作提供基础保障。同时，博物馆要勇于"走出去""引进来"，借力使力，加强合作，跨界融合。例如，上海科普教育发展基金会从上海科技馆筹建之初就一直在标本征集、教育项目培育、大型赛事活动等方面给予其全力支持。

近年来，越来越多的商业广场与场馆合作，成为科学传播的新阵地。这些商业广场通过提供场地或出资购买服务的方式，引入科普展览和教育活动，并免费向公众开放，让市民在休闲消费的同时，接受科学文化的熏陶。文化与科技的融合、艺术与科技的交汇，以及未来可能出现的更多融合形式，都将为博

物馆教育事业的蓬勃发展提供力量与支撑。例如，上海科技馆与敦煌研究院开展馆际交流，将科普讲座和科学表演引入莫高窟，体现科学、人文、艺术的交融，同时在人员交流、学术交流、社会教育等层面开展广泛而深入的合作，吸引更多的年轻人主动走进敦煌、深访莫高窟，为灿烂的古老文明注入新鲜的发展力量。

九、强化数字博物馆建设

（一）数字博物馆的教育功能

网络教育资源的建设是教育信息化的基础。目前，国家正式批准开展远程教育的教育机构大都将教育资源的建设摆在了重要位置。然而，网络资源的分散及建设不规范等现状制约了人们对它的充分利用。虽然互联网上教育资源丰富且传播迅速，但无序的建设状态导致"信息孤岛"现象难以避免。教育资源建设不是一蹴而就的，博物馆管理方需要不断地进行更新和维护。随着教育水平的不断提高和教学需求的不断变化，教学资源库的内容和功能也需要不断完善和更新，以满足时代发展的要求。

以数字技术构筑的数字博物馆以系统开放性、建设可持续性和内容丰富性等特点受到教育界的普遍关注。大多数数字博物馆都专门为公众，特别是青少年提供了形式活泼、内容生动的科普教育专题。国内外很多高校已经将数字博物馆作为一种新型的教育资源，应用到正规或非正规的教育实践中。例如，美国加利福尼亚大学圣巴巴拉分校就利用地球科学数字博物馆进行了虚拟教学环境的设计；澳大利亚悉尼大学的生物学课堂和实验教学大量运用了其国家植物博物馆的资源，并进行现场教学和网络教学；南京大学建设的地球科学博物馆在关于地球科学的课堂教学和全校公共素质教育课程中都发挥了重要的作用。

数字博物馆在教育领域的作用主要体现在以下几个方面:

1.提供丰富的教学素材库

数字博物馆在整体展览形式上,运用了多媒体技术和远程教育技术,使内容的呈现更为直观且具有交互性特征,从而促进了教育方式的多元化,使课堂教学效果得到了提升。数字博物馆将教育内容进行融合,给教师和学生构建了一个综合性的教学资源库,从而使学科体系更加完善,知识内容更加丰富,学生查阅、浏览信息更加便利。

教师可利用资源库中的内容进行网络教学,学生则可在资源库中找到与自身学习相关的内容,开展有针对性的学习。同时,数字博物馆还能够将跨学科的知识融合在一起,帮助学生扩大知识面,提高学生的综合素养。

2.为远程教育、继续教育等提供充足的网络资源

数字博物馆可运用多媒体技术,将各种珍贵文物和相应的背景资料在互联网上展示出来,能有效达到资源共享的目的,因此比较适合在将网络作为媒介的远程教育和继续教育中使用,能使教育具有更强的辐射力。

3.为提高全民科学文化素质提供科普教育基地

数字博物馆以其生动有趣的表现形式、独特的叙述方式以及富有交互性的浏览方式而备受好评,能够更加广泛地针对服务对象,尤其是青少年群体开展相应的素质教育,有利于培养学生的科学思维。

数字博物馆陈列的展品具有较强的交互性。相较于课堂教学,教师利用数字博物馆教授知识更能促进学生对知识的吸收和理解。数字博物馆通过组织策划专题展览,还能够向人们介绍我国科学技术发展的一些重大成果或者当前学术研究的主要方向,并可以根据受众的不同需求,采用不同的宣传方式,

从而满足不同层次受众的实际需要。

此外，数字博物馆网络覆盖面较大，且人们在访问的时候不会受到时间和地点的限制，因此是较好的科普教育基地。

4.有助于缩小不同区域教育水平差距

数字博物馆的建设能够有效降低经济欠发达地区构建实体博物馆的费用，以及硬件设施与收藏品的采购费用，有助于均衡教育资源，提升国民素质和整体教育水平。

（二）数字博物馆的建设策略

1.完善数字化管理平台

博物馆应进一步对自身的各项业务进行梳理与整合，打通"人、物、数据"三者间的多向交互渠道，从而优化工作流程，实现博物馆保护、管理、服务和教育工作的智慧化融合。

2.提升智慧服务功能

博物馆应进一步借助互联网、云计算、大数据等技术，优化多媒体展示平台，开发云直播、动漫游戏、在线商城等更多功能模块，并通过社交媒体实现博物馆与公众的高度交互，反向推动博物馆的业务创新。

此外，博物馆应提高精细化、科学化管理能力，实现对博物馆原有内涵和外延的扩展，并且充分利用物联网、区块链、人工智能等技术，多学科交叉融通、协调创新，开拓新的领域，以期实现博物馆服务、保护、管理和教育的高度智慧化。这能够使博物馆在文物资源活化利用、运营管理效率提高、参观客流增加等方面取得显著成效，提升博物馆的管理和服务效能，从而产生较高的经济效益与社会效益。

第五章 博物馆教育项目的设计

第一节 博物馆教育项目设计的
特征与原则

博物馆面向公众开放之初，对于自身教育的定位是通过藏品展示来娱乐和启迪参观者的。到了 19 世纪末 20 世纪初，受民主主义教育思想影响，博物馆先驱们意识到仅靠藏品展示难以达到理想的传播效果，因此解说员等承担场馆教育工作的职位由此出现。之后，博物馆开始面向学校学生设计专门的教育项目或学习活动。到了 20 世纪后期，教育逐渐成为博物馆的功能之一。一些专业机构和研究者尝试从不同角度定义博物馆的教育和学习，以明确博物馆的功能。

国际博物馆协会对博物馆教育的描述是：博物馆的一个重要职责是发挥教育作用，扩大其服务范围，吸引更多来自不同社区、地区及团体的参观者，并在与这些目标受众的思维互动中实现人类的文化传承。同样，美国博物馆协会对博物馆教育的定位是"传播知识，丰富公众见识，培养博闻广识、能够在全球化社会中应对挑战、抓住机遇的公民"。国际博物馆协会和美国博物馆协会对博物馆教育的定义侧重描述博物馆承担"服务公众，传播文化"的职责，说明了博物馆教育的重要性，但并没有涉及博物馆教育功能的具体范围。

美国首都博物馆的托马斯·福特（Thomas Ford）认为，所谓博物馆教育，就是让来博物馆的人自由参观、比较、提出问题、学习，而博物馆按照每个来馆者的需要、情趣，为其选择最适当的教育服务。这一定义凸显了博物馆为参观者提供服务，支持参观者自我学习的功能。

英国博物馆学家艾琳·胡珀-格林希尔（Eilean Hopper-Greenhill）认为，博物馆本身就是一个教育机构，博物馆的所有活动都具有教育目的，包括资料（如绘画、标本、手工艺品等）的收集、展览的设计和制作、特殊活动及教学会议的安排等。胡珀-格林希尔的这一定义表明，博物馆的教育功能是通过设计依托博物馆资源的具体教育项目来实现的。

总的来说，最开始学界倾向于将博物馆教育视为场馆展示与传播活动下的一个分类。发展到现在，越来越多的学者将博物馆视为一个教育机构，认为场馆的所有活动都带有社会教育的目的，并强调围绕场馆资源设计系列活动，构成教育项目，达到充分发挥场馆教育功能的目的。

根据博物馆教育项目的现代定义，博物馆的科学教育项目就是博物馆围绕展览、藏品和研究等馆内资源展开的一系列有组织、有目的的科学学习活动。

一、博物馆教育项目设计的特征

（一）基于学习者原有经验，为不同人群定制教育项目

考虑到学习者社会背景和认知基础的多样性，博物馆应突破传统的指导讲解型模式和单一的刺激—反应互动形式，针对不同受众，设计职业拓展课程、馆校共建课程、夏令营、博物馆奇妙夜等活动，形成不同类型、不同层次、不同维度的教育项目。例如，针对学生的教育项目，可以通过两种方式整合场馆和学校学习资源，为学生创设科学学习的"生态圈"。第一种方式是馆校合

作、共建课程，第二种方式就是以国家或当地科学课程标准为依据设计教育项目。无论采取哪一种方式，都需要在教育行政部门、学校管理部门和博物馆之间建立稳定的沟通渠道，让学校教师参与项目设计的工作。此外，针对学生的项目通常具有互动特色，以此激发学生旺盛的好奇心，有时还会采用角色扮演的方式让学生产生身份认同。而针对成人的项目在形式和内容上更加多样化，既有以"科学社交"为亮点的"夜幕降临"活动（美国旧金山探索馆），也有面向专业人士的生物学拓展课程（英国自然历史博物馆）。

（二）以探究为基本学习方式

大多数项目从参观者感兴趣的科学问题出发，鼓励参观者像科学家一样提出问题、制订计划、观察实验、收集数据，并进行推理与论证、成果发表、交流与反思等一系列探究活动。在此过程中，参观者能够像科学家一样思考，建构自己对科学的理解，发展批判性思维和培养创新精神。例如，英国一些博物馆推出的"公民科学家"项目，提倡让公民成为科学数据的收集与分析工作者，在研究过程中理解科学、参与科学，并为科学的发展作出自己的贡献。美国自然历史博物馆的"青年博物学奖"项目鼓励有志从事科学工作的中小学生进行独立的科学研究与科学论文写作，并为他们提供专业而系统的科学方法指导。

（三）以创设真实情境为学习环境设计特征

博物馆常利用自身资源为参观者创设真实学习环境，让参观者在科学问题产生的情境中探索展品背后的科学原理和科学故事。以美国休斯敦自然科学博物馆为例，该馆的实地探索课程针对不同的常设展览创设不同情境，让学生模拟不同的生物，思考如何解决面临的生存危机。还有一些博物馆线上项目利用信息技术创设沉浸式环境，利用游戏吸引参观者在虚拟世界扮演特定角色（如科学家、当地居民或特定动植物等），在不断闯关或完成有趣任务的过程中提升参观者的科学素养。

此外，有些博物馆的教育项目还突破了一个项目一种活动形式的局限，将不同类型和不同层次的活动组合成了系列教育项目，这类项目中任意一个子类既可以自成完整的活动，也可以与其他形式的活动组合成学习套餐，扩大教育对象的覆盖面，拓展项目的学习深度，打造特色项目品牌。例如，美国国家航空航天博物馆的"物体如何飞行"展区既有针对学生的线下馆校合作课程，也有针对飞行爱好者的线上学习资源。英国的"公民科学家"项目由英国多个博物馆共同参与，提供不同主题但方法相似的学习活动，为公民提供自然科学研究方法的在线指导，支持公民的线下研究实践，为拥有不同兴趣的科学爱好者提供了参与科学研究的机会。

（四）以基于实物的学习为设计重点

博物馆与其他教育场所最大的不同，在于它主要使用真实的物件来创造学习环境和学习内容，提供以实物为核心的学习体验，以此激发学习者的兴趣，并传递知识和理念。

值得注意的是，博物馆的公益目的中教育性的地位问题一直是博物馆学界讨论的热点。以前，学界通常认为，博物馆以实物展示为活动的基础，为社区整体利益而研究、保存或展示具有文化价值的物件。这不仅是各类博物馆的基本任务，也反映出早期博物馆的教育方式是对收藏的物件进行陈列展示，供大众参观。

20 世纪中期，越来越多的博物馆开始运用实物标本、复制品乃至虚拟手段，让参观者通过视觉、触觉、听觉及嗅觉等各种感觉，增强对真实物件的体验。这种变化是博物馆设计理念的重大革新，但并没有改变博物馆基于实物进行学习的本质。

如今，科技的发展使人们足不出户，通过在网络上点击鼠标就可以看到珍品善本的图片、资料，但博物馆收藏的物件仍具有独特的魅力。

实物的如下特征，使得博物馆的藏品不可替代：第一，原始尺寸。展品能够直观地告知参观者现今在生活中已经无法看到的物体的实际大小。第二，真实的体验。在博物馆观赏宝剑时，有的参观者会仔细观察宝剑的纹理，惊叹当时的工艺。这种感觉是图片或仿制品难以提供的。第三，信息的完整性。博物馆为观众提供了从各个角度观赏物品的机会。

博物馆的物理环境主要包括反映科学技术的展品、动植物标本、文物等，还有一些模拟展品，它们能够显示物体的真实面貌和原始大小，蕴含了特定的科学原理和丰富的文化内涵，有助于观众理解事物的属性和价值。尤其是在科技馆、生物馆中，人们能够看到许多生动形象的展品，这些展品不仅能够激发观众对科学的好奇心和强烈的探究欲，还能为观众提供直接观察、亲身体验和动手操作的机会，有利于观众获得直接经验。

二、博物馆教育项目设计的原则

（一）围绕公众关心的科学问题进行设计

大多数具有影响力的博物馆教育项目在主题选择上不是从生活中的科学出发，而是聚焦社会热点科学问题。例如，恐龙化石的项目（加拿大自然博物馆的"化石"在线项目）与全球气候变暖话题相关联；而涉及科学研究的项目（美国菲尔德自然史博物馆的"公民科学家教育指南"项目）则鼓励公民观察周边的植物，亲身参与到科学探索中来。

"围绕公众关心的科学问题进行设计"原则强调的是已有经验的重要性，

以及科学学习的情境性与文化性。具体来说，这一原则倡导人人可以学科学，通过创设熟悉或有代入感的情境让参观者主动参与科学实践，利用展品和信息技术让抽象的科学现象可视化，让复杂的科学概念易于理解，借助探究模式让参观者学会用科学方法解决日常生活中的问题，进而认识科学的本质与作用。

（二）以"培养合作学习能力"为设计目标

无论是美国的"21世纪技能"，欧盟的核心素养，还是我国的《中国学生发展核心素养》，都强调社会合作的重要性。博物馆内开展的教育活动因其普遍具有的自主性与探究性特质而特别适合用于培养学习者的倾听、论证、沟通与评价等合作能力。

大多数涉及科学研究的博物馆教育项目要求学习者以小组为单位进行项目研究。即使是一些针对个人的项目也会设置问题讨论或成果分享环节。例如，美国波士顿儿童博物馆基于互联网的"第二课堂"，在方法指导中明确提出要安排儿童分享与交流，以及基于交流的改进环节。英国的"公民科学家"项目则通过促使公民参与科学研究向公众传达"普通公民也能对科学研究作出贡献"这一理念，并突出全民参与和数据共享在加速科学研究进展方面的重要性。

（三）应用跨领域多元合作设计模式

目前，国外大多数博物馆充分利用馆藏优势，借助场馆自身影响力寻求外部合作，在政府的支持下，搭建沟通平台，整合馆内外资源，通过跨领域协作提升科学教育项目的品质。

以英国自然历史博物馆针对硕士、博士研究生的生物学系列拓展课程为例，这一系列课程分别与伦敦帝国理工学院、伦敦大学学院和动物学研究所合作开设，由博物馆研究者与其他机构研究者共同担任教师，联合场馆馆藏资源和高校研究优势为研究生提供精品课程。

澳大利亚的"火星实验室教育"项目由政府资助，由悉尼应用艺术与科学博物馆、悉尼大学、周围中学和社区联合开发。该项目在设计过程中征询了多所中学科学教师的建议，紧扣国家科学课程目标。该项目开展的目的是整合博物馆与其他研究机构的资源，利用互联网为澳大利亚中学生提供远程探索火星的机会。

简单来说，成功的博物馆教育项目在其设计、实施与改进过程中都离不开跨领域专家团队的合作。来自高校和专业科研机构的自然科学家保证学习内容的科学性；学习领域的研究者保证学习过程的有效性；一线学校教师则负责确保非正式学习目标与正式目标之间的衔接性，保证学习者科学学习的系统性；与社区及其他机构的合作保证博物馆项目围绕目标群体关心的科学主题展开。在此过程中，博物馆教育工作者扮演着项目的整体设计者与改进者，他们需要与不同领域的专家进行沟通，并在实践中改进与完善项目设计。

第二节　博物馆教育项目的环境设计

一、设计理念

（一）内容与形式相统一

物质的形式和内容之间是一种辩证统一的关系，即特定的形式适用于表现特定的内容。在博物馆中，对于同一件藏品的展示，采用不同的设计形式会有不同的效果。因此，博物馆教育项目环境设计的重点不在于形式是否华丽或表现是否震撼，而在于设计之后的形式是否符合被展示的内容。

每个博物馆的藏品收集、展示都有自身的主题思想，这些共同构成了藏品陈列内容的灵魂。缺乏主题内容的展品陈列设计，即使拥有丰富多彩的外在表现，其实际效果也会大打折扣。每一个博物馆的主题思想都来源于生活，既反映了历史的演化，又具有启迪现实的作用。所以，博物馆的陈列应该忠实于历史，贴近于现实，这是各种陈列内容主题的共同特征，也是所有艺术设计都必须遵循的一条基本原则。因此，博物馆的陈列设计应紧扣自身的主题思想，将每一个陈列品所蕴含的历史文化以一种积极、健康、完整的方式展示在人们面前。另外，博物馆的陈列设计还要考虑艺术性，要做到以适当的、贴切的艺术手段表达相应的内容，最终实现内容和形式的完美统一。

（二）个性特征与艺术结构相结合

博物馆中每一件藏品都有其各自的特征，有特定的民族、地域、时代方面的元素。在对博物馆教育项目的环境进行设计时，相关人员需要广泛地吸纳各种艺术形式，寻找最恰当的表现手法，将它们融入博物馆的陈列艺术。第一，要注重表现手法的丰富多样，如考虑展品的平面构成、立体构成、色彩构成及空间构成，或采用现代装饰艺术原理，增强藏品的陈列立体感。第二，作为陈列内容的补充，如景观复原、蜡像制作等手段，都可以丰富陈列艺术的形式。第三，要充分利用现代科技，创造出既科学又形象的新形式。

总之，一个完整的陈列展览需要根据主题对一个个实物展品进行设计组合与编排，确保个体之间、展品组之间、场景之间有机联系、前后呼应，也就是追求艺术结构的完美。在对博物馆教育项目的环境进行设计时，相关人员要重视序幕、主体陈列与结尾三大板块的结构布局，注意主体展品与辅助展品之间、动态陈列与静态陈列之间、立体展品与平面展品之间的协调，实现陈列艺术结构在整体上的统一。

（三）艺术形象与环境氛围相统一

艺术作品都是通过塑造具体生动的形象来反映生活的，博物馆陈列作为一种艺术表现，其形式也必须具有形象性这一艺术本质特征。可以说，不管是为了反映历史，还是为了展现现实，形象性都是博物馆设计展品陈列的基本特性。在对博物馆教育项目的环境进行设计时，博物馆的陈列艺术在创造美的形象方面展现出更为丰富多样的表现手法，诸如环境设计、实物或复制品的展示、塑像与图片的呈现及虚拟环境的构建等。换句话说，与其他艺术形式相比，博物馆陈列、展览的最大不同之处在于其是通过具体的、实实在在的人、物和事件来反映的。博物馆的陈列形象天然，具有具体化、生动性的外在要求，因此需要创造特定的环境氛围，衬托展品的艺术形象。博物馆陈列空间的环境设计包括两个方面：一是客观实在的氛围设计，这包括陈列空间的布局、陈列辅助设备的配置，以及展品外观的打造、光线与色彩的搭配、环境灯光的设置、建筑材质的选用、背景音乐的融入等。博物馆陈列空间的环境氛围设计应该符合展示的主题，要为公众营造一种恬静、高雅、朴实无华的环境体验。二是抽象的氛围设计，这一内容主要依靠展示设计中对展品内容的历史背景的刻画，通过形象情感的揭示和心理环境的烘托，引导观众在参观中感受这种不可触摸的抽象氛围。

（四）安全保障与经济合理相结合

安全性是在对博物馆教育项目的环境进行设计时需要考虑的一个特殊因素，它包括对展品的安全和对观众人身安全的保证。在对博物馆教育项目的环境进行设计时，相关人员首先需要考虑房间的朝向、开窗面积的大小，特别要注意温度、湿度的变化，以减少空气污染，防止灰尘、光线、昆虫、微生物等对展品的损害。一般情况下，库房和陈列室的温度为 15～25 ℃，相对湿度为

45%～65%。其次，重点加强防火、防震、防盗等方面的措施，利用现代科技与现代社会管理手段，构建完善的博物馆安全保卫体系，合理布置防盗和消防设施、观众疏散通道等。最后，选用安全系数高的材料，采用安全优先的方法，进行科学预算，避免奢华，杜绝浪费。在选用材料时，需要多作对比，充分利用材料本身的纹理、色泽、质感等特点，综合考虑其实用性、美观性、安全性及经济性。在选择具体制作方案时，相关人员要认真研究加工过程中的每个环节，并简化工序。

二、设计要素

（一）展品

展品是博物馆内陈列出来供观众参观的物品，是展示内容的载体。博物馆的展品分为平面展品与立体展品两大类。平面展品以壁挂或展板的形式展示在墙上；立体展品，如实物、雕塑、多媒体屏幕等，既可以陈列在展台上、展柜内，也可以悬挂在墙上、空中，还可以单独放置展出。

展品的陈列形式可分为周边式陈列、独立式陈列和混合式陈列三大类。

周边式陈列是指将展品沿陈列室墙面及与墙面相连的展板进行悬挂或放置的方式。这种陈列方式有利于使陈列室内部连贯，同时能使观众明确参观路线。周边式陈列又分为单线陈列和双线陈列两种方式。

独立式陈列，即将立体展品陈列在陈列室当中，或在陈列室中独立放置展板，供陈列展品用。这种陈列方式适用于随机观赏。

混合式陈列是周边式陈列与独立式陈列的组合方式，兼有二者的优点。三线陈列和灵活陈列都属于混合式陈列。

（二）空间

博物馆的空间主要分为核心空间、交通空间、陈列空间与服务空间。

1.核心空间

核心空间，就是序厅，在博物馆参观路线的前部，常与门厅相连，是博物馆的交通枢纽。有的面积较大的博物馆将此空间作为开展活动的场所；有的博物馆将其作为凸显博物馆主题的表现空间。

2.交通空间

交通空间起着引导观众参观的作用。走道、楼梯、电梯、坡道的专用空间都是博物馆的交通空间。博物馆建筑的走道大多是交通空间，它们以直线、曲线、折线等多种形式出现，引导观众在水平方向上进入展厅。有时博物馆也对走道进行放宽、收窄等处理，或在其中展出少量展品，以改善线性空间的单调局面。

3.陈列空间

陈列空间是博物馆主要功能空间之一，通常占据博物馆最大的面积。陈列区肩负着陈列与开展观众活动的双重任务。博物馆的空间设计主要是指陈列区的空间设计。

此外，陈列空间起着烘托展品背景的作用，过于强烈的空间形象会喧宾夺主，影响陈列主题的展出效果。因此，陈列空间一般是中性空间和功能空间，其设计取决于展品特点及场馆的采光方式。

4.服务空间

服务空间是服务于观众的辅助空间，包括问询处、小件寄存处、书店、纪念品销售处、餐饮处等。服务空间虽然起着配角的作用，但是它包含多种服务功能，因此在对其进行设计时，要多方考虑观众的心理需求，尽量提供舒适和轻松的氛围，并避免千篇一律，防止单调乏味。

（三）展示设备

展示设备是博物馆陈列、展览布陈时的依托物，包括展柜、展板、展台、展壁等，用来承托、维护、吊挂、张贴展品，指示方向或解释说明。展示设备的造型、比例、风格对博物馆陈列空间的整体形象起着至关重要的作用，因此在对其进行设计时，要追求实用功能与审美功能的完美结合。

第三节 博物馆体验探究式
教育项目的设计

体验探究式教育项目的兴起，是中国博物馆社会教育的新动向，是中国博物馆重视和突出文化传播、宣传教育功能，重新审视博物馆教育发展方向，凸显博物馆教育"项目化"的重要举措。目前，博物馆界大多从案例的角度对体验探究式教育项目进行分析，鲜有对以体验探究式教育项目为支撑的博物馆教育新形式进行的专题论述。因此，相关人员亟须对博物馆体验探究式教育项目的设计进行研究总结。

一、博物馆体验探究式教育项目概述

体验式教育最早源自德国教育学家库尔特·哈恩（Kurt Hahn）的外展训练学校，该校通过野外训练让参加者提升生存、人际交往能力和心理素质。20世纪90年代以来，体验式教育在发达国家迅速发展，并逐渐在大中小学得到推广。

所谓体验式教育，是指教育者依据德育目标，结合未成年人的心理、生理特征及个体经历，创设相关情境，让未成年人在实际生活中体验、感悟，通过反思形成个人的道德意识和思想品质，并在反复的体验中外化为自觉行为。体验式教育一般用在学校的德育课上。而探究式教育法，也称发现法，是 20 世纪 60 年代初美国心理学家、教育家杰罗姆·布鲁纳（Jerome Bruner）首先倡导的，经过后人的不断研究、发展完善，逐渐成为一套理科教学的新模式。这种教学法倡导在教师的引导下，学生通过亲自参与探究活动来主动发现规律。在这种形式的学习过程中，学生不仅学习知识，更重要的是学习获得知识的方法。这种教学方法有助于培养学生的创造力。体验探究式教育在当前高速发展的现代社会中越来越受到重视。

在美国教育中，体验式教育是一种非常重要的形式，与在游戏中学习相辅相成。教师鼓励学生提出问题、发表自己的见解。在美国的各大博物馆里，人们经常能看到教师领着学生在博物馆上课的场景。每个学生手里都会有问题单，教师并不是像导游那样灌输式讲解，而是让学生自行寻找答案。

中国博物馆的体验探究式教育项目大多是在科学类博物馆和综合类博物馆先行试验的，主要以案例式的分析研究为主，基本上各成一派，不具有广泛性和规范性，因而不能形成规模，也没有形成可持续发展的长效机制。但也有一定数量的博物馆在体验探究式教育项目上倾注了相当多的心血，积累了一定的经验。例如，中国国家博物馆与北京德国文化中心·歌德学院（中国）合作进行体验探究式教育项目的设计和开发，在新馆建立观众体验区，并从美术、音乐、戏剧、科学 4 个门类入手，开发了 50 余种教育体验项目，运用各式各样的媒介、丰富多彩的活动使观众进一步了解项目内容。在展示形式上，既有现代媒体技术的运用，也有传统作品的展示，更有创造性的戏剧表演，给观众留下了深刻的印象。这些体验探究式教育项目以青少年观众为核心，同时兼顾其他年龄段观众的兴趣爱好，在拉近观众与博物馆距离的同时，发挥了博物馆的公共教育职能。

二、博物馆体验探究式教育项目设计的原则

体验探究式教育项目的设计要遵循趣味性原则、竞技性原则、针对性原则和安全性原则。

（一）趣味性原则

趣味性原则强调在项目策划和设计过程中，应突出趣味性，让学生"先玩后悟"。博物馆教育工作者把学生集中起来后，先让学生按照正常的程序参观，然后引导学生做各种有趣的游戏，充分调动他们的积极性，提高他们的注意力。博物馆体验探究式教育项目因没有全国统一教学大纲和课程教材的严格约束，所以在设计上更加灵活、内容更加多样化。

（二）竞技性原则

竞技性原则要求在教育项目设计中突出竞技性。体验探究式教育项目作为培养学生参与意识和团队合作精神的手段之一，具有一定的竞技功能。结合中小学生好竞争、好竞赛的个性，博物馆教育工作者应设计能够提高学生活动能力、发挥学生主体作用的活动，有效激发学生的责任感、进取精神和学习兴趣；通过以小组为单位进行的竞赛，让学生感受团队的协作精神，提升自身的素质。

（三）针对性原则

针对性原则就是教育项目设计要以学生为本。针对学龄前儿童，设计人员在设计项目时应注重培养其"在玩中学"的兴趣和持久的注意力，以动手实践、

启蒙教育、益智游戏为主。针对小学生，应侧重培养他们对博物馆形象的认识，配合学校科学、语文等课程，以及德育、美育，培养其参观兴趣。而针对中学生，在设计项目时，设计人员应充分利用博物馆教育资源，结合学校课堂教学内容，如历史、地理、物理、化学、生物等课程，借助学校教师与博物馆教育工作者的力量，培养中学生的创新思维。

（四）安全性原则

安全性原则是在设计体验探究式教育项目时必须严格遵守的原则。在博物馆中实施体验探究式教育项目时，必须保证学生和教师的生命与财产安全。由于各博物馆的规模、环境以及文物、展品、展项、设施各不相同，具有一定挑战性的探究项目可能存在一定的危险性，特别是那些追求新奇、刺激，动感十足的寻宝、探秘类的项目。因此，博物馆教育项目的设计者必须时刻牢记安全性原则。

三、博物馆体验探究式教育项目设计的保障

（一）制度层面的保障

为有效推进博物馆体验探究式教育项目的开展，政府部门应出台相关政策，倡导学校和博物馆将学校资源与博物馆资源进行有效整合，用于学生的课程教育。同时，学校应定期对教育项目的实施效果进行评估，并将其纳入学生的评价体系。为了促进体验探究式教育项目与学校课程的有效衔接，博物馆之间、博物馆与学校应合作共同开发多学科的教育课程，如历史、地理、物理、化学、生物、语文、数学、科学等课程，分不同年龄段形成"打包式"课程，供教师灵活选择。

（二）人才方面的保障

人才是博物馆与学校开展体验探究式教育项目合作的基础。博物馆体验探究式教育不仅需要具备专业知识、动手能力强和表达能力强的专业技术人才，还需要能够策划创新教育项目的研究型人才，以及擅长宣传推广和教育项目组织与实施的复合型人才。然而，目前博物馆与学校在此类合作中均面临专业科普人才匮乏的问题。博物馆缺少专职教育人员，而学校则主要依赖各学科的教师。因此，为构建博物馆教育项目开展的长效机制，博物馆应主动牵头，建立科普教育人才库，吸纳知名科学家、教育家、学校教师、科技爱好者以及社会热心人士等加入。目前，国内已有文化公司尝试作为中介，整合馆校资源，开发体验探究式教育项目。

（三）资金方面的保障

博物馆作为一个公益性机构，从功能上应配有必要的教育项目经费。但由于各博物馆的归属不同，其教育项目资金分配也存在差异，一些博物馆教育项目面临资金紧张的局面。

为解决资金难题，博物馆教育工作者需要首先设计出具有特色的体验探究式教育项目，因为这是项目资金问题能否解决的关键；针对教育项目制定详细的预算，严格控制开销，合理利用有限的资金；同时，需要拓宽资金渠道，利用重大活动争取多方资金支持，以补充经费。

博物馆作为一个非强制性教育机构，其教育的目标不仅仅在于向观众传播知识，还在于通过提供教育项目，培养观众主动学习、发现问题、享受体验乐趣的良好习惯，从而为提升国民素质贡献力量。体验探究式教育项目的实施正是以此为导向，鼓励学生通过观察、调研、讨论、查阅资料、动手制作等多种方式获得解决问题的途径。博物馆通过开展形式多样、针对不同观众群体的体验探究式教育项目，帮助人们体验、发现、欣赏自然和文化之美。

第四节　博物馆拓展式教育项目的设计

一、博物馆拓展式教育项目概述

（一）博物馆拓展式教育项目的定义

所谓博物馆拓展式教育项目，是指围绕展览内容所开展的辅助性公共教育活动。这些活动教育意图更明确，旨在丰富展览的内容，帮助观众更好地理解展品及其所传达的信息。

在当代，拓展式教育项目已成为博物馆的一项常规活动，其受重视程度通过博物馆建筑内部空间配置的变化得以体现：在早期的"藏展混一"阶段，博物馆建筑的主体是库房，甚至可以说库房是博物馆建筑中唯一的功能性空间。当展览空间独立后，随着博物馆对教育活动的重视，展览空间呈现出逐渐扩大的趋势，并取代库房成为博物馆建筑中规模最大的空间。近几十年来，在发达国家的博物馆中，随着开展的公共教育活动的增加，公共教育空间也呈现出不断扩大的趋势。

（二）博物馆拓展式教育项目的特征

1.超越实物——教育媒介多元化

拓展式教育项目是围绕展览内容展开的，是对以展览为媒介的教育手段的补充、深化与延伸。通常来说，展览是以实物展品为核心传播媒介的，在一定程度上，其目的就是通过各种传播技术对实物展品进行阐释与叙述，将其中所蕴含的社会记忆再现与重构，从而搭建现实与历史的对话桥梁。

这种以实物为媒介的教育形式通常有两方面的问题：其一，普通观众一般没有受过专门的训练，缺乏自行解读展品的能力，即使展厅里设有一些辅助性的解释手段，但对在理解上有一定难度的展览内容，单纯采用博物馆手段尚不足以让观众充分把握；其二，实物展品的获得有时具有偶然的性质，缺乏系统性，所以仅仅依靠实物展品尚无法对事物的变化做出充分的叙述。

拓展式教育项目的产生与博物馆教育特征有关，或者更准确地说，是针对其弱点展开的。所以，与常规的展览不同，拓展式教育项目在实施过程中，不再主要以实物展品为核心媒介，而是利用形式多样的、更接近常规形态的教育方法来进行。许多博物馆为了观众，尤其是低年龄观众，制作了能帮助理解和配合操作的道具与资源包。通过使用这些工具，观众能更好地理解展览内容。在那些专门为儿童使用的发现屋或探索屋里，博物馆放置了许多仿制的展品供观众操作，当然，如果有一些实物展品资源既充足又不易损坏，那么将它们安排在发现屋或探索屋中，会有更好的效果。从这个意义上说，拓展式教育项目既围绕实物展品的内涵展开，又不局限于实物本身。

2.超越展览——教育活动更丰富

长期以来，展览承担了博物馆教育活动的核心任务，人们只要谈及博物馆教育，基本上就是指参观展览。虽然博物馆展览将重点指向教育，但其内容的广度、深度与系统性都受制于实物藏品资源。展览的内容必须紧紧围绕实物展品所蕴含的学科内涵来设计，虽然信息定位型展览中可以通过辅助展品的介入对展览内容作一定程度的系统化、全面化处理，但这种方法适用的范围是有限的，不能过分脱离实物展品，否则会背离博物馆以实物为核心媒介的教育特性。相比之下，拓展式教育项目可以更加专注于教育目的本身。为了实现既定的传播目的，它可以涉及更广泛的领域，如与展览主题相关的背景知识、从展览重点内容中派生出来的其他相关领域等。由于这种教育项目并不完全受制于实物展品，所以可以根据教育需求深入更广泛且系统的知识领域，从而能够在一定程度上超越展览本身。

3.超越参观——与直接经验相关的学习

博物馆学习的主要方式是参观展览。在传统的以器物为核心的展览中，观众的主要活动是观察器物和标签。在现在的博物馆中，展览要素增加了，展览的传播方式更加多样化了，这意味着博物馆观众在展览空间的参观活动具有多样化的特征，包括观察、阅读、体验和操作等。

这里要说明两点：其一，展厅里穿插着一些专门的教育项目，如小剧场、小影院、探索角、发现角等，它们可以被视为展览的组成部分，但其本质上也是拓展式教育项目在展厅中的实施，属于拓展式教育的一种形式。其二，考虑到展览的基本属性和比例关系，必须对这种以非实物展品为核心的展览项目做出限制，过多的非实物展览项目会改变博物馆展览的性质。

尽管博物馆展览技术日新月异，表现力日益增强，但对博物馆观众而言，实物展品依然是最重要的，是最具吸引力与说服力的信息载体。不论未来博物馆会出现怎样的变化，依托实物展品进行传播永远都是其最本质的特征。所以，展厅中穿插的拓展式教育项目不能喧宾夺主。正因为如此，专门的拓展式教育项目有其存在的合理依据。

对于低龄观众而言，让他们参观以成年人为教育对象的展览实在是强人所难。他们或许对展览的主题感兴趣，但难以适应那种持续观察和阅读的方式。因此，类似于游戏的互动与操作项目是更适宜的。这有助于激发他们对科学的兴趣，从而获得初步的知识，是一种更有效的学习方式。然而，这种充满欢声笑语的活动显然不适合在正式的展览区域进行。

目前，无论是博物馆，还是观众，都越来越意识到互动操作的重要性，其最大的魅力就是观众在实践中能获得直接经验。除了实际操作,博物馆的互动装置也能够为观众提供直接经验。因此,许多博物馆开发了专门的互动操作教育项目。例如,在美国国立自然历史博物馆(由史密森尼学会管理)内的探索室,观众可以直接接触真品和复制品,观察化石、颅骨、贝壳、矿物,甚至试穿世界各地的服饰。此类体验操作性项目的出现使博物馆学习进一步超越了传统的参观行为,变得更加丰富多彩。

4.超越博物馆——博物馆的巡回展览与远程教育项目

拓展式教育并不局限于博物馆内,而是通过多种方式将教育资源送往博物馆以外的地方。其中一种方式是巡回展览。例如,美国克利夫兰艺术博物馆常年推出"家庭快车"和"学校之旅"等教育项目。另一种方式是利用网站。例如,美国史密森尼学会将自己的教学资源分为"艺术和设计""科学和技术""历史和文化""语言艺术"四个板块,分别针对不同年龄段的学生。该学会下的博物馆还以展览为题材,设计出了形式多样的趣味网络游戏,如与一教育中心联合开发了"消失"科学探秘游戏,该游戏兼具娱乐性与教育性,深受热爱科学和艺术的中学生的喜爱。

在一些地区,拓展式教育还借助远程传播技术,将博物馆的教育项目拓展到更远的地方。其中,与学校合作是有效的方式之一。通过相关技术手段,馆校双方可以观看视频节目、互相沟通,很好地将博物馆资源利用在学校教育方面。美国明尼阿波利斯艺术博物馆便实施了这样的远程拓展式教育项目。博物馆将展品背后的故事开发成独立的教育项目,由工作人员扮演角色,深入讲解展品,带领观众领略一段段有趣的历史。这种远程拓展式教育项目不仅为无法亲临博物馆的人们提供了宝贵的学习机会,也极大地扩大了博物馆藏品资源利用的范围。

二、博物馆拓展式教育项目的设计策略

（一）以现场活动为核心

在进行拓展式教育项目设计时，一种常见的方式是利用现场开展拓展式教育，这通常发生在遗址类博物馆里。许多遗址都是先人活动的场所，他们在这里生活或从事生产活动。在这种场合中，不仅展品是证人，环境与场所本身也是证人，向观众诉说着过去的故事。

如果条件允许，可以让参观者在遗址中做与古人同样的工作，这对其理解当时的生产生活方式具有很好的效果。例如，在澳大利亚的金矿博物馆中，参观者可以在当年人们淘金的河流上用古老的方法来"淘金"，并且据说参观者如果真淘到了金子，还可以将其带回家作为纪念。

此外，一些博物馆还将展览项目开办在户外的小广场、小公园中，打造出类似主题公园的户外活动区域，在这些地方开展与展览内容紧密相关的体验性项目。

（二）穿插在展厅中配合展览

在进行博物馆拓展式教育项目设计时，相关人员要认识到有许多拓展式教育项目是与展览融合在一起的，它们穿插在展览之中，成为展览的一部分。在正式的展览中，实物占据了展览的核心地位，成为传播的主要媒介。但与拓展式教育相关的展项中，实物的核心地位被淡化了，取而代之的是为实现特定教育目标而精心设计的非实物辅助展品。这些非实物辅助展品明确服务于特定的教育目的，并被整合在一起，以实现既定的传播目标。

常见的拓展式教育形式有展览中的小剧场、小影院、小教室，以及信息角、发现角和探索角等。这些拓展式教育形式与展览内容结合得非常密切，通常是在某一展览内容之后设置的。在这样的展览环境中，观众的学习方式

已不再局限于观察，其能够在多种媒体的共同作用下，利用不同的感官来接受新的知识。

（三）将在教室中听课的方式引入博物馆拓展式教育

在博物馆拓展式教育的实践中，尽管教室听课式教育方式常被视为与博物馆教育不同的方式，但博物馆教育人员仍积极地将多样化的教室听课式教育方式融入教育项目中。设计拓展式教育项目时，一种普遍采用的听课式教育方式是利用博物馆内的讲演厅，围绕新推出的展览举办系列学术讲座。这些讲座不仅向观众传授了必要的背景知识，提升了他们对相关领域的敏感度，还极大地拓展了展览内容的广度和深度。此外，另一种听课式教育方式便是嵌入展览中的教室，其课程表被清晰地展示在教室附近，便于观众根据时间安排参与学习。

第五节　博物馆艺术类教育项目的设计

一、博物馆艺术类教育项目概述

博物馆作为文化机构，综合了收藏、展示、研究和教育的功能。其中，博物馆的教育功能，特别是艺术教育功能颇为显著。充分利用博物馆资源开展艺术教育活动，提高学生的艺术修养，进而促进全民艺术教育发展，成为当前博物馆艺术教育功能研究的重要内容。

博物馆的艺术类教育项目，以博物馆丰富的艺术藏品为依托，旨在通过一系列精心设计的活动，充分发掘并展现这些藏品的艺术价值。这些项目不仅为学生提供了一个除学校之外的重要艺术教育平台，使他们能够在与艺术品的亲密接触中提升艺术修养，也为社会公众提供了接受艺术熏陶与教育的机会，使博物馆成为普及艺术教育、提升全民艺术素养的关键场所。

博物馆艺术教育可谓教育模式的一大亮点。早在 20 世纪 70 年代，美国就已经开始鼓励发展博物馆艺术教育，以弥补学校在艺术教育方面的不足。博物馆凭借丰富的艺术资源，通过策划艺术类教育项目，与校园文化紧密融合，使学生能够近距离接触艺术珍品，从而丰富其审美体验。时至今日，越来越多的国家正致力于构建并优化博物馆艺术教育体系，强化博物馆与学校、家庭之间的联动，共同推动艺术教育的发展。

二、博物馆艺术类教育项目设计的策略

（一）注重体验式教育

博物馆作为艺术教育的重要阵地，其教育功能不容忽视。然而，当前我国的博物馆艺术教育多局限于参观这一形式，缺乏深度互动。为此，博物馆应致力于创造吸引观众参与的教育环境，将教育与娱乐巧妙融合。

体验式教育强调博物馆应设立专门的活动区域，配备专业的教师，在场馆内摆放一些藏品的复制品供学生接触体验，这既能够丰富学生的艺术体验，又能保证藏品的完好。学生在这些活动区域可以自由活动，近距离接触藏品，并通过教师的讲解，更好地理解藏品的内涵和价值，进而引发更多的思考。目前，国内一些博物馆已经开始做出相应的调整。例如，上海艺术品博物馆已推出多项交流项目，如古法扎染、活字印刷等体验课程，以及不定期的艺术家讲座和主题展览，为学生营造了生动的艺术氛围。

此外，博物馆也应摒弃传统的陈列方式，采用开放式空间布局，让学生全方位、多角度地感受藏品的魅力。一些有条件的博物馆还可以开辟特定的区域，设立各个主题空间，让学生接受主题式教育，从而更好地欣赏艺术。

（二）深化馆校合作机制

目前，英美等国家在馆校合作方面进行了有益探索，学校和博物馆之间大多建立了稳定的合作关系，为学校利用博物馆丰富的艺术资源、开展艺术教育提供了有力支持。我国博物馆应借鉴此经验，加强与学校的合作，共同推动艺术教育的发展。一方面，博物馆可为学校提供丰富的艺术教育资源；另一方面，学校可为博物馆引入专业教师资源，弥补博物馆在艺术教育方面的不足。这种合作模式有助于博物馆工作人员更好地理解学生的需求，开设相关的艺术教育课程。例如，上海艺术品博物馆与上海工艺美术职业学院的合作，就为艺术教育的有效传播起到了积极作用。

同时，博物馆工作人员应主动筹集资金，改善因资金短缺而出现的博物馆功能受限问题。这可通过举办收费讲座、展览，与企业合作宣传、开发周边产品等方式实现。另外，博物馆要加强和教育部门的合作，努力将博物馆艺术资源融入传统教学，使学生到博物馆进行艺术学习成为一种常态。

（三）构建数字化教育平台

在互联网时代，数字化教学是教育信息化的产物，也是博物馆艺术教育改革的新模式。国外的博物馆网站上有丰富的艺术教育资源，可供不同年级的学生使用。例如，大英博物馆在其官网上分门别类地发布了针对不同年龄段学生的艺术教育资源，并提供主题丰富的教育项目。

我国一些大型的博物馆先后开设网络博物馆，供大众在线学习、观赏。例如，拥有超千件艺术藏品的宏源阁博物馆为广大艺术爱好者了解文物知识提供了一个良好的交流平台；2013 年扩建后的南京博物院新设了数字馆，以将网络科技和现场互动相结合的方式，带给观众全新的古代文明体验。但目前我国的博物馆数字化教育资源还不能完全满足受众需求。因此，各博物馆应加强网络教育平台建设，为参观者提供更多远程"参观学习"的机会。

除此之外，博物馆还可以在官方网站上提供各类藏品的影音资料，供人们自由下载学习。同时，结合网络技术，制作具有本馆特色的网页内容，也是吸引参观者眼球、发挥教育功能的重要途径。

（四）创新博物馆艺术类教育项目

博物馆艺术教育的对象是多层次的，因此针对不同层次的学生，需要创新性地设计不同教育项目，以激发学生的学习兴趣。

在空间规划上，博物馆要充分考虑学生的行为和认知需求。由于参观的人群中低年级学生较多，因此博物馆在空间布局上应安排尺寸较小的项目环境，并注重对互动过程的设计，通过游戏的方式让低年级学生融入其中。

在题材的选择上，博物馆可以开设不同的主题空间，在不同的环境下摆设不同主题的藏品，并且形成一条线索，让学生能够从开始一直不断探索，运用自身的空间想象能力来挖掘下一个主题。同时，博物馆可以通过藏品复制品为学生提供亲手触摸的机会，使学生对藏品有更深的了解。

随着学界对博物馆艺术教育功能的日益关注，博物馆与学校的合作不断深化，信息技术在博物馆艺术教育中的应用也日益广泛。因此，博物馆应在体验式教育、馆校合作、网络教育等方面加大建设力度，以推动博物馆艺术教育的发展，更好地发挥博物馆的艺术教育功能。

第六章　博物馆教育项目的组织与管理

第一节　博物馆教育部门的使命与职责

一、博物馆教育部门的使命

博物馆不仅是一个充满思想与智慧的地方，而且是一个被精心设计的系统。博物馆的教育体系就是该精密系统中的一个子系统。这一教育体系由博物馆向公众提供的多层次、多形态、多类型且相互联系的教育服务所构成。

一直以来，博物馆的社会公共性主要是通过其教育职能来体现的。尤其是博物馆的公共教育部，其不仅承担着进行公民教育、推动社会文明进步的使命，还积极联络博物馆之友、捐赠人等各方社会资源，共同为实现这些目标而努力。

博物馆教育部门的使命是多方面的，其重点在于知识的传递与普及、文化的传承与创新、公民教育与价值观的塑造，以及个人发展与终身学习。

首先，教育部门致力于提供丰富的教育资源，涵盖历史、艺术、科学等多个领域，并利用现代技术手段提高知识传递的效率，增添趣味性。其次，作为文化传承的重要载体，博物馆教育部门不仅致力于文化遗产的保护和优秀传统文化的弘扬，更鼓励观众在传承的基础上进行创新。在公民教育与价值观塑造方面，教育部门通过展览和活动培养观众的公民意识和社会责任感，传递正向价值观。最后，博物馆教育部门关注个人发展与终身学习，为公众提供多样

152

化的学习机会，激发其学习兴趣，鼓励他们将博物馆作为终身学习的场所，通过持续学习和探索，不断提升个人素养和综合能力。这些使命共同构成了博物馆教育部门的核心价值，旨在促进社会的整体进步和个人的全面发展。

二、博物馆教育部门的职责

教育部门是博物馆重要的部门之一，它是各馆连接公众的纽带，以推进社会教育为主要使命，并负责一系列教育活动和项目的规划与实施。其职责具体包括但不限于：

①制订本部门的战略规划，并参与博物馆的战略规划制订。

②负责观众调研和观众意见的处理。

③对展览和特别活动进行营销，使博物馆始终活跃在社区、民众的视野之内。但在一些大型博物馆，营销功能通常和教育功能分开。

④编写博物馆通讯或其他出版物，包括设计、打印、拍照、折叠、邮寄等，并定期就一些展示主题出版图书，或为学校等教育机构编写教材。

⑤开发在线项目、课程和活动，用于学校教室内，或为不能参访博物馆的民众所用；开发展厅内计算机上的项目。

⑥提供观众咨询服务，包括负责编写和提供各种游览材料，如导览图、说明手册、活动日程预告等。

⑦接待观众，提供导览和讲解服务。具体还包括编写展览讲解词，并进行多语言的翻译；提供观众语音导览器等，并负责管理；组织导览的日程，并负责预约、登记及相关收费等。

⑧负责教育/学习中心、活动中心、工作坊、探索室、实验室、教室、影剧院等的开放和管理，防止室内标本及设施设备的损坏和丢失。

⑨开展学校项目，包括在展厅内和在馆外（学校内）开发、举办与学生年龄相符的游览和特别活动，为师生设计、制作及准备开展教学活动所需的材料、设施设备，联络教师和学校，评估活动的有效性等。

⑩策划与实施各种延伸教育活动，如开展讲座、开设课程等，内容可与博物馆或展览内容等相关，凸显博物馆的特征。

⑪策划与实施特别活动。这些通常针对特定的观众，并在每年的固定时间举行，如展览开幕、节日活动等。

⑫组织开展职业发展活动，如针对学生等的实习、奖学金和学分项目。

⑬负责编制会员条例，组织会员活动，管理会费。

⑭负责编制志愿者条例，选拔、培训、评估志愿者，并组织志愿者活动。

⑮对教育活动进行评估，同时对教育部门工作者进行定期评估，也对展览活动进行评估。当目标清晰时，评估会更简便。因此，确定目标也是有效评估的重要组成部分。

⑯组织开展培训，如教育部门内部人员培训、导览员培训等。

⑰进行项目开发，包括开发新项目、做预算、写基金申请书或其他的筹措资金申请书。

⑱进行阐释规划，注重在每个展览中开发教育元素，如界定教学点或展览目标等。教育元素需要成为展览开发不可或缺的一部分。

⑲开展一定的博物馆教育理论研究，并组织学术交流。

⑳与博物馆上级部门、教育部门、学校、媒体机构、专家等保持定期联系。

需要指出的是，没有一个教育部门或是教育工作者能自行开展所有上述工作。在整个博物馆架构中，教育部门基本自成体系，但与其他部门之间的交流、协调及合作是各项教育任务完成并取得成功的必要保证。

时下，"节目与特别活动"开始成为越来越多的博物馆教育部门的工作范畴。当然，许多大型机构拥有专门的活动策划人员，但是在规模较小的博物馆，教育工作者常常要担起这份职责，并与其他员工一起来协调活动。

另外，博物馆教育部门最终的工作目标其实都落在"学习"上。在博物馆中的学习是非正规的，个体将选择在哪儿学、什么时候学、学什么，这与教室内的正规教学相对。因此，博物馆教育工作者要根据环境来设计项目，激发观众想学习、想参与的积极性。虽然教育人员能从教室内使用的有效技巧中受益良多，但必须在博物馆环境中有所超越。让学习变成一种有收获的享受，是教育工作者眼前的任务。

第二节　博物馆教育工作者的构成与职责

博物馆的所有教育活动从根本上都是通过人来完成的，因此博物馆教育的价值，最终也主要通过教育工作者的实践和受众的接受与变化来实现。也就是说，在构成博物馆教育的诸要素中，人的因素始终处于主导地位。其中，博物馆教育工作者可谓关键中的关键，决定着该馆教育的广度、深度、实施效果和未来发展。

博物馆教育工作者不完全等同于博物馆教育部门的工作人员。在博物馆内，并非所有与教育活动和项目相关的人员都在教育部门工作。另外，一些国外博物馆教育部门还配有讲解员或导览员（不将其作为教育部门正式员工）、志愿者（协助特别活动）、实习生或是阶段性员工等，作为全职员工的坚实支撑。同时，教育部门也花费了许多时间培训、调度和管理他们。

那么，究竟谁是博物馆的教育工作者？他们担负着怎样的职责？他们又需要什么专业素养？一言以蔽之，教育工作者作为博物馆教育工作的主要承担者，在教育项目的规划与实施中扮演着重要角色。

从广义上讲，博物馆工作人员都负有教育的职责，都是教育工作者；从狭义上讲，博物馆教育工作者主要指与教育项目直接相关的人员。

一、参与教育项目的专业人员的构成与职责

参与教育项目的专业人员主要有博物馆研究人员、陈列设计人员和藏品保管人员。

博物馆的专业研究人员，作为知识的创造者和管理者，需要将研究成果以各种方式回馈社会。他们可以将研究成果以出版物的形式发表出来，也可以直接将成果提供给陈列展览的设计人员，并通过他们，将专业领域的成果转化成广大观众容易接受的知识；陈列设计人员则综合研究成果，充分考虑不同观众的需求，策划主题多样、内容丰富并受观众喜爱的展览，同时运用多元化展示形式，传达教育信息；而藏品保管部门为配合教育活动的开展，通常从自身实际出发，有限地出借藏品、开放库房、复制藏品，为教育项目提供资源。

二、专职教育工作者的构成与职责

博物馆专职的教育工作者由教育项目的策划者、导览员/讲解员及教育员三部分人群组成。

教育项目的策划人员以研究成果为理论基础，并在与陈列设计人员充分沟通的基础上，针对不同的展览主题和内容、不同的参观对象设计灵活多样、个性鲜明的教育项目方案，以实现博物馆的教育目的。而导览员/讲解员作为与观众直接的接触者，是博物馆教育实施的尖兵。观众通过与他们进行交流，不仅可以获取大量信息，而且能更好地理解展示意图。导览员/讲解员负责对

展览内容与展品进行口头介绍和解释，组织观众参与讲座、电影、音乐会、现场示范表演等各种公众项目，带领观众认识、体验和享受展品，协助策划和管理特别的事件或活动，并向观众传达博物馆的使命。虽然对于导览员/讲解员来说，曾接受过博物馆培训或具有一定的教学经验是加分项，但多数机构在这方面并没有特殊要求。对导览员/讲解员的培训和对其表现的评估一般由博物馆负责执行。博物馆教育员则负责根据博物馆的使命，完善、评估及管理教育项目，从而让更多观众进入博物馆，更深入地了解展品、展览及资源。教育员理应具有博物馆专业领域的硕士学位，上过有关教学理论的课程或博物馆教育课程，在博物馆教育部门或者其他教育研究所有 2～3 年的工作经验，其间曾负责过非正式教育项目的策划，最好还能有组织或管理非正式教育项目的经验。

专职的教育工作者担当着信息传达员、活动承办者、活动宣传员及解说员等多重职责，他们以极大的热忱、运用生动活泼的形式与观众进行互动，帮助他们了解展览内容，激发其自觉学习的热情，并最终达到博物馆教育的目标。因此，专职的教育工作者对展览主题、内容、形式，以及展览是否为观众所接受等问题有着最直接的发言权，他们的意见对推动机构未来的发展大有裨益。

此外，博物馆专职教育工作者也十分重视对博物馆教育与学习理论的研究和运用。他们通过不断借鉴教育学、心理学等相关学科的科学理念及方法，积极探索博物馆教育工作的特点和规律，并将研究成果广泛运用于实践，从而促进了自身专业理论水平的提高，以及博物馆教育理论研究的整体发展。

三、志愿者的构成与职责

志愿者作为博物馆社会活动的实践者，其作用正在不断增强。基于对博物馆工作的喜爱，来自各行各业的志愿导览员积极为观众服务，一方面实现了自身价值，另一方面为博物馆的社会教育工作拓展了渠道。这些志愿导览员来源于社会，他们最了解普通观众的心理，也最清楚观众来馆的目的。作为观众与博物馆之间的桥梁，他们能用浅显易懂的语言提供服务，也能获得最直接的意见，从而帮助博物馆更好地回馈社会。

鉴于"游客体验"在博物馆教育工作者的脑海中占据着主要位置，因此他们常常自问："我们为何要做这些？""目标或要点是什么？""观众是谁？"……这些问题对于研究人员、展览开发人员或是行政管理人员而言并非挑战，但教育工作者需要将经研究的内容、展项转化成一系列活动、游览以及其他富有创意的形式。同时，并非所有博物馆员工都会时刻将观众的需求放在首位，因此教育工作者的"游客支持者/提倡者"角色在所有博物馆中都显得尤为重要。实际上，博物馆教育的核心就在于将游客体验置于最重要的位置。

当然，教育工作者会根据自身优势、兴趣和博物馆的总体目标来优先考虑或重点发展某些教育项目。他们在选择工作方式时常常基于可用的资源、人员配置、博物馆所服务的社区、资助人的兴趣或利益，以及潜在的资金来源等。由于博物馆要开展大量不同的活动，所以博物馆教育工作者是在一个多维的环境中工作的，该环境要求他们具备创新能力、多任务处理能力，以及与公众保持紧密联系的能力。

目前，一些博物馆教育工作者的背景、技能、经验大不相同：有的曾经是教师，有的是内容策划人员；有的拥有博物馆方面的背景，有的则拥有技术方面的技能。鉴于他们需要担负的职责广泛，并且博物馆教育是一个非常专业的领域，因此正规和非正规的在职培训及逐步的经验积累，于他们而言不可或缺。值得一提的是，时至今日，不少博物馆仍旧对教育工作者的角色定位存在误解，有些仅仅将他们视为专为学校和孩童服务的人员（虽然学校和孩童仍然是其主要服务对象）。虽然一些博物馆教育工作者缺乏教育理论、博物馆教育等方面的正规训练或专业知识，但他们更倾向于将自己界定为观众专家和学习专家。可以肯定的是，不少教育工作者觉得目前的工作尚未得到充分认可和足够重视，这一现状亟待改变。另外，相较于博物馆其他主要部门的成员，教育工作者或是教育部门工作人员的收入较低，这直接导致在职人员工作压力大、项目维持困难等，这些都需要得到改进。

总之，由于博物馆教育工作者内涵的不断丰富，对他们的要求也有了新变化，因此建立完善的教育工作者考核机制和评估体系，是博物馆提升教育活动质量的重要保证。

第三节　博物馆教育项目的管理模式

一、实行"分众化"教育项目管理

时下，许多博物馆都在不断发展创新型教育手段，以扩大接纳量。美国博物馆的通常做法是：通过对其观众的全面了解和分析，从多个层面对观众做出细致划分，同时对馆方所拥有的资源进行合理调配与建设，以配合各种学习项目。不少博物馆教育部门根据服务对象和工作性质进行项目分工，从而使"观众"不再是一个模糊的概念，而是由许多个性鲜明的个体组成的复杂群体。例如，加州大学伯克利分校的劳伦斯科学厅设有四个（教育）项目部：课程和研发部（重点在教材开发）、公众项目部（开发展览、博物馆项目和公众活动）、学生和家庭项目部、教师和领导者项目部（协调若干大型拨款资助活动以及职业发展项目）。另外，科学厅还建立了三个中心——学校改革中心、课程创新中心和公众科学中心，来协调这四个项目部，以使教育项目的影响最大化。纽约现代艺术博物馆教育部下设四个分部——学校项目部、家庭项目部、成人与学术项目部、社区与特殊需求人群项目部，力求使各个阶层的观众都能从博物馆的产品和服务中获益。实际上，正是通过实施岗位专业化分工，美国博物馆不仅进一步明确了教育部门内部各岗位的职责，对观众的服务更精细化，而且使教育人员能够通过不断积累经验，从而更快地提高工作技巧和专业水平。

英国博物馆也根据观众类型的不同，如个体观众、成人参观团队、家庭参观团队、教育参观团队和有特殊需要的参观群体，制定不同的教育方案和配套服务措施。例如，大英博物馆等机构专门对其青少年观众进行细分，以有针对性地提供教育服务。

博物馆可根据服务对象和工作性质，实施项目管理，分为家庭教育项目组、教师项目组、阐释性媒体项目组、学生项目组、成人教育项目组 5 个项目组。

家庭教育项目组负责由家长带领下的 3～12 岁孩童的活动。工作人员编制家庭参观手册，举办讲座，指导家长怎样给孩子讲解艺术品的相关知识和带孩子玩耍。所有的儿童活动项目都将参观与动手结合起来，如组织孩子玩积木、进行互动游戏和各种手工劳动。

教师项目组为学校教师设计课程，供他们选修，帮助他们成为艺术课教师，并且还提供有明信片、彩色卡片、挂图、教师手册等教具和大量信息资源。

阐释性媒体项目组主要通过电子媒体和互联网开展活动，包括在展览中使用语音导览系统介绍展品，在网络博物馆让观众试听语音导览，建立教师信息资源库等。在超级链接上，教师还可给学生布置作业，学生也可设计虚拟展览等。

学生项目组负责 17 岁以下学生的教学。工作人员参照学校教学大纲制订详细的工作计划，组织学生在展厅上课或开展课外活动，并为有志于报考艺术学校的学生提供指导。教育人员不仅负责组织学生团体参观，还编辑印刷各种宣传、教学资料，如海报和参观手册，并将这些资料分发给当地学校。

成人教育项目组负责 18 岁以上成人（包括老年人）的教育工作，每年组织多次成年人教育活动。工作人员为在校本科生、研究生提供可计入学分的选修课，并利用馆藏艺术品资源举办各种讲座。

二、实行"一体化"教育项目管理

在教育项目的组织管理上，一些博物馆的突出特点是对观众参观博物馆的前、中、后三个阶段的教育活动进行一体化的规划与实施。

博物馆界认为，教育项目的实施不局限于观众的实地参观阶段，也包括参观前和参观后两个阶段。以"观众的实地参观"为分水岭，教育活动可以相对地划分为参观前的活动、参观中的活动和参观后的活动。参观阶段的活动固然是主体，但博物馆教育活动的规划与实施同样包括吸引目标观众、潜在观众和虚拟观众前来，以及给参观后的实际观众继续提供教育产品和服务。

虽然这三个阶段的教育目标、任务都不同，实施策略、方法也各有侧重，但各阶段不是绝对分割的，而是一以贯之、环环相扣的一个系统，因此必须进行一体化管理，如此才能达到博物馆教育项目管理成效的最大化。

三、实行"衍生化"教育项目管理

纵观博物馆事业发达的国家，其博物馆教育活动组织管理的一大特色是注重围绕某个主题，开发一系列衍生化项目。例如，"艺术基金奖"（2013 年后改为"年度博物馆奖"）是英国的一个重要艺术奖项，旨在对每年国内博物馆、画廊具有创造性的杰出艺术项目给予认可和激励，并提高公众的艺术鉴赏能力。2011 年，大英博物馆与英国广播公司合作的"一段世界史"项目最终获得该奖项。这是一个历经五年精心策划与实施的大型社会公共服务项目，以英国广播公司播出的"大英博物馆 100 件文物中的世界史"系列广播节目为核心，包括"互动式数字博物馆"、面向青少年的"'遗产'系列项目"等涉及广播、电视、网络等多种媒体形式的扩展项目。英国国内 550 家博物馆和文化遗产部门先后加入。

总之，大英博物馆发起的这一项目辐射面大、受众面广、颇具与媒体及同行合作的广度和深度。该项目的各项活动在博物馆社会服务、学校教育、公众历史文化教育等方面都产生了深远影响，被多家国际知名媒体评价为空前的、具有开创性的、巨大的成功。

第七章 不同参观阶段博物馆
教育项目的策划与实施

第一节 观众参观前阶段博物馆
教育项目的策划与实施

一、制订博物馆教育项目战略规划

教育项目战略规划能够为博物馆提供纲领性的指导，阐明博物馆的一系列定义域问题，诸如"教育"的基本含义、目标观众是谁；博物馆教育发展的环境，尤其是外部环境如何；博物馆扮演的教育角色如何；等等。此类战略规划通常设有年限，需要定期更新，如以 5 年、10 年为一阶段。那么，对博物馆而言，教育战略规划该如何制订呢？

第一，博物馆需要明确"教育"究竟是什么，即博物馆要明确自己的教育使命，并对其进行详尽的描述，因为公众正是通过这些描述直接了解博物馆的教育目标的。以史密森尼学会的"教育"工作定义为例，狭义上，它主要指为学校师生和孩童提供服务，致力于知识的传播；而在广义上，则涵盖了整个机构所开展的一切活动，这些活动都以教育为核心。

第二，博物馆在制订教育战略规划时需要明确界定其目标观众，目标观众是博物馆工作开展的优先考虑对象。为此，博物馆的领导层需要与教育团队携手合作，共同探索哪些类型的教育项目最适合这些目标观众，以及何种教育活动能够最大程度地满足他们的需求。例如，史密森尼学会力求通过其教育项目，吸引国内外延伸活动的观众，正规教育的课堂观众（学校师生），非传统的、未受到足够关心的观众，以及终身学习者。需要指出的是，博物馆的目标观众并非只有一类，也并不是一成不变的，因为博物馆自身也在不断发展变化。正因如此，博物馆教育项目战略规划往往设定为中期目标，通常以五年为一个周期，之后需要根据实际情况进行重新评估与修订。

第三，博物馆需要深入探索和明确一系列定义域问题，包括以下几个方面：一是教育与展览、藏品、研究领域的联系。包括展览与教育之间的关联，即博物馆在何种程度上通过展览及其相关素材实施教育活动；藏品与教育之间的关联，即博物馆基于藏品的教育比重如何；研究与教育之间的关联，即博物馆在何种程度上将学者的研究工作（成果）通过教育项目和素材传递给更广泛的观众。二是整体与部分之间的关联，是面对公众的博物馆活动都富有教育性，还是那些针对学校、青年并致力于知识传播的特定活动才富有教育性。三是正规教育与非正规教育之间的关联。博物馆的教育工作理应在多大程度上支持正规的、基于教室的学校教育，同时又不妨碍个体观众的自发探索和激励式学习。四是现场活动与非现场活动之间的关联。教育工作者是否应主要关注实地参观的观众；地区、国家及国际延伸和拓展活动是不是博物馆教育的核心内容。五是实体教育内容与虚拟教育内容之间的关联。博物馆该如何处理需要三维空间、现场工作人员和网络在线或其他媒体传输的教育内容。

除此之外，不同博物馆还会面临不同的定义域问题。以史密森尼学会为例，其面临的具体问题包括：学科与跨学科之间的关联，即史密森尼学会的教育内容是要囿于各单位（博物馆和研究中心等）的学科界限，还是尽可能跨越界限、突破藩篱；如何运用艺术品来诠释机械和科学原理；中央与单位之间的关联，即如何使各单位的教育项目与史密森尼学会整体的教育目标、工作重点及主题保持一致。

第四，博物馆需要研究教育活动开展的外部环境。以史密森尼学会为例，作为一个在公众心中与"学习"和"教育"紧密相连的机构，它在国民教育中拥有发挥重要作用的潜力和责任。

第五，博物馆还需要明确自己在多元教育领域可以或应该扮演的角色。较之其他活跃在国民教育领域的机构，如政府部门、教育出版社、大学、研究机构、专业协会等，各博物馆应认清自身的优势，并确定哪些教育特别适合由博物馆来开展。

第六，各博物馆的特殊性也须在教育战略规划中得到体现。例如，可行的史密森尼学会教育战略规划必须给予旗下各机构追寻和探索不同需求、兴趣及工作重点的空间，因为它们的使命、观众、学科等都存在差异。决策层、管理层及规划制定者理应明白，采用中央集权的、一刀切的教育方式是不现实的。

总之，教育项目战略规划是博物馆开展教育活动的总行动纲领，一份完善的教育项目战略规划是各馆规划与实施教育项目的重要基石。

二、提供在线互动体验

（一）开展在线游戏和活动

在线游戏和活动总是能吸引很多人的关注和参与，尤其是那些针对孩童、青少年，并适合家长协同参与的在线项目，它们是博物馆数字化平台的一大卖点，也是博物馆通过寓教于乐的方式传播知识的渠道。

以史密森尼学会中心网站上的"活动表"栏目为例，它罗列了多项针对孩童并适合家长协同参与的在线体验活动。每项活动都围绕一个特定的主题展开，形式丰富多样，包括文字和数字游戏、艺术赏鉴练习、趣味测试等，并附有相关素材供家庭成员下载。在游戏和玩乐中，孩子们能够轻松学习新奇的知识，如如何解剖巨型鱿鱼、了解巧克力的历史等。以"估计鱿鱼的大小"这一活动为例，孩子们不仅能够学到作为海怪之一的巨型鱿鱼的相关知识，还能通过虚拟现实技术"游弋"在鱿鱼身旁，与之比较身体大小，真切感受这条鱿鱼的"巨大"。

此外，网站上的"创意实验室"栏目同样备受瞩目。这一栏目将科学和文化活灵活现地展现出来，为孩童提供了一个进行多维度学习的空间，同时也为学生探索多学科知识提供了便利。"实验室"的活动内容非常丰富，如"估计宇宙的大小""史前气候变化""探索答案""月球漫步""总统先生""令人惊叹的收藏"等，都适合孩童和学生参与。总之，"创意实验室"以其动态和互动的特点，广受不同年龄段学习者的喜爱，是名副其实的"在线导师"。

（二）博物馆数字化转型与虚拟探索

随着数字技术的进步和互联网的发展，数字博物馆应运而生。目前，数字博物馆大致分为三种：一是"数字保管库"，指的是利用数字技术将有形和无形文化遗产以数据库的形式加以保存；二是"数字展示馆"，指的是通过数字保管技术将实体博物馆资料数字化，并在互联网上公开展示；三是"虚拟博物馆"，即通过利用虚拟现实技术、网络技术构筑虚拟博物馆，打破实体博物馆的时空限制，大大延伸馆内空间，最大限度地拓展机构功能。

相比传统的博物馆，数字博物馆具有三个显著优势：一是通过数字技术公开放藏品信息；二是在避免藏品受到损害的前提下，对所有访问者敞开大门；三是突破时间和空间的束缚，随时随地供用户浏览。值得一提的是，3D 技术也已运用到博物馆展示中，网民可通过互联网享受 3D 沉浸式的虚拟博物馆参观体验。

实体博物馆虽然拥有丰富的馆藏和长期陈列，但因为空间有限，无法将所有藏品展出。而在数字展馆，观众可以欣赏到在实体展厅中难得一见的艺术品。当然，数字博物馆除了可以提高影响力，还可以省钱。据此，人们不禁要问：当可以在互联网上轻松浏览精美馆藏时，还需要去博物馆看藏品吗？实际上，越是容易看到艺术品的影像，人们越渴望看到其真容。正如"谷歌艺术项目"的创建，并非为了取代博物馆参观，相反，工作团队期待这一项目能够鼓励更多人以新方式参与艺术互动，并最终促使他们走进实体博物馆探索艺术珍藏。技术的作用正在于让艺术通过互联网深入民众的寻常生活，民众不仅可以在线欣赏作品、观看视频、交流观点，还可以预约参观、购票、捐赠，甚至参与在线艺术课程。

三、举办特别活动

扩大博物馆教育辐射面的特别活动形式有以下几种：

（一）竞赛和评选活动

博物馆通过举办各种竞赛和评选活动，能够极大地激发公众的参与热情，并有效扩大教育活动的辐射面，提高其影响力。并且，竞赛和评选的形式符合青少年求知欲望强烈的心理特点，因此常被博物馆引入作为展览活动的方式。

以有奖征答为例，它包括活动单式有奖问答、现场问答、报纸上的有奖征答以及有奖征选等多种形式。这些活动一般是为了配合特展造势或吸引大众注意力而举办的，并借得奖的诱因，制造热潮，激发公众的学习兴趣，并提高博物馆的知名度。例如，一些博物馆常配合特展举办有奖问答活动，并借此进行观众调查，收集参观者的背景资料、兴趣与看法。新兴或筹备中的博物馆则常通过举办馆徽的有奖征选活动来吸引大众对机构的关注。

其他竞赛则包括征文征图比赛、生态摄影比赛、馆内展品问答等。例如，以科学教育为核心使命的美国自然历史博物馆，每年都举行一次青少年自然学科论文评比活动，旨在激发学生对自然科学的兴趣。

（二）"众包"活动

"众包"一词最早出现于 21 世纪初，原用于描述利用互联网向未知群体征集内容创意、解决方案、建议等的新型组织生产模式。短短数年，"众包"现象已扩展至博物馆领域。"众包"不仅有利于博物馆获取广大公众的支持，还能让越来越多不仅想"看"还想"做"的观众更广泛、深入、多渠道地参与到博物馆的工作中。因此，"众包"形式在博物馆中的应用绝非新鲜事，从辨认一张老照片中的人物、征集项目意见到挑选馆徽，博物馆可借助公众力量完成的工作种类繁多。

1.邀请观众参与策展

尽管如今许多博物馆都为观众开辟了留言板等平台供其畅所欲言，但还是很难做到根据观众意见来举办新展览。大多数情况下，观众仅作为展览的接收者，没有机会参与策展与布展过程。针对此情况，一些博物馆基于教育与培养人才的长远规划，以开展项目的方式主动邀请观众参与策展。

2.其他"众包"活动

如今，"众包"在博物馆中的应用不再局限于互动和收集反馈意见，越来越多的博物馆开始借助技术的力量来开辟新渠道，让更多观众更广泛、深入地参与博物馆工作。例如，史密森尼学会引领"众包"潮流，开设了"在线转录中心"网站，邀请观众加入数字志愿者行列，共同破解那些电脑不易辨识的大量文献。

第二节　观众参观阶段博物馆
教育项目的策划与实施

一、确定教育项目的目标

参观博物馆是一项基础且普遍的教育活动。对绝大多数博物馆而言，它们的默认焦点都是实际观众。

本阶段和参观前阶段的最大不同之处在于，目标观众、潜在观众或虚拟观众成为实际观众，他们迈开了实质性步伐，前来博物馆实地体验。这些观众无疑是对博物馆感兴趣、有好感的人，也是博物馆的主要服务对象。观众的满意度不仅是衡量博物馆展览和教育效果的重要标准，也是博物馆专业能力和服务水平的体现。更重要的是，这些感觉满意的观众，还可能成为博物馆固定的回访客，甚至是长期支持者。因此，能否做好实际观众的教育和生活服务工作，不仅直接影响到他们在信息、知识和情感上的收获，而且从长远看，也影响到他们的忠诚度，进而关系到博物馆未来发展的社会基础。

二、开展展览教育活动

展览教育活动是本阶段的重头戏，而参观展览则是博物馆最具代表性的教育活动。人工和机器并行的导览解说，加上智能手机等移动设备的启用，为观众提供了在展厅游览过程中深入挖掘展品背后的故事的机会。而一系列互动展项（包括机械和多媒体展项）、影剧院、教育/学习中心、活动中心、工作坊、探索室、实验室、教室的应用，以及示范演示、节目表演的开展，为实际观众带来了高度互动且沉浸式的体验。另外，一系列围绕展览的延伸活动，如讲座、研讨会、学术沙龙、纪念庆典、竞赛、评选活动、年度专题活动、学生课后项目、夜场活动等，以及针对未成年观众、嘉宾观众的特别服务和通用设计应用，亦成为博物馆扩大观众源、吸引观众前来的助力。

需要强调的是，本阶段展览教育活动的规划与实施理应特别重视学生观众的实地考察。学校团体到博物馆进行参观学习，是最常见、最频繁的馆校互动形式。博物馆通常会为师生提供多种教育服务，并视支持学校项目为高度优先的任务，致力于为学生营造一个自由和社会化的学习环境。

（一）导览与解说服务

无论是团体观众还是个体观众，优质的导览与解说服务在参观过程中都至关重要，这能帮助他们充分领略博物馆的精髓，并最大限度地获取信息和知识。尤其是那些外地游客，他们可能只来一次，在馆内的逗留时间非常有限，因此不同语言的语音导览和人工讲解服务，将有助于他们获得更好的参观体验。

如今，博物馆内（尤其是展厅内）的导览解说方式主要有人工讲解（有时也被称为公开导赏）、语音导览（也称录音导赏）和应用智能手机等移动设备进行导览。

（二）互动体验

时下，互动展项在展览中的应用越来越普遍，尤其是在科学类展览中。关于互动的概念，学界有着多种解释，有时甚至将其与动手做及参与等同。其实，三者有共通点，但也有区别。互动侧重观众与展项之间的相互行动；动手做侧重于触摸这一行为，但并不一定构成互动；参与则强调了观众的行为。举个例子，有些人可能会将"手翻书"误认为是互动展项，因为它是能触摸的、参与式的，但它通常不需要除翻页外的其他响应。事实上，好的互动展项还需要观众精神上的响应，如做决定，而不仅仅是物理上的响应。因此，互动展项应当引导观众的行为，并激发他们进行思考。互动是交互的，强调展示内容能够响应观众的刺激，具备互换能力。

史密森尼学会对展览中互动的界定是强调身体活动、结果、技术及信息，具体包括：通过身体活动吸引观众的多种感官参与；在智力和情感上激励观众；有时是一套电脑程序，供观众自由导航，允许他们根据自己的兴趣来处理信息。

有效的互动项目不仅能够增强观众的体验感，而且能够为展览带来价值，这主要体现在：为展览增添更多层次的内容；跨越惯常的界限，增强观众的体验感；融入幽默和情感元素，让观众从多个角度接触展览主题；激发观众的多种感官体验等。

总的来说，好的互动展项的特质包括：聚焦于清晰的学习目标；需要一个引人思考的回应；根据观众的投入，提供结果；可能要求观众开展活动、收集证据、选择选项、形成结论、测试技能、提供投入；有简易的导引。

这里需要强调几点：第一，所谓互动及相关技术应用，并非越复杂越好。相反，一个展项越简约和直观，才能越贴近使用者。如果指令复杂或是任务需要很多步骤才能完成，就会使观众感到困惑。因此，指令必须清晰。另外，观众正确完成后的一份回报或是奖励，并不总是必需的，但会受到欢迎。第二，互动展项也并不是越昂贵越好。互动展项有各种样式和尺寸，因此其预算通常差距较大。但需要注意的是，好的互动展项并不一定需要高昂的成本。第三，开发互动展项要求创新的思维，以及制作原型、进行测试、倾听观众反馈的意愿。最重要的是，每个展项都应具备一个清晰的学习目标：希望观众从中学习到什么。第四，不是所有的创意都能转化为一个好的互动展项。基于故事的互动展项通常比基于科学的互动展项更难开发，因为前者往往不侧重于进程或理论测试，而是侧重于叙述或比较。当需要证明现象、阐明进程、展现变化或进行比较时，互动展项会更为适合。

1.机械互动及多媒体互动展项

现代教育理论认为，多重感官的立体感知有利于激发学习者的兴趣，提高其理解力。在这方面，博物馆相较于其他学习机构或媒介，具有天然的优势。无论是机械互动还是多媒体互动应用，或是二者的结合，都致力于充分调动观众的感官，让他们在互动和体验中学习。

机械装置展项能够让观众与展览进行触觉上的直接互动。

多媒体互动展项自诞生以来一直受到广泛欢迎。它是利用多媒体技术实现人机交互，通过对视频、音频、动画、图片、文字等媒体加以组合应用，实现普通陈列手段难以做到的既有纵向深入解剖又有横向关联扩展的动态展览形式，能够促进观众多感官和行为的配合，从而使其最大限度地领略展览设计者与教育活动策划者的意图。就多媒体互动展项的应用而言，目前"视频游览"在博物馆展示中的应用越来越广泛。它为观众提供了一场聚焦展览的视听盛宴，尤其是那些他们不方便直接涉足的区域，如陡峭的、多岩石的、不平坦的区域（如洞穴、悬崖边、崎岖小路等），以及不易接触的环境，如遗迹、考古现场等。虽然应用该技术仍旧无法让观众接触原物，但至少架起了二者连通的桥梁。同时，较之实地游览，视频游览还能呈现更多、更深层次的内容。

当前，还有一些展览整体性地运用多媒体数字技术，包括虚拟现实技术和增强现实技术等。其中，虚拟现实技术是一种让参与者即时在模拟的立体世界中观看、漫游或互动的技术，而增强现实技术则是一种可将电脑虚拟出来的物件与真实场景巧妙结合的技术。例如，在一些科技馆，展区内的展品被嵌入了图案，称为可见标记。当观众操作展品时，电脑系统会识别这些标记，并根据它们的相对位置生成相应的虚拟场景或物件，与真实影像相配合，营造出奇妙的互动效果。

2.影剧院体验

随着电影业的发展，戏剧和好的故事叙述越来越充满吸引力。如今，博物馆内各式各样的影院和剧场受到了各年龄层次观众的欢迎，如立体/3D 影院、4D 影院、动感影院、穹幕/天幕影院、球幕影院、全景/全天域影院、巨幕影院等。

博物馆的影片或剧目类型多样，其呈现地点也已远远超出了传统影剧院的范畴。有些是在展厅再现与展览有关的艺术作品、历史事件或人物，有些则是在星象馆上演某位英雄人物探索宇宙的故事，还有些是在儿童博物馆中常见的、由孩童担任主角的现场非正式演出。在影像博物馆里，演员穿着戏服扮演角色，并且在与观众的互动中也以此人物自居。同时，在全景场景中还会邀请观众参与。

实践证明，实物影院取得了极大的成功。这主要体现在：一系列手工艺品（或复制品）成为"明星"，辅以光影效果和声频、视频，有时还伴有由烟雾和气味制造的特别效果。香港历史博物馆中的民俗剧场就是一个典型。当民俗故事逐次推进，银幕上方及影院周边的实物会一一亮起，如手工艺品、服饰、花灯、乐器等，让观众在二维影像和三维实物间进行切换和比照，从而加深理解。待影片放映完毕，各实物则会悉数亮起，供观众近距离观摩。而较之实物影院，互动剧场则更为复杂，因为观众可在剧目演出的关键节点进行投票，决定剧情的发展。21 世纪初，加拿大不列颠哥伦比亚大学的学者为温哥华科学馆设计了一种可选择式科教电影。在放映过程中，影片提供问题请观众选择，并依据不同的选择，呈现出不同的发展结果。例如，当大部分观众选择"居住面积很大的房子"时，影片便会直观地展示资源浪费的后果，如土地过度占用、森林大量砍伐等。可选择式科教电影一经问世，便吸引了大量未成年人。馆方试图通过这种寓教于乐的方式告诉年轻人，科技的发展必须与生态环境的良性循环相协调。此外，巨幕影院或其他大银幕影院在科学中心和自然历史博物馆中也非常受欢迎，它们为观众带来了极致的体验。这些影片大多与地质类题材相关，大型画面被投射在高达几层楼的银幕上，呈现出的实景与电脑特效画面令人震撼，配套的音响系统也融合了最新的科技。而模拟剧院的屏幕大小可变，多用于军事和交通博物馆中，通常伴随着精彩的故事线，让观众在体验速度的同时，感受展陈中交通工具的强大力量。

3.教育/学习中心、活动中心、工作坊、探索室等

对于孩童和青少年来说，玩游戏是对现实世界规则的模仿，因此游戏在他们的学习过程中占有重要地位，并且这种模拟学习的价值可以延伸至博物馆的环境中。目前，许多博物馆通过开辟教育中心/学习中心、活动中心、工作坊、探索室、实验室、教室等，为观众的亲身实践、体验学习提供场地、设施设备和人员，配合学校课程开展"第二课堂"教育等。更重要的是，借助这些互动区域，馆方能够增加与观众交流的机会，帮助观众理解展览。实践证明，能赋予观众深刻印象的展览，往往都在观众参与方面花费了很多心思和精力。

（1）教育/学习中心、活动中心

越来越多的博物馆开始认识到集聚一些或全部学习空间以创设教育中

心、学习中心和活动中心的价值。这类中心主要有两大功用：其一，能够接纳专为参与教育活动而来的各类群体；其二，有效分隔相对"活跃"的教育活动与"静谧"的展览区域的氛围。一般来说，教育/学习中心和活动中心等在博物馆中的设置相对独立，面积通常较大，并拥有一系列设施设备，同时具备博物馆藏品、研究、展览等多项资源，功能多元。

（2）工作坊

以动手操作为特色的工作坊体验是众多博物馆常见且重要的教育形式。在工作坊的"动手做"环节，观众可将刚从展厅学到的知识或技能付诸实践，如自创绘画、设计建筑、制作手工艺品等。博物馆通过让观众进行实地观察与操作，使他们能够更深入地理解人文历史、传统技艺、生活方式、自然现象或科学原理，从而激发其想象力和创造力。

（3）探索室

心理学家研究表明，通过"自我发现"的方式学习，比用"传授"的方式更让人兴趣高、记忆久，故许多博物馆现在都应用"知识始于好奇心"及"由动手做中学习"等教学理念，设有独立的探索室，并内置各种标本、模型、服饰、录音带、影片、图书、仪器，或养殖一些活体生物等，旨在鼓励观众充分调动感官，亲身体验探索的乐趣。

探索室可以是独立于展厅的空间，也可以是展厅中的小型探索区域，如探索站、探索角，甚至可以是一部可移动的手推车、某个展柜下的抽屉、一个探索窗口等。探索室内的物品或组件一般是可操作和触摸的，有助于传递展览信息。

长期以来，文物保护与修复作为博物馆工作的重要组成部分，却鲜为人知。近年来，博物馆"幕后探索活动"逐渐兴起，其致力于改变这一状况。有些博物馆甚至在展厅一角开设一扇小窗或是利用整面玻璃幕墙，让观众观看研究人员如何进行清理化石之类的考古研究或展品制作工作，以满足他们的好奇心。

（三）通用设计与特别观众服务

1.通用设计

通用设计，又称全民设计、全方位设计或无障碍设计，在西方博物馆界已被广泛认可并采纳。它强调在设计过程中全面考虑所有使用者在各种情况下的需求，旨在最大程度上实现所有人对设计的无障碍使用。毋庸置疑，通用设计对博物馆展览与教育项目的意义重大。但如何恰当地融入通用设计原则，使博物馆真正成为一个"人人皆可参与"的空间，更好地服务于残疾人、老年人、携带婴幼儿的观众乃至整个社会，是值得博物馆界思考的问题。

通用设计是一个动态变化的体系，其推动因素主要有两个：一是世界范围内的人口老龄化趋势；二是对社会公平的追求。通用设计面临的一大挑战在于，需要让社会各界深刻认识到，其考虑的对象是全体社会成员。

通用设计有七大原则，具体包括：公平性，设计应便于所有使用者使用；灵活性，设计中应融入对使用者不同偏好和能力的考虑；直观性，无论使用者经验、知识、语言、注意力如何，设计都应易于理解和操作；信息可知性，无论周围环境、使用者感知能力如何，设计都要向使用者有效传达必要的信息；容错性，设计应将危险和由意外或无意操作产生的不利后果降至最低；省力，设计应让使用者在最小耗能的基础上获得高效、舒适的使用体验；易达性，设计应确保大小、空间适宜，无论使用者的体型、姿势或移动能力如何，都能方便地到达、操纵和使用。

博物馆理应提供多种多样的项目，避免这些项目只关照少数人的体验，确保受众的代表性。在实践中，许多博物馆将让馆藏艺术品走近每一位观众视为基本职责，除了日常的展览项目，还组织多种针对残疾和有生理发育障碍的观众的活动，为他们提供同等的参观和参与机会。

2.未成年观众服务

当儿童在展厅内观看展品时，这些展品成了最佳的学习工具。博物馆只有了解儿童的学习方式，才能更好地发挥展品的作用。调查表明，大多数儿童若被调动了感官的积极性，学习成效会较好。以运用听觉为主的儿童学习者在听展品讲解时能理解更多，并偏爱口头的而非笔头的引导；以运用视觉为主的儿童学习者更偏好按照自己的节奏阅读，喜欢多图片的书籍，并且倾向于以图像、图表形式展示信息，同时热衷于自己绘制图表；以运用触觉为主的儿童学习者倾向于亲手触碰展品，感受它们的质地，欣赏艺术和作品，并乐于参与短剧表演，将自己代入感兴趣的角色中。

当儿童仔细观察、倾听及触摸展品后，他们可能会产生新想法。博物馆要鼓励他们进行批判性思考，并提高他们的综合能力。例如，比较和对比——认识展品之间的相同和不同之处；辨识和分类——辨识出可归类的展品并将它们组团；描述——将观察过的展品做口头或是笔头描述；预测——猜一猜下一步是什么，接下来可能会发生什么；小结——将收集到的信息简洁、精练地表达出来。

对于未成年观众而言，博物馆中基于物件的学习为他们提供了独一无二的发展批判性思维的机会，有助于提升他们的视觉认知能力（即从视觉世界中学习和解读信息的能力），并提高其语言技能。此外，从物件中学习是一个始于实体探索的过程，它允许未成年观众从个人体验中获得洞察力，并逐步向理解抽象概念和观点的方向发展。

3.嘉宾观众服务

当前，不少博物馆都开始尝试推出特色服务，致力于为嘉宾观众打造独一无二的馆内体验，并且鼓励社会公众多角度利用博物馆资源。例如，美国的大都会艺术博物馆在确保不影响其他参观者体验的前提下，精心提供了一系列"高端服务"，包括宴会以及对捐赠者开放的专属小型文化讲座等。此外，大英博物馆、东京国立博物馆等也相继设立了"捐赠贵宾"服务板块，通过提供多样化的贵宾服务，以此激励社会各界的捐赠行为。

三、提供公共服务

博物馆公共服务的覆盖面极广，包括咨询、接待、购物、餐饮、休憩、导引等，不仅涉及一系列室内外公共空间，具体包括总问询处、咨询台、纪念品商店、餐饮地、室内及户外休息区、贵宾休息室、包裹寄存处、育婴室、集体出入口、集体餐室、导引标识系统等，还涵盖工作人员热情周到的服务。对大部分观众而言，参观博物馆并不是一件轻松的事，尤其是参观一些大型馆。而良好的博物馆公共服务，不仅有助于观众的参观，给他们留下美好的印象，而且能进一步提高博物馆的吸引力。另外，虽然每家博物馆都有其主要观众和相对固定的观众源，但到访的观众仍然呈现出多样化的特点，充满了不确定性。因此，优良的生活服务不仅能够让观众感觉到安全、温暖和舒适，还能有效延伸展览空间，并辅助教育活动的开展。

（一）问询与接待服务：总问询处、咨询台

1.总问询处

总问询处应该置于观众进入博物馆后首先注意到并能一目了然的地方。它是观众获得信息的中心地点，主要功能在于提供一系列宣传册等印刷材料，

方便观众拿取，并提供问询服务。因此，总问询处需配备专门的服务人员，负责向观众介绍博物馆概况、展览分布和内容、教育服务项目等，并为观众提供参观和活动建议，解答各类疑问。

另外，由于各博物馆空间规划的差异，总问询处往往还整合了其他功能。例如，置放活动报名表收集箱和意见箱等。有些博物馆还会在总问询处设置入会服务处。

2.咨询台

观众在参观过程中，常常对一些后勤信息不甚了解。为了帮助他们，尤其是那些零散客，博物馆在条件允许的情况下，应按区域或楼层搭建咨询台。一般规模较大的博物馆除了设置总问询处，还会设置一些分咨询台。

此外，咨询台工作人员还可收集观众对博物馆硬件和软件方面的反馈意见。这一举措不仅有助于加强博物馆与观众之间的沟通，还能有效提升博物馆工作的社会效益，推动博物馆服务质量的持续改进。

（二）餐饮服务：餐厅、咖啡厅、快餐店等

研究表明，大部分观众将参观博物馆作为节假日闲暇时的文化活动，往往愿意选择那些提供良好餐饮服务的机构。例如，美国的大都会艺术博物馆设有自助餐厅、酒吧、咖啡厅、大厅廊台酒吧、公共大餐厅、董事餐厅等餐饮设施，旨在满足观众多样化、多层次的餐饮需求；荷兰国立博物馆的餐厅还供应荷兰风味的食物与饮品。实际上，许多博物馆通过实践认识到，餐饮服务可以起到延伸展览空间、辅助教育活动的作用，能够大大提高观众的满意度，进而提高博物馆的社会效益和经济效益。

餐饮服务往往被视为博物馆公共服务必要的组成部分。博物馆的经营大体可分为馆方负责的经营项目和非馆方负责的经营项目两类，后者就包括餐饮等服务。为了丰富餐饮选择，博物馆往往会出租部分场地给外部商家开设餐厅、咖啡厅、快餐店等。

参观博物馆实际上是一项颇为耗费体力的活动，因此观众，特别是那些在馆内待了很长时间或是在抵达前已消耗了一定体力和脑力的人，需要一些茶点来补充能量。咖啡厅的规模可视各馆的整体预算而定。在小型博物馆内，茶点售卖的收入通常无法完全覆盖馆方工作人员及设施设备的成本费用。但是，即便博物馆只提供咖啡、茶与小点心，也可让观众拥有完全不同的体验。另外，咖啡厅还是宣传未来活动及预展的理想空间。如果博物馆确实无法提供餐饮服务，那么至少应配备饮水机或饮料贩卖机以满足观众的基本需求。

（三）休憩、导引等生活服务

如何有效利用公共空间，妥善为观众提供生活服务，并营造出雅致、舒心的环境，一直是博物馆不断探索的课题。这涉及诸多方面的规划，如为观众提供衣物和午餐存放空间、专门的师生午餐室、独立的团体出入口，以及室内外休息区、贵宾休息室、育婴室、洗手间、走廊、无障碍设施和导引标识系统等。这些规划都必须以人为本，彰显现代博物馆"为了所有人"的服务理念。

当前，许多博物馆拥有户外空间，或是在新建、改建和扩建过程中将室内外空间协同规划。室外区域（如花园），除了放置无法在室内进行展示的大型或较重的物品，还能供人们休息、沉思、回忆。另外，这也是家庭和群体享用自带餐点的好去处，所以长凳及遮阳设施是必需的。除此之外，户外空间同样是举办教育活动的理想去处。

另外，博物馆还应重视出入口、广场、走廊，甚至是洗手间等空间的功效，因为这些是观众进出最频繁的地方，也是传播博物馆信息的好选择。例如，在香港艺术馆，各楼层的洗手间内皆装饰不同的图案，一方面是为了区别楼层，另一方面是为了烘托艺术馆的高雅氛围。位于华盛顿的新闻博物馆，其洗手间因为在墙面上点缀了历史上的重大新闻或是天气预报而显得特别，其廊道墙壁上，还根据各楼层和展厅的主题与内容，配有新闻人的名言警句，让观众在走廊上穿行或是在座椅上休憩时也能反复揣摩和品鉴。值得一提的是，新闻博物馆的主出入口是深受广大民众喜爱并吸引他们反复驻足的地方，这是因为馆方在大门两边的移动式橱窗内张贴了当日各大报纸的头版头条。在通往香港科学馆正门的路上，观众不时能听到怪物的吼叫声，原来馆方为配合临时展览"巨龙传奇"在馆外广场上搭建了两头惟妙惟肖的巨型恐龙模型。它们不时摇头摆尾，发出吼叫，引得小观众争相与其合影，也引得无数路人回头，为展览赚足了人气。

第三节　观众参观后阶段博物馆
教育项目的策划与实施

一、确定教育项目的任务

本阶段博物馆教育项目开展的任务主要包括为实际观众提供延伸和拓展性教育服务；让更多民众参与教育活动，实现全民教育和终身教育；开展教育活动评估；为全社会开发更多的文化产品和服务。

（一）为实际观众提供延伸和拓展性教育服务

为实际观众提供的延伸和拓展性教育服务包括：发展网络联动，即在线满足观众需求，构建社交媒体平台，召开在线会议；发展会员与志愿者；提供职业发展机会，如提供奖学金、实习机会；与学校等教育系统继续联动，开展到校服务、驻校服务，提供教具外借服务，开发远程教育项目，并推动中长期合作项目的实施。

当前，教育项目已不再局限于博物馆这一物理空间。博物馆理应突破自身藩篱，倡导"把教育活动带回家"，在馆外空间继续与观众保持联动，为实际观众提供后续的延伸与拓展服务。除了满足观众的信息获取和学习需求，博物馆亦可通过构建网络社区，为他们提供发表观点、结交朋友的新平台，或通过会员培育、志愿者招募以及提供一系列职业发展机会等，将他们从普通参观者转化为忠实拥护者。

（二）让更多民众参与教育活动，实现全民教育和终身教育

随着信息技术的发展，现代博物馆已经开始突破时空限制，让更多民众享受教育产品与服务。学校师生始终是各博物馆关注的焦点。输送专家进课堂、外借教具、开发远程教育、与学校开展中长期合作项目，是博物馆在馆外空间发挥其非正规教育特色、与正规教育联结的有力途径。巡回展览及社区活动的举办，也有助于各博物馆扩大教育覆盖面、增强影响力、实现教育资源共享及教育成效的最大化。

（三）开展教育活动评估

教育活动评估是指在预设目标的基础上，利用科学的评估手段和方法，评估活动各个环节的绩效，并为下一次的进步提供决策依据。详细的绩效评估体系包括数据收集、进程监控、结果评估等多个环节，并运用一系列直接与目标关联的绩效指标。该评估体系强调切实有效的结果及产出计量等，以此来展现博物馆教育所带来的变化。

另外，博物馆还需建立观众信息反馈机制，与实际观众保持联动，并收集、梳理他们的意见。

（四）为全社会开发更多的文化产品和服务

纪念品商店、餐饮地、影剧院等，都是博物馆重要的文化产业开发载体。实际上，博物馆拥有丰富的可供开发的教育资源。而给予观众更多跨出馆门后闲暇时间内的学习体验，就需要各馆策划并设计更多的文化产品和服务，如出版书籍、发行杂志，开展邮购、网购业务，开发文化类旅行项目，开设频道、电视网并制作和播放相关节目等。

二、实现网络联动

一般来说，人们认为互联网的便利主要在于提供参观前的信息。研究表明，实际上，70%的参观者喜欢在参观后上网进一步了解展品信息，反复回味。也就是说，博物馆不必将所有信息一股脑儿摆在展品旁，以免沦为刻板的说教场所，而是要创造条件鼓励参观者在馆内与展品建立联系，回到家再从网上获取更深入的信息。

相比较而言，在参观后阶段，博物馆网站和智能移动应用除可继续为观众提供信息和资讯浏览、在线资源与在线互动体验等外，还可与实际观众保持联动。一方面，博物馆能够在线满足实际观众的信息化需求，如通过电子邮件发送他们感兴趣的展览、展品信息，或由工作人员在线解答他们的疑难问题，或定期给他们发送电子刊物。另一方面，博物馆还可通过构建社交媒体平台供他们发表观点、结交朋友。观众在参观后，可登录此平台，分享心得，发表评论（当然，观众在任何时候，包括参观前阶段和参观阶段，都可登录此平台分享心得、发表评论）。博物馆方面也可通过收集、梳理观众的意见，作为评估教育活动的重要依据。如今，随着智能手机等移动设备的普及，观众不用单纯依赖电脑，仅凭手中的移动设备便可轻松访问网络社区。

当前，随着社交媒体工具的频繁使用，越来越多的博物馆在公共平台上活跃起来。除此之外，博物馆"在线会议"，即"虚拟会议"的推出，也满足了部分观众进一步了解信息与知识的需求。更重要的是，这些科技手段为观众与馆方专家搭建了直接沟通的桥梁。

需要强调的是，在观众参观后阶段，博物馆的媒体运用仍应一以贯之，包括大众传媒、非大众传媒、博物馆网站及智能移动设备等。这既是博物馆再次吸引媒体眼球的机会，也是借助媒体的宣传推广力量，吸引更多人开始新一轮博物馆之行的契机。

三、加强与学校等教育系统的联动

（一）到校服务

博物馆到校服务指的是博物馆教育人员走进课堂，为学生开展与学校课程相关的介绍活动，或应教师要求，展示和讲解藏品模型或图片，或介绍可借给学生使用的"博物馆百宝箱"，或特殊装扮后以某历史人物的身份表演或演讲等。为了向很少到馆参观的高中生提供服务，一些博物馆还将展览主动送到学校进行巡回展示，这一举措得到了学校的热烈支持。一方面，这有助于不便到馆的学校团体共享博物馆的教育资源；另一方面，通过博物馆到校服务，学校对博物馆有了更深入的了解。

驻校服务是到校服务的一种形式，指的是由博物馆指派专业人员，配合课程需要，进入班级，给师生提供服务。它与其他形式的到校服务的不同之处在于：参与的程度较深、投入的时间较长。博物馆人员进驻课堂后，会指导学生设计制作展览，并协助他们进行研究、组织信息、决定学习方向、评估学习成效等，同时营造与学校分享学习成果的环境。

博物馆在提供到校服务与驻校服务时，应注意以下几点：针对特定人群进行设计，在确立主题等方面征求教师的意见；明确说明项目与各学科标准及学校课程大纲的关联性；周密规划，在遵守学校安排的基础上，最大化地利用课堂时间；准备藏品复制品、图片等材料；设计有助于学生进行自主探索、创造性思考及知识应用的教学活动；提前向教师提供展示内容大纲、课前准备及课后延伸学习建议等；所设计的项目能根据学生人数灵活调整。

（二）提供教具外借服务

博物馆总期望为尽可能多的学校提供服务，但并不是所有的学校都能随时随地组织学生参观博物馆。为了解决这一问题，博物馆的教育人员提出了"盒子里的博物馆"理念。这一理念已践行多年。

"盒子里的博物馆"是利用原始材料工具包或小型教学箱，进行教育性展示的一种方式，它就像"移动博物馆"或"博物馆车"的缩小版本。许多博物馆的租借服务还包括向学校及其他使用者提供运输及藏品服务。

文物资料，包括复制品、幻灯片、录像资料、藏品等，其租借服务对象主要是大中小学校，科研机构或相关博物馆，用于教学、科研、教育等方面。

一般而言，这些教具均装在特殊设计的箱盒中，以方便搬运、易拿取及重复使用等。箱盒中还置有使用指导手册、教材清单、书刊、图片、幻灯片、录音带、影片、活动评估单及其他资料，以便租借者在特定的时间和空间内自己动手做或带领其他人一同探索自然、科学和人文历史。这些教具的开发设计，大多是由馆方教育工作者与高校的学者合作完成的，也有一些是由政府出资委托博物馆规划设计的。

博物馆提供教具等资源的出租服务，一方面吸引了更多学校利用博物馆资源，另一方面还增加了博物馆的收入。更重要的是，这是博物馆扩大教育覆盖面、提高社会效益的重要举措。

值得一提的是，博物馆在设计可租借的工具箱时需要注意以下几点：简明扼要地表述目的；清晰说明工具箱内的项目与各领域学术标准及学校课程大纲的关联性；清晰说明博物馆提供的工具箱内每个物件对丰富知识、提高技能的价值；附带工具箱使用说明书及使用时间、适用人数等方面的建议；工具箱内的复制品、图片等材料应结实耐用，适宜动手操作；为教师提供延伸学习资源表；制作供外借和归还时使用的工具箱内容清单；工具箱（容器）本身应结实耐用，易于运输，且不会对内部物件造成污染。

（三）开发远程教育

随着无线技术的成熟及设备便携性的提高，博物馆如今只需配备网络摄像头、麦克风和网络会议软件，便可为学生提供形式多样、内容丰富的远程展示。另外，这些网络平台还具备强大的互动功能，使用者可在线分享文本和视频资料、提问交流或在项目策划人的引导下访问特定网站。目前，已有越来越多的博物馆开始通过卫星广播及视频会议，开展远程学习、课程讲解、对话交流和虚拟游览等活动，以此作为对学校师生等的延伸教育服务。

博物馆在进行远程教育项目的开发时应注意以下几点：在设计中纳入目标观众的意见；清晰说明项目与各领域学术标准及学校课程大纲的关联性；对用户设备需求和项目有效性进行宣传推广；内容应趣味性强，可使用馆藏中较为奇特的藏品；打破常规，开展互动；甄选有活力的项目领导者；与教师交流，了解他们的期待和需求。

第八章　博物馆的宣教讲解
及其活动规划要点

第一节　博物馆宣教讲解的
相关知识与技巧

一、博物馆宣教讲解相关知识

世界上最早的博物馆建于何时？世界上最早的讲解始于何时？这些知识点往往容易被博物馆新进讲解人员忽略。按照惯例开展的讲解培训，往往以使讲解员快速掌握实际讲解技能为目的，忽略了对其责任感的培养。因此，从长远来看，讲解员应该系统了解博物馆与讲解艺术的源流，从宏观角度来认识自身所承担的微观使命。讲解员的称谓、讲解艺术中涉及的关键词，这些看似微小的知识点，值得每一位讲解人员进行深入的思考。

（一）博物馆讲解员的称谓

讲解是以展览及文物（展品）为讲解内核，由讲解人员进行提炼、选择、补充和拓展，运用恰当的语言艺术、讲解技巧和情感，有针对性地向观众传播知识和信息的一种教育行为。它具有进行思想教育、传播科学文化知识和辅助审美等功能。从整个讲解实施过程来说，它包含了文物（标本或展品）、陈列、讲解员、观众四个基本要素，前两者为客体，表现形态为"物"，后两者为主体，表现形态为个人或群体。这四个基本要素并不是孤立的，而是相互联系的统一体，为讲解的方式、风格、语言以及讲解员应有的气质风貌等提供了基本的方向。因此，只有处理好这四种基本要素的关系，加强对文物（标本或展品）所包含的文化审美价值的理解，才能切实达到艺术化讲解和讲解艺术化的目的。

按照我国博物馆内部机构及岗位设置惯例，主要承担宣传、教育、讲解咨询等职能的部门，被划定为宣教部（或群工部、教育服务中心、开放服务部等），而该部门中主要负责讲解、宣教、推广工作的人员，则被统称为讲解员。讲解员不仅是历史、文化、社会、地理、风俗及相关文物知识的传播者，更是连接观众与博物馆之间的桥梁。在博物馆事业蒸蒸日上、讲解艺术异彩纷呈的今天，讲解员更需要以专业的素质、良好的形象、渊博的学识、生动的讲解，有效履行博物馆的教育职能。这样，参观者才会对讲解员产生由衷的敬意，甚至从心底里把讲解员当作老师，以谦虚礼貌的态度享受每一次咨询、引导、讲解等服务。这不仅是公民文明素质显著提升的体现，也是对讲解事业的最大支持和肯定，更是讲解艺术得以不断发展的重要动力。

（二）讲解艺术中涉及的关键词

在信息技术飞速发展的今天，许多传统的工作方式都处于不断更新与演变中。不论是发表严谨的学术论文，还是搜索各类业界资讯，以叙词和自由词为主的"关键词"都显得不可或缺。它们既概括了文献的主题概念，又适应了计算检索的需要，并有助于人们全面迅速地了解史料的来龙去脉、事件的总体过程、知识点的相关延伸等。因此，不论是录入者还是使用者，只要对关键词的选择和运用得当，就能充分享受现代高效率的科技成就，达到事半功倍的效果。

讲解艺术中涉及的关键词之一：海绵。海绵，即讲解员要具有海绵的特性，最大限度地吸收知识、最快速度地更新知识、最大可能地保有知识。一般来说，海绵的吸收、释放、置换能力非常强大，可谓张弛有度、收放自如。它可能是沉甸甸的，也可能是轻悠悠的，不管它现状如何，都代表着一种有备而来，可随时根据需要改变自己的状态。此外，海绵的吸收、置换功能是在外力的作用下实现的，而讲解员则需要发挥主观能动性，变海绵的被动状态为主动状态，这样才能有针对性地吸收、置换与自己的专业相关的知识，从而提升自己的讲解水平和综合素质。

讲解艺术中涉及的关键词之二：渗透。渗透，即讲解员要像空气一样渗透到工作的各个环节，全面了解本馆的各项规范、流程与各部门动态。如果讲解员认为自己只需要熟悉本部门的工作安排，无须了解其他部门的工作现状，那就把讲解工作与全馆工作人为地割裂开了。因为在讲解过程中，讲解员会接触到来自不同领域的观众，他们所提出的各类不同问题，很可能涉及博物馆其他部门的工作，如陈列基本情况、文物保管的具体信息、办公室的相关活动安排、售（领）票处的相关规定、参观人员数据等。如果讲解员对此一问三不知，就会给观众留下不专业的印象，从而影响观众的参观体验和听讲效果。所以，有经验的讲解员应提前了解观众可能感兴趣的本馆工作内容，与其他部门保持良好沟通，全面掌握本馆动态，做到只要观众询问就能给予圆满解答，既有针对性，又能把握好尺度。

讲解艺术中涉及的关键词之三：总结。总结，即讲解员在日常的讲解工作或学习中，不仅要储备知识和心得，还要随时进行归纳总结，这是其讲解水平得以提高的关键。没有总结，就无法形成系统的经验。零散的心得和感悟很可能因记忆混乱而消失，特别是与同行交流的瞬间碰撞出的灵感，更需要及时消化并转化为个人心得。总结是将直接经验与间接经验相融合，找出更有效的可行方式的一项系统工作。讲解并非局限于单纯的讲述与解释，而是在此过程中不断优化讲解方式。只有这样，讲解员才可能使自己的讲解更适合观众，摸索出针对不同观众的不同讲解模式，使"因人施讲"不再仅仅是一种理想状态。总结本身也是一种提升，它能使那些七零八落、不成一体的心得，在经过精心的归纳整理之后，变得简洁明了，有助于讲解员在实际讲解过程中运用自如、得心应手。

"海绵""渗透""总结"这三个词，概括了讲解员在学习、工作、提高等方面应遵循的一般步骤。当然，讲解工作发展至今，讲解理念和模式都在不断更新与完善，讲解艺术理论也将继续深入发展，并产生更为精辟的关键词来概括和阐释这一领域。

二、博物馆宣教讲解的技巧

随着文博事业的蓬勃发展，现代博物馆不再局限于本馆特色的长期陈列，观众也不满足于反复参观同样的展览。为了最大限度地丰富博物馆的展示内容，扩大观众群体，尽显文化魅力，博物馆开始从多方面挖掘展览潜力，策划并举办与长期陈列形成互补、顺应现代发展趋势、符合观众需求的各种临时展览。这样的做法在无形中拓宽了观众的知识视野，提升了他们的艺术鉴赏能力和文化素养，同时也让博物馆能够"常展常新"，持续为观众带来新鲜感。从宏观角度来看，这还是我国博物馆从观众的角度出发，想观众之所想、展观众之爱看、讲观众之愿听的举措，充分展现了现代社会"以人为本"、追求创新的发展理念。

因此，在面对不同类型的专题展览或承担讲解接待任务时，讲解员对讲解技巧的掌握与运用就显得至关重要。

（一）完成公务接待的步骤

现代博物馆一般按公务、团队、学生、散客等观众类别来区分宣教讲解形式。具体来说，公务接待可细分为国内公务接待、外事公务接待。团队讲解按照组织者不同，可分为旅行社团体、各行业团体、社会各类培训机构等；学生讲解按照年龄段划分为大学生、中学生、小学生、幼儿等；散客按照来馆情形可分为亲子游、朋友聚会、个人游等。可以说，观众类别的不同，产生了多种多样的讲解形式。也正是通过深入研究不同观众的不同需求，博物馆宣教人员才得以从"以人为本"的角度出发，不断完善和提升"因人施讲"的质量和水平。

目前，业界普遍认为，公务接待是博物馆讲解接待类型中最为严谨正式的一项，它既是对展厅讲解基础工作的全面检验，又是对讲解人员专业素质的严格考验。从全国博物馆宣教工作的现状来看，公务接待，特别是带有警卫级别的高规格接待，都是由馆内优秀讲解员担纲的。这一岗位往往需要讲解员历经多年的磨炼与学习，通过层层筛选方能胜任，而能够承担此重任的讲解员也必须保持长期的自我反省，戒骄戒躁，持续学习，以求在讲解技艺上精益求精、与时俱进。

在承担公务接待时，讲解员只有做好以下三个方面的工作，才能确保接待圆满成功：

1.讲解前——精心准备

任何一批公务接待，不论由哪个部门全程负责，如接待处、宣传部等，都会有相应的接待流程。讲解员通过参与这些流程，可以获取大量实用的信息，如对方的领导级别、职务、来访目的、人数、到馆时间、参观时长、其他参观行程、陪同领导人数及各自的职务、联系人的电话等。基于这些信息，讲解员可以大致了解预设的接待情况。

接下来，讲解员需要依据现有线索，掌握更多信息。前期的准备越充分，后期的讲解才会越顺利。如今，借助便捷的网络和通信工具，讲解员可以更全面地了解来访主要领导的个人简历、专业、工作经历、特长，以及他们所处城市的历史底蕴、经济实力、发展现状、获得的国家级荣誉、经历的建设大事和未来发展规划等，这些是在讲解中实现"因人施讲"的引线。在充分了解对方情况的基础上，讲解员需要过滤出点燃引线后最能出彩的部分，仔细推敲、精心设计，并针对把握不了的地方虚心请教专业人士，准备好高质量的专用讲解词，以免在讲解现场因随意串词而导致纰漏和口误。根据规定接待时长，讲解员还需提前在展厅进行试讲，结合版面、场景、参观路线，找出不尽如人意的地方，寻找更好的处理方式，确保在正式讲解过程中万无一失。

在正式讲解前，讲解员应检查自己的仪容仪表。讲解员应提前熨好工作服，确保其平整挺括；去除工作鞋上的灰尘或污迹；在换好工作服之后，不要随意坐、靠，以免工作服因布料质地绵软而出现新的皱褶。此外，讲解员还需要提前整理讲解必带的工具，如讲解器、激光笔、展厅互动项目遥控器、手表等。

2.讲解时——掌控全局

公务接待考验的是讲解员的心理素质与专业功底。不论面对的领导是亲切随和，还是不苟言笑，讲解员都应该稳定自己的情绪，保持清醒的头脑，以正常语速进行讲解。在讲解过程中，讲解员必须认真严谨，确保每一句话都经过深思熟虑，避免口误的发生。讲解的内容也应该像抽丝剥茧一般，娓娓道来，不能因时间紧迫或情绪不稳就随意增删，从而导致讲解内容脱节、跨度过大，使听众感到困惑。

为了保证讲解效果、活跃讲解气氛，在公务接待过程中，讲解员也应该加强互动，提高领导的听讲兴趣，使讲解更有针对性。例如，可以根据领导的家乡、职业、经历，按照预先设计的延伸和拓展的讲解内容，以提问、设问、自问自答等方式，加强与领导的交流，并在合适时间以简洁的话语点明主旨、引发共鸣，为讲解增色。

在公务讲解的过程中，讲解员要时常留意领导的神情，以便灵活取舍讲解内容。例如，有的领导在参观时比较沉默，讲解员很难从言语上了解他的所思所想，此时讲解员就需要从他的眼神、表情、肢体语言上来揣摩，他在哪件展品前停留时间较长、对哪些版面说明看得仔细，这就是他感兴趣的部分，应该重点讲解。沉默内敛型的领导一般不会频繁提问，基本上是在认真倾听、默默观看，陪同人员也不会过多补充说明。而一旦他们提出了问题，则可能较为深刻和尖锐，讲解员需要快速整合平时积累的信息和知识点，进行流畅表达。有的领导思维比较活跃，表达欲望较强。这需要讲解员时刻保持注意力的高度集中，把握其参观兴趣点，选择重点内容进行讲解。在这种轻松自然的氛围中，领导可能提问比较频繁且范围广泛，有时甚至会和大家共同回忆某个时间段并进行评价。

除此之外，讲解员还要对本馆的消防安全通道、安全出口、消防设施的情况了如指掌，时刻准备应对火灾、地震等突发事件，牢记消防安全原则和步骤，确保能在紧急情况下迅速引导观众安全撤离。同时，讲解员还要掌握应对观众踩踏、创伤救护、化学伤害等突发事件的方法及救护常识。在公务接待中，讲解员要灵活机动地处理一切可能出现的状况，如讲解时间的调整、后勤保障问题（如电梯故障、高科技展示项目出现异常、宣传短片无法正常播放、互动项目感应失灵等），同时要眼观六路、耳听八方，通过与陪同人员、馆内工作人员的默契配合，加上自己的高度警觉与敏感性，及时发现异常情况并妥善处理。

总而言之，在公务接待中，讲解员要具有强大的掌控全局的能力，在讲解路线的选择、讲解内容的调整、突发情况的处理等方面，都要做到胸有成竹、镇定自若。

3.讲解后——总结反省

公务接待相关经验的积累是一个循序渐进的过程，因此在接待结束后，讲解员应该认真总结反省，全面审视接待过程中的不足之处，以便未来面对类似情况时能够迅速制定有效的应对策略。

目前，多数博物馆在"馆内大事记""场馆动态"的信息收集和公布方面，越来越重视公务接待的宣传报道和档案记录。这项工作也一般交由承担该次接待的讲解员来完成。从博物馆管理的角度来看，这仅仅是涉及档案资料整理、网站建设、宣传教育业绩等方面的一项业务工作。但对讲解员个人来说，却是一个非常好的自我总结反省的机会。在撰写相应稿件的过程中，讲解员会不断回顾接待场景，尤其是领导及贵宾的显著表现和他们特别关注的展示内容。这不仅能够加深讲解员对馆内资料的理解与研究，还有助于提升其对观众心理的把握能力，为日后更好地实施"因人施讲"提供实践基础。

总而言之，当观众评价某个讲解员在讲解时如行云流水般流畅，介绍场馆内容时仿佛信手拈来般熟稔，这其实不光是在夸赞讲解员临场发挥的技巧高超，也是在肯定其能够长期坚持在讲解实践中反省改进、沉淀积累、精心设计、充分准备。

（二）讲解艺术中的"因人施讲"

"因人施讲"是讲解界公认的讲解最高境界。在探索和实践"因人施讲"的过程中，许多讲解员及该领域的专家纷纷著文发表个人观点，这些成果丰富和夯实了"因人施讲"的理论内涵与现实基础，证实了"因人施讲"是从日常实践发展到理论研究，再以理论研究来指导具体实践的提升过程。

1."因人施讲"的前提

讲解，作为我国博物馆社会教育的一种手段，是联系博物馆与群众的桥梁，关系着博物馆的形象。在当前"以人为本"理念日益凸显的背景下，讲解工作显得尤为重要。因为任何一件展品都是静止且被动的，需要通过讲解员的介绍，让观众了解它们的内涵、意义、来源等。

从字面上来理解，博物馆的"因人施讲"理念与孔子的"因材施教"思想相通。但深入来讲，"因人施讲"并不意味着准备几套时间长短不一、知识含量不同、针对特定观众的讲解稿就万事大吉了，真正的"因人施讲"应该是根据不同观众的文化层次和讲解需求采取不同的讲解方式。这包括讲解内容的长度、深度、侧重点以及语言技巧的运用等方面。在讲解过程中，讲解员还需要在有限的时间里，尽可能多地照顾观众的心理需要，观察其现场反应，讲他们想知道的，解他们所疑惑的，让观众乘兴而来、满意而归。具体来说，"因人施讲"是"一切从实际出发"原则在讲解工作中的具体运用。

"因人施讲"的前提是"察言观色"，即观察别人的脸色，揣摩别人的心思。"察言观色"是一门研究观众心理的学问，是讲解员讲得精彩、讲得深刻的基础。在现代社会，讲解员应该从依据陈列的生硬背稿转变为依据观众兴趣的灵活讲解，只有准确把握了观众的心理，才能在讲解过程中始终胸有成竹、灵活自如，真正实现"因人施讲"，从而吸引观众，充分发挥博物馆的宣传教育作用，提高博物馆工作的质量和水平。

2."因人施讲"的基础

"因人施讲"的基础是厚积薄发、博学多才。这八个字既体现了对知识积累量的要求，也蕴含了对知识掌握程度的要求。

简单来说，要想做到"因人施讲"，讲解员既要做专家，又得做杂家，要从深度和广度两个维度不断提高对馆内展示内容的掌握程度，从而在具体讲解过程中做到胸有成竹、游刃有余。

3."因人施讲"的方针

"因人施讲"的方针可以总结为十二个字：是什么、为什么、给谁讲、讲什么。

"是什么"依据讲解词的内容就能解决，涉及的都是些基本的概念、要素和物件。

"为什么"需要讲解员额外做功课。例如，讲解员要知道历史相片的背景、来历、人物的情况；要知道文物的来源、年代、意义及其征集过程；要知道事件的起因、过程、结果、意义和影响。

"给谁讲"不仅要求讲解员对展示内容熟悉，有娴熟的讲解技巧，还要求他们掌握观众心理学、现代教育学等方面的知识，能快速判断观众的心理特征、兴趣爱好，以便采取最适合他们的讲解方式。

"讲什么"最考验讲解员的讲解水平，他们需要根据观众的不同年龄层次、不同文化水平、不同心理需求等进行个性化处理。

一般情况下，不同观众的参观目的、参观时间、听讲兴趣与需求都不一样。有经验的讲解员，会针对以上因素，跳出展厅陈列的限制，以展示内容为基点进行有效延伸和拓展，不断丰富、更新讲解内容，使之更加规范、有序且易于操作，带给观众耳目一新的感觉。

4."因人施讲"的表现

"因人施讲"的突出表现就是发挥讲解的原创性，确保常讲常新。

（1）推行讲解预约制度，充分准备，做到心中有数

不同的观众来到博物馆参观的目的会有所不同。目前，国内大多数博物馆都公布了讲解预约的咨询电话或网址，方便有需要的观众预约。政府公务接待还会有专门的接待函，里面涵盖了更为全面的观众信息。这对于讲解员做好讲解准备，提前了解和照顾观众的感受有很大的帮助。例如，针对观众的来访目的、团体性质、个人履历及其所在国家或城市的情况进行全面细致的查询和准备，预估对方可能感兴趣的馆内展示内容，进行纵向和横向的关联资料的准备，提前设置好讲解亮点，撰写专门的讲解词并反复实地试讲。试讲时，讲解员不仅要熟练掌握新增讲解内容，还需要根据时间要求规划好讲解路线及在每个展板前的站位，确保万无一失。"讲解无小事，细节定成败"，讲解中的原创成分并非即兴发挥或随意拼凑的，而是基于讲解前的周密考量与精心准备形成的，是讲解员经验累积与随机应变能力的体现，也是其优秀职业素养的充分展示。

（2）深入了解展示内容，突破局限，多角度诠释展览

不论是馆内基本陈列讲解，还是临时展览的讲解，要想讲出特色、讲出内涵，讲解员除了要遵循已经形成并行之有效的讲解准备流程，还要跳出常规的讲解框架，主动了解展示内容，从不同角度诠释展览。

过去，一般在展览推出之前，馆内资料人员撰写好讲解词，再交由讲解员背稿完成讲解，讲解员的工作完全以"讲"为主。如今，讲解员的角色已不单纯是展览的讲述者，还是展览的参与者，是展览初衷和展示效果的评价者和思

考者。

　　作为联系展览与观众的纽带，讲解员应将自身视为展览的策划者，了解该展览主要介绍什么、突出什么重点、最想让大众了解什么、有什么与众不同的地方，并确定好讲解词的总纲领。在撰写讲解词时，讲解员要从观众的角度出发，设想他们最想了解的是什么，更喜欢听什么样的讲解，从而确定讲解的基调和风格。在具体的表现形式方面，讲解员可以融入当地特色，以演、唱、讲相结合的方式，提升观众的参观兴趣，加深观众对展览的理解。例如，在馆内或旧址内，由讲解员结合当地特色即兴表演当地民歌、山歌或方言绕口令等，不仅能缓解观众长时间听讲的疲劳感，还能传播本土文化与民俗风情。另外，为满足各类教育培训机构利用国内特定的革命历史资源和区位优势举办培训班的教学需要，革命历史资源所在地的博物馆已推出了以体验式、研讨式为特征的现场教学点讲解模式，成效显著。此类讲解区别于泛泛而谈式的景点导游介绍，以先集中讲解再分散参观的方式进行。集中讲解时，讲解员利用 20～30 分钟的时间，根据该教学点的情况，如地貌、建筑、相关历史事件、人物等信息进行横向与纵向两方面的内容拓展。这种讲解带有较为浓厚的研究性质，是专家型讲解的现实模板，更符合培训班学员的学识水平与听讲需求，颇受欢迎。

　　（3）系统记录观众提问，以点带面，多层次丰富讲解内容

　　讲解员要想让自己的讲解更灵活生动、富有成效，平时还应注意在讲解过程中收集观众问题。这些问题可能是观众在听讲过程中就某个环节主动提出来请教讲解员的，也可能是讲解员在馆内讲解过程中主动启发、鼓励并引导观众提出来的。

　　并不是所有的观众都乐于提问，大部分观众在参观博物馆时还是习惯处

于被动接受的状态，他们能做到认真听讲解，不窃窃私语、不中途离场，认为这就是对讲解员的理解和尊重。然而，一场完美而成功的讲解并不应该局限于观众的听话与配合，而应该是一个双方愉快交流、共同学习的互动过程。这种双向展示能让观众在不知不觉中流露出更多真实信息和思想动态，也能给讲解员提供更多传授博物馆知识和弥补自己专业空白的机会。

当然，主动引导观众提问也具有一定的风险，需要讲解员对自身业务能力充满信心。有的讲解员为了避免鼓励观众提问却又不能圆满回答的尴尬情况发生，往往避重就轻，全场不给观众提问的机会。其实，凡是观众提出来的问题，不论讲解员能否圆满回答，都是观众内心真正最想从博物馆了解和学习的知识点，体现了他们的所思、所想、所惑。此外，所有出自观众之口的问题，一般都带有一定的普遍性和代表性，因此讲解员应该加强对观众提问的重视，关注观众的内心与实际需求。这样，讲解员自身也会得到锻炼与提高，能够以观众提问的点带动研究观众心理和博物馆展示内容的面，多层次丰富和拓展讲解内容，并不断积累原创性讲解的经验，形成自己的风格，营造一种良性的职业氛围，使博物馆的讲解真正深入人心。

综合来看，原创性的讲解与常规讲解的区别主要在于讲解员的主动意识与灵活应变能力的展现，包括讲解前主动了解观众，主动搜集与观众相关的信息，确定相应的讲解内容及撰写专门的讲解词；讲解时细心观察观众的表现，主动引导其提问，准确判断其对展览的关注度及兴趣点，全面掌控整个讲解的节奏和进程，既突出展览内容，又兼顾观众情绪，全程做到游刃有余、有的放矢、自信大方；讲解后认真回忆、总结讲解中成功与欠缺的地方，并主动记录观众的问题，对于概念模糊或之前没有注意到的部分，逐一查询了解，选取其中具有代表性的内容，加入讲解词中。

时代在进步，人的观念也在不断变化。"因人施讲"的内涵会随着讲解实践经验的累积、社会关注点的转移而不断丰富与发展。例如，过去，博物馆界对藏品、研究、展示、教育的重要性有过不同阐释；如今，博物馆也应该关注观众的心理需要，强调展示、研究和教育在受众当中的真实效果。应该在"因人施讲"的宣教理论体系中，为"因物施讲""因展施讲""因需施讲"留出空间。在这四个方面，"物"和"展"，即文物及展览，是进行讲解的介质和载体；"人"和"需"，即观众和需求，涉及讲解对象及其心理需求。

当观众不再盲目参观、跟风听讲，而是真正明白自己要的是什么样的讲解，能够明确提出要求时，博物馆的讲解员才能切实做到每一次讲解都不雷同，具有针对性和唯一性，这才是现代博物馆的宣教讲解在"因人施讲"方面的一大进步。

第二节　博物馆宣教讲解文本的
编辑与团队的构建

一、博物馆宣教讲解文本的编辑

撰写讲解词是现代宣教讲解人员的专业必修课之一，也是检验讲解员业务水平的标准之一。这一过程考验着讲解员对展览内容的通盘熟悉程度、理解领悟能力、文字驾驭水平等。好的讲解词应当条理清晰、内容详略得当，同时兼具文辞优美、易于诵读的特点，既便于读者阅读、记忆，也利于讲解员进行口头讲解和听众聆听。

（一）讲解词的撰写技巧与注意事项

1.讲解词的撰写技巧

（1）全面了解

讲解员在着手撰写讲解词之前，要全面了解展览的基本情况——该展览是馆内现有基本陈列的部分改陈展览，还是原创或是引进的专题展览。如果是部分改陈展览，则讲解词的撰写要注意承上启下、衔接到位，不能出现写作风格、陈述习惯上的明显变化，以免割裂整个讲解词；如果是原创或是引进的专题展览，讲解员则需要运用发散性思维，带着预设的问题，有条理、有章法地撰写讲解词。讲解员只有全面了解展览的精髓和重点，才能写出言之有物、一语中的的讲解词。事先的了解和准备越充分，讲解词的撰写过程就会越顺利。

（2）巧妙布局

对展览通盘细致的了解，并不意味着讲解词的撰写要面面俱到。在落笔时，讲解员要进行适当取舍，避免乏味冗长，做到主次分明、生动灵活。关键在于笔下布局要巧，既要顺应展览的布置，又要根据讲解员的日常习惯和专业规范，对需要重点介绍的展览内容、需要提及的文物及合理简洁的讲解路线进行重新编排。讲解词中应融入讲解员的独立见解，并预设观众可能感兴趣的内容及问题，涉及专业术语时，应深入浅出，通俗易懂，这是考验讲解员文字驾驭能力的关键点。讲解词体例的选择、风格的体现、讲解个性的展露，都在字里行间一一迸发。布局越巧妙，实际讲解时就越有吸引力，越能讲出神采、讲出亮点。真正有深度的讲解稿，并不是靠晦涩难懂的字词堆砌而成的。所谓临场发挥，也是在拥有扎实的讲解功底和有效的资料准备的基础上进行的随机组合。

（3）资源整合

任何一次展览的成功推出，都是博物馆多个职能部门通力合作的结果。不同的部门有着各自的业务主项，涉及展览的前、中、后期的各项细节工作。虽然宣教讲解人员的作用主要在展览对外开放后的实地讲解接待中显现，但他们所做的工作实际上是对此前所有幕后工作的综合体现。因此，讲解员在准备展览讲解词的过程中，应该主动提前介入，通盘整合各项展览资源，灵活取材，穿插运用于不同观众类别的讲解接待中。一般来说，展览策划部门主要负责原创性展览的策划实施以及引进展览的具体筹备工作，包括文物（展品）的选定、主办单位的协调、展览背景的梳理等。讲解员可以将这些情况有选择地运用在展览讲解词的开头和结尾部分，加深观众对此次展览引进和展出背景、目的、宗旨的了解；还可以作为知识储备，用来回答观众各种各样的提问。此外，文物保管部门负责文物的保管、交接等业务工作；技术部门、物业管理机构则负责文物的保护、管理、安防工作。讲解员对这些部门的工作内容有所了解，将有助于确保展览讲解的顺利进行。

（4）结尾升华

博物馆基本陈列和专题展览的讲解词结尾有所不同。一般来说，博物馆的基本陈列是立馆之本，与建馆目的、场馆资源、文物（展品）性质、发展目标等息息相关。展示板块之间虽有联系，但基本各自独立。因此，在讲解基本陈列时，讲解员的讲解基调多为平铺直叙、娓娓道来，没有过多的渲染、堆砌，整体比较平实。为避免整个讲解过于平淡，讲解员可根据展示的内容，穿插一些具有故事性的情节，预留提问、设问、自问自答等与观众互动的讲解环节，提高讲解词的趣味性。在结尾部分，讲解员通常会结合版面内容进行展览综述，简要回顾展览的主旨，从而加深观众对展览的了解，为整个讲解画上圆满的句号。值得注意的是，由于基本陈列体量庞大，讲解词不需要涵盖展品的所有拓展信息，以免使结构显得臃肿，削弱了主旨部分。

相比之下，专题展览的讲解词篇幅通常较小，主题集中，展品数量随展览的性质而多寡不一。其讲解词的撰写，从文体上来看，更倾向于散文。讲解员可以围绕办展宗旨进行横向或纵向的灵活延伸，使讲解词内容更加丰满。在结尾处，讲解员可运用散文式的点睛之笔进行适度升华，明确指出展览的意义、特点及精髓，给观众留下深刻而持久的印象。

2.撰写讲解词的注意事项

当讲解词按照以上撰写步骤基本完稿后，讲解员还应牢记以下两点：

（1）字词须斟酌

一篇好的讲解词，自然需要千锤百炼、反复斟酌。从大的方面来说，要确认讲解词的整体结构、宣传基调是否符合展览初衷和陈列现状，在展示内容的陈述方面是否存在概念混淆、史料不清等硬伤；从小的方面来说，要确认遣词造句方面是否有需要改进的地方，是否流畅自然。

（2）注意多诵读

讲解词与其他文字材料相比，最突出的是其口语化特征。因此，在讲解词定稿之前，讲解员最好诵读几遍，找准重音和音高，揣摩语气上的细微差别，过滤出容易引起误解或拗口的字词，并将其替换成合适的表述语。为了提升观众的听觉体验和理解效果，建议使用双音节词，同时避免使用那些同音但意义不同且易造成混淆的词汇。这样做不仅能保证讲解词读起来朗朗上口、生动流畅，还能有效防止因观众误听或误解而产生的尴尬情况。

讲解词是讲解员利用有声语言与观众沟通交流、宣传博物馆展示内容的媒介。其撰写质量直接影响现场讲解的效果，同时也从侧面反映了博物馆对讲解工作的重视程度和讲解员培训的质量。因此，掌握实用有效的讲解词撰写技巧，能有效提升讲解员的专业自信和写作效率。

（二）城市博物馆讲解词的撰写

城市博物馆是全面展示城市发展历程、历史变迁、现代风貌、未来规划的博物馆新类型，在全面推介城市历史和形象、拉近城市与市民之间的距离方面起着积极的作用。从行业现状来看，也有部分城市博物馆（或称城市规划馆、城市展示馆等）隶属于城市规划部门，其展示内容虽然也会涉及城市历史发展概况和沿革，却不以实物、藏品为立馆之本和发展走向，而是以城市发展现状及未来规划为展示内核，包括不同历史时期编制的城市规划设计方案，以及属地近期规划或调整项目的批前公示等，以高科技互动项目、模型、复原场景为辅助手段，通过实时更新城市规划动态，拉近城市发展与市民生活之间的距离。因此，这类城市博物馆，一般游离在博物馆系统之外，也基本不会参与博物馆的等级评定，其业务发展主要遵循规划部门的要求和愿景，在学术方面则主要参与中国城市规划年会。

隶属于文化系统的城市博物馆，其讲解词的撰写，应突出时代感与时效性，紧扣时代脉搏，着力做好与展示内容相关的历史底蕴挖掘、政府决策分析、企业现状调查、展品信息收集、经济数据更新等工作，时刻关注社会新闻，将确认后的动态信息随时融入讲解词，并突出现代人的创造力、在城市建设中发挥的作用及其现实的生活状态，使城市博物馆的讲解真正成为"活"的历史、"动态"的宣教。在撰写城市博物馆讲解词时，讲解员需要特别注意以下三点：

1.有全局观

城市博物馆展示的内容，包含了过去时、现在进行时与未来时等不同时态。为了拓宽讲解的深度与广度，讲解员要强化对城市发展史的研究，避免孤立地看待某个时期内单个城市的发展情况，而应该通盘比对，从全国、相邻省市、同类别城市的发展轨迹中找出所属城市的独特之处。讲解词只有展现出城市的独特性，才能更加吸引观众的目光。

2.有时政敏感性

在撰写讲解词之前，讲解员要仔细研读政府工作报告、各类重要会议决议，并与全国相关数据进行横向比对，必要时与过去几年的相应数据作纵向比较，弄清楚该城市在全国范围内所处的地位，具有的优势、存在的短板、发展的瓶颈、突破的方向、未来的展望等。同时，讲解员应密切关注城市发生的热点事件、政府的态度和新闻发布详情，确保第一时间将这些信息融入讲解词中，以便在现场讲解时从容应对观众的提问。

3.有鲜明客观的讲解基调

任何场馆的讲解词都有特定的情感基调，从中折射出该馆的定位、态度及职能。作为由政府投入建设、全额拨款的公益性单位，城市博物馆的展示内容与城市管理者的决策、举措、政绩密不可分，重在弘扬主旋律、传递正能量、塑造和宣传城市正面形象。因此，在撰写城市博物馆讲解词时，讲解员应该端正宣传立场，把握好宣传力度，确保内容客观翔实，不偏不倚，既要突出政府的管理举措与理念，又要体现普通市民在城市建设中不可或缺的地位，以身边人、身边事、身边物，来激发市民对城市的热爱与认同，促进城市的共同发展。

（三）纪念类博物馆讲解词的撰写

进入 21 世纪，我国红色旅游事业持续发展，以爱国主义教育和革命传统教育为核心内容的革命圣地、遗址、故居、纪念馆、博物馆数量不断增加。从宽泛的角度来说，我国纪念类博物馆主要从事中国近现代史及重要人物的研究和展示工作，是进行革命传统教育、爱国主义教育和国防教育的重要场所，也是全国各地发展红色旅游的重要资源。在撰写此类博物馆的讲解词时，讲解员应把握以下五点：

1.抓住展览精神内核，进行重点论述

在撰写纪念类博物馆的讲解词时，讲解员要紧紧抓住本馆展示的精神内核，进行重点论述，同时要有所延伸，提升研究的广度和深度。

2.对重要人物、重要事件进行梳理和拓展

任何一段历史、涉及的重要事件和人物，都是这段历史值得铭记的重要内容，也从不同侧面展现了历史的真实面貌。因此，在撰写讲解词时，对重点事件和重点人物的梳理和拓展，会使人物形象更丰满，事件原委更具体，讲解脉络更清晰。

3.挖掘相片背后的故事

19 世纪照相技术传入我国，这为我国的历史记录提供了新的方式。由于社会发展水平的制约，拍摄并留存的珍贵历史相片是纪念馆有限而难得的珍贵文物资源。因此，讲解员所撰写的讲解词应超越对相片拍摄时间、地点、人物、原因、事件的直白陈述，深入挖掘背后的故事，如人物与事件之间的深层联系，相片中重点人物的成长历程与最终结局，在拍摄相片时是否还有其他花絮或后续的情节等。对某一张相片的重点介绍，更容易将观众带入特定情境当中，从而引发他们的情感共鸣。

4.具备与时俱进的宣传意识

中国革命史，并非静态的历史。在撰写讲解词时，讲解员要注意对特定历史时期所发生的事情进行有意识的挖掘，并与现代社会相联系，以产生持续的教育意义和效果。

5.适当整合资源，加以区别对待

在撰写讲解词时，讲解员要紧紧围绕本馆的展示内容，突出文物资源的特色，并充分了解其他同类博物馆的展示内容，确保讲解词既有本馆特色，又能与其他馆形成呼应。这样才能在立足于整个历史阶段的基础上，还原展示主体的真实情况。

（四）艺术类场馆讲解词的撰写

随着城市的发展，艺术博物馆、画院、艺博苑等艺术类场馆也渐渐出现。这些场馆有的由政府投资建设，有的由民营企业或个人出资打造，极大地丰富了博物馆的类型，为市民提供了更多感悟艺术、接受艺术熏陶以及提升审美能力的机会和平台。在撰写这类场馆的讲解词时，讲解员要注意以下四点：

①明确场馆的性质、定位和功能，特别是对于那些有特点的建筑设计、布局和装饰细节，讲解词中都应予以介绍，以使观众更好地了解场馆。

②讲解串词具有较强的导览性质，从场馆外到大厅内，再到不同的建筑内部功能区域，适时加入引导词（特别是在转换展厅、楼层、区域时），可使观众按照预设参观路线顺畅游览。

③对于艺术类场馆来说，讲解词中对其外部建筑、设施等常规内容的介绍基本保持不变。但在场馆内展出的艺术类作品，除了少量为常设作品，大部分是引进的或新近组织创作的作品，因此必须重新撰写讲解词。

④根据展出作品的性质，查阅相关知识点与行业信息，请教业内专家，力求讲解词专业、生动、深入浅出。切忌故作高深、艰深晦涩。

（五）名人纪念馆讲解词的撰写

名人，即知名人士，是在政治、经济、科技、文化等方面产生过重大影响的人物，以及在社会科学、自然科学领域为国家作出过重要贡献的人物；是在本地历史上占有重要位置且不可缺少的人物；是本土文化的杰出代表，是与群众文化生活密切相关的人物，如政治家、军事家、科学家、企业家、作家、运动员、艺术家等。由"人"及"物"，名人的足迹遍布各地，其出生、生活过的地方，也自然升格为"名人故居"。

虽然目前全国范围内的名人（故居）纪念馆的总数尚无准确统计数据，但从其保护与发展现状来看，这些纪念馆大致可以分为两大类：一类是名人纪念馆，另一类是名人旧居纪念馆。就名人旧居纪念馆来说，有合二为一型的，旧居本身也是纪念馆的馆舍，在尽量保持旧居原样的基础上，辅以简单陈列，展示名人生活轨迹、成就、人文精神等。由于空间限制，这类纪念馆的规模一般不大，如北京的郭沫若故居等。也有相互依托型的，在毗邻名人旧居的地方，另外选址筹建纪念馆，并与周边环境融为一体，成为人文风景点。由于是另外选址，纪念馆规模则可以依据占地面积、建筑设计、展陈意图及文物展品情况进行全面考量。

在撰写名人纪念馆的讲解词时，讲解员需要注意以下三点：

①以名人的生平为线索，抓住其突出贡献或事例，力求展现其平凡人生中的不平凡之处。特别是在艰难困顿时的坚强意志，在国家危难之际的勇于担当，在功高位显时的平和谦恭，在集体利益与个人利益之间的秉公无私。名人之所以成名，之所以与众不同，终归有其特殊的品质、作为、毅力等，这些正是讲解词需要深入挖掘和呈现的核心内容。在名人纪念馆当中，名人自身就是立馆之本，是该馆最主要的人文资源。因此，在撰写名人纪念馆的讲解词时，讲解员必须全面了解名人的生平、心路历程及最终归宿，力求还原名人真实的生活轨迹。

②以名人身边的人和事为基础，使人物形象更为丰满、真实、直观。因成就不凡，常人往往以仰视的目光、以崇拜的心情来看待名人，容易将其圣贤化。但事实上，很多名人除了在某一方面格外出众，在生活当中展现的更多的是普通、平实的一面。因此，在撰写名人纪念馆的讲解词时，讲解员可以通过挖掘名人生活化的一面，找出鲜活而有说服力的事例，使讲解词更生动有趣、贴近生活。

③鉴于名人旧居建筑格局的限制，当参观人数众多且讲解批次频繁时，为避免在狭窄空间内发生人员拥挤、踩踏等安全事故，以及团队人员走散、跟错队等常见问题，讲解员在撰写讲解词时应提前规划并嵌入引导语。特别是在前往不同楼层、房间或建筑物之前，要特别提醒观众跟紧队伍，确保参观过程的有序和安全。

二、博物馆宣教讲解团队的构建

（一）宣教讲解队伍的规范化

就目前博物馆的发展状况而言，宣教讲解队伍的培养至关重要。为此，博物馆方面需要制订长期而明确的培养计划，储备一支能适应各类接待任务的讲解团队，使其具有创新开拓的发展意识、爱岗敬业的职业道德、扎实全面的专业能力，除能做好宣教讲解工作外，还能完成各类专题活动及临时出现的其他任务，能始终充满活力、潜力和战斗力。只有这样，博物馆才能适应新形势、新任务的要求，全面实现教育的规范化，不断完善博物馆教育系统。

1.规范化选拔标准

如果说珍贵丰富的文物藏品、新颖独特的陈列手段是博物馆的立足之本，那么充满活力的宣教队伍就是博物馆的魅力之源。

在选拔宣教讲解人才的过程中，博物馆应当通过规范的审查，确保报考人员符合常规标准的要求，如学历、专业、身高、普通话水平、外语程度等，并经过笔试、面试、政审、体检等环节择优录取。

在面试阶段，除了评定报考人员的长相、音质、特长、组织能力、应变能力等，博物馆还应注意判断其可塑性，即预测其在讲解领域可能达到的职业高度，从而跳出死板生硬的框架，不拘一格地选拔出具有发展潜力的讲解人才。

值得注意的是，以往大多数博物馆在招聘讲解员时往往侧重考查其综合素质和临场表现，对学历、专业等的要求相对宽松。如今，从行业发展现状及长远发展角度来看，教育学、艺术学、心理学等领域的专业人才恰恰是一支多元化的宣教讲解队伍必不可少的组成人员，是馆内教育团队的核心力量。因此，在设置讲解岗位时，博物馆应该对此岗位提出明确要求，严格选拔相应的优秀人才。

2.规范化培训程序

在讲解员上岗前的培训中，博物馆应重视对其心理素质的培训。除了要求受训人员熟悉并记忆经过审核的规范讲解词，博物馆还要从多个方面对他们进行辅导：一是安排他们听取资深讲解员的讲解和介绍，学习资深讲解员的现场应变能力及不同的处理方法；二是引导他们熟悉展馆的设施布局及周边情况；三是向他们介绍全馆日常工作安排，特别是宣教部门日常工作程序等，以便他们能迅速融入博物馆的工作环境，加深对全馆的了解，并产生归属感。

通常来说，受训人员在刚开始接受培训时，会感到新鲜好奇，希望快速了解全馆内容，提前完成既定目标。这时，培训老师应鼓励这种积极态度，并为受训人员明确培训目标，确定其在各时间段内应该达到的标准。随后，在正常培训计划中，培训老师可通过每周小考核，掌握受训人员的最新进展，及时发现他们在培训中存在的不足之处，引导、督促他们在未出现不当的讲解习惯前，逐渐形成规范的讲解风格。在培训中期，由于专业术语增多，受训人员背诵讲解词的进程明显放缓。针对这种现象，培训老师应及时加以疏导，帮助受训人员找出症结所在，并用自己掌握的信息帮助其加强对文物、展品及陈列内容的理解，进一步提升其学习兴趣。在培训后期，当受训人员基本能够通讲全馆时，培训老师要及时对其进行考核，让其既有动力又有压力。当受训人员正式上岗后，培训老师应及时询问观众对讲解员的看法和意见，指导其改进工作，让受训人员由简入难，在专业道路上稳扎稳打，沉着前行。

对于重要接待，博物馆在选派讲解人员时也需要慎重考虑。只有能真正承担起重要接待任务的讲解员，才能充分将理论知识与实际相结合，从而获得深刻的心得体会。所以，博物馆要在充分信任被选派人员能力的前提下，安排他们进行单独试讲，并提醒他们做好讲前准备。这包括讲解员针对来馆领导的参观目的、在馆时间、全天行程安排等，提前确定馆内讲解路线、讲解重点、讲解细节，做好准备、灵活应变。

经过几次锻炼之后，讲解员的心理素质会有明显提高，这就是一种成长。但是，讲解员也有可能在某次接待过程中，由于经验欠缺，临场应变能力较弱，有些细节处理得不够完美，出现尴尬局面。对此，博物馆管理层不能简单地批评或指责讲解员，而应与其一起认真分析原因，让他们从失败中吸取教训，做到"吃一堑，长一智"，避免类似失误的再次发生。

3.规范化管理手段

如果说规范的岗前培训为讲解员步入职场奠定了坚实的基础，那么规范的日常管理则是保障讲解员在职业道路上稳步前进的关键。

（1）推行科学的管理模式，并加大执行力度

宣教部对人员配置、前台咨询、展厅讲解、服务规范、接待程序、重要接待纪要、观众数据统计、部门档案管理、培训记录等方面，都作了明确规定，为打造规范的宣教队伍奠定了基础。例如，在讲解接待方面，宣教部明确规定：在正常上班时间，前台咨询处（现为游客中心）须有两名讲解员值班；所有预约接待，相应讲解员必须提前十分钟在馆门口等候；在带领观众参观的过程中，讲解员需提供专业且灵活的讲解服务；参观结束后，讲解员应引导观众留言，并目送其离馆；对于重要接待，讲解员需提前准备好文房四宝以备领导题词；接待结束后，讲解员需按照规定的格式撰写接待纪要，并及时上报。此外，规范的讲解接待流程、完备的管理模式只有切实执行，才能真正发挥作用。

（2）强化年度培训，提升宣教讲解队伍专业水平

宣教讲解队伍的培训是一项长期而系统的工作，仅仅依靠上岗前的培训，显然不够。为了全面提高宣教讲解队伍的业务能力和水平，一份详尽的部门年度培训计划是必不可少的。该计划应包括业务培训、季度考核、技能大赛三部分内容，以保证培训有计划、有重点、有考核。其中，业务培训还包括日常晨练、展厅试讲、部门研讨、实地参观、阅读提高等环节，力求将培训融入宣教讲解人员的日常工作和学习中。除结合全馆的学习培训活动计划外，宣教部门每个季度还应在内部开展一次专业研讨会，选定统一的论题，要求部门成员提前准备、认真撰写，再集中讨论、现场点评，以全面提高部门成员的写作、表达、总结等能力，使其能随机应变、灵活自如地应对各种突发状况。

（3）抓好绩效考核，加速工作进度

在部门季度考核时，每位成员都要根据自己的目标，撰写季度总结，再由部门根据每位成员的工作量、工作成效、创新能力等对他们进行考核，上报考核结果，最终由全馆考核领导小组讨论通过。这一过程实际上也是对全年工作任务的整体梳理，能使每位成员都清晰地了解本季度各项常规工作及专题任务的完成情况，以及下季度要着手准备的工作等。这不仅能及时推进工作，保证各项活动有条不紊地进行，还将工作责任心与时效性牢牢植入员工的潜意识中，促使其工作积极性的提高。

（二）志愿者队伍的建设

志愿者也叫义工、义务工作者或志工。他们自愿奉献个人的时间和精力，在不谋求任何物质及相关利益回报的前提下，参与社会公益活动，开展力所能及的、切合实际的，具有一定专业性、技能性、长期性的服务活动，以帮助有一定需要的人士。

中国的博物馆事业正在经历前所未有的发展时期，在此背景下，博物馆志愿者的作用越来越突出。一个充满感召力和凝聚力的志愿者群体，能够更好地传播博物馆文化，吸引越来越多的人投身于博物馆事业。博物馆志愿者，除了具备普通志愿者的一般特性，如不计报酬、助人为乐、友爱互助、团结进步等，还应该认同博物馆文化，具有一定的博物馆专业知识，并能够承担起社会教育、公共服务和文化传播等相关职能。

1.志愿者的主要工作

（1）展厅讲解与观众服务

当前，各大博物馆普遍存在讲解员队伍难以满足不断增长的观众需求的问题，因此展厅讲解是博物馆志愿者常见的工作内容。同时，博物馆志愿者还会参与观众服务工作，如迎宾、提供咨询服务、参观导引和意外事故处理等。

（2）推广博物馆社会教育活动

志愿者成为博物馆宣教活动的重要补充力量。以南越王博物院为例，近年来，该院的志愿者开始广泛地参与博物馆各类教育活动，如活动的前期策划和执行、文字编辑、资料翻译、问卷调查、信息推送等，并在专业人员的指导下设计并制作了"走进南越王国""南越王与海上丝绸之路"等多套图片展，配合展览制作了多套可移动的互动游戏。

（3）参与博物馆科研工作

以河南博物院为例，其文化志愿者服务支队吸收考古专家、古建专家、历史学专家加入队伍，开展文物鉴定、专题研究等志愿服务活动，拓展了河南博物院的志愿服务领域，提高了河南博物院的科学研究水平。

目前，国外博物馆志愿者的工作范围已比较广泛，涉及展览制作、藏品搜集、文物保护和修复、科学研究等多项专业内容，这也是国内博物馆志愿者服务未来发展的一个重要方向。

2.志愿者的选拔与管理

博物馆志愿者需要开展一些具有一定专业性、技能性、长期性的服务活动。因此，并不是所有人都可以成为博物馆志愿者，而是要经过一定的选拔、培训与考核程序。

博物馆志愿者在正式入职前还要接受系统的培训。这些培训旨在增强志愿者的认同感和归属感，提高其对博物馆环境的适应能力，从而为博物馆创造更大的服务空间，实现博物馆与志愿者的共同发展。以中国国家博物馆为例，志愿者需要参加30个小时的基础培训，培训内容包括业务知识、服务礼仪、讲解技巧等。完成培训的参选者还要分入各展厅，参加一个专题的试讲及考核，成绩合格者才能上岗。

博物馆应将志愿者培训作为一项长期的文化公益事业去做，不仅要解决当前所存在的问题，还要着眼于长远发展；不仅要促进志愿者个人的成长与进步，还要促进博物馆事业的发展。

3.志愿者宣教讲解队伍建设的策略

（1）结合本馆现状，明确培养主体

博物馆志愿者队伍的构成，就其身份而言，一般以学生、社会在职人员、老年人三大群体为主。他们在年龄、阅历、时间、精力、知识结构等方面都有较大的差异，也存在着各自的优势和不足。因此，博物馆在面向社会进行招募之前，应根据本馆定位、岗位需求，放眼所处城市的大环境，确定适合的培养主体。这关乎整个志愿者队伍建设的可持续发展，需谨慎对待。

为确保志愿者队伍的组织管理有效可行，博物馆还需确定明确的培训目标，撰写行之有效的培训方案，从培训目的、招募流程、培训阶段划分、课程安排、现场试讲、专家点评、资格确认、未来预期等环节入手，进行细致周到的考量、策划，最终付诸实施。

（2）结合活动形式，强化志愿者队伍质量建设

博物馆志愿者队伍的建设是一项长期工程，而非名利项目、政绩工程。因此，在志愿者队伍的组织管理方面，博物馆应放下数量概念，严把质量关。志愿者流失现象并非只出现在文化领域，而是普遍存在于各个领域。因此，面对志愿者人数的波动，博物馆管理方不应过度担忧或受负面情绪影响，而应保持定力，不受数量变化的干扰，持续、有序地推进志愿者培训工作。

就推动博物馆志愿者队伍建设而言，既需要制定好相应的管理制度，保证有章可循，又需要负责人员有足够的耐心、定力及丰富的管理经验。在志愿者

队伍建设中，专人专管是做好组织管理的有力保障。不论是课堂培训、展厅试讲，还是志愿服务，都应指定专人负责到底。博物馆可采取多种有效方式分配工作细节，让志愿者在培训与成长过程中，在专人的组织管理与规范引导之下开展工作。

第三节　博物馆宣教讲解的途径

要想做好博物馆的宣教讲解工作，充分发挥博物馆连接历史与观众的桥梁、纽带作用，达到预期的教育目的，就要拓宽博物馆的宣教讲解途径。具体的宣教讲解途径究竟有哪些呢？有些人可能会说，无非就是讲解、展览或讲座等。正是由于对这一问题的简单化理解，博物馆的宣教讲解工作在具体实践中才陷入某种误区，从而使博物馆的宣教讲解工作显得单一、枯燥，缺乏活力。宣教讲解途径是指贯穿于陈列展览、组织观众、宣传讲解等实现博物馆教育目的全过程的一系列方式。各博物馆在结合自身的条件和特点进行实践时，所采取的途径是千差万别的，但从宏观上把握，其大体都离不开这三大范畴：一是基本宣教讲解途径，二是临时宣教讲解途径，三是媒体宣教讲解途径。这三类宣教讲解途径对不同类型、不同特点的博物馆而言，各有所长。

一、基本宣教讲解途径

基本宣教讲解途径是指以各馆的基本陈列为依托，在馆内开展的一些宣教讲解活动，如讲解、咨询、电化教育、讲座与报告会等。这些是各类博物馆广泛采用的方式，直接体现了博物馆的宣教讲解水平，因此在所有宣教讲解活动中占有重要的地位。

（一）讲解

讲解是博物馆宣教讲解工作中最基本、最重要的途径，是博物馆接待服务的中心环节，对博物馆及所举办的陈列展览能否取得最佳的经济效益和社会效益起着至关重要的作用。博物馆陈列的主题及展品的内涵主要靠讲解员用自己的言语和行动来向观众宣传介绍，以帮助观众了解中华文化的博大精深，进而增强民族自信心和自豪感。因此，培养一支高水平的专业讲解队伍非常重要。当然，讲解过程的成功同样离不开观众的配合。然而，从讲解的本质来看，讲解过程更多地体现了讲解员施教的意图，其方式相对单一，且具有一定的被动性。这就需要讲解员在讲解工作中摸索出一种方法灵活、能调动观众情绪的讲解方式。

（二）咨询

咨询是根据博物馆陈列展览，为观众答疑解难的一种宣教讲解途径。除了口头咨询，还有书信咨询和电话咨询。咨询更具有针对性，更能有效解决实际问题，从而达到信息反馈、知识互补、情感交流的目的。讲解人员在回答观众咨询的过程中，不仅能够提高自己的接待能力、应变能力及专业水平，也有助于博物馆拓展社会服务项目。

（三）电化教育

电化教育是辅助或提高博物馆陈列展览效果的宣教讲解途径。它利用幻灯片、闭路电视、录像、电影、有线广播等方式，把文物精品、考古发掘过程、本馆的有关资料等陈列中无法具体表现出来的内容，生动地呈现在观众面前。然而，这种方式专业性较强，可能无法满足不同层次观众的具体需求。

（四）讲座、报告会

讲座或报告会是对陈列展览内容的深化，是把观众感兴趣的、与本馆陈列展览有关的内容较集中地传播宣传出去，或对观众进行思想教育的宣教讲解途径。这种方式深受文化层次较高的人群的喜爱。但相较于其他形式，讲座与报告会缺乏娱乐性，可能显得较为枯燥。

以上基本的宣教讲解途径在博物馆宣教工作中占有重要的地位，是各类博物馆发挥宣教讲解职能不可缺少的部分，能在一定程度上反映出博物馆的整体服务水平。每一种途径都颇具特色，在各自的领域发挥着不可替代的作用。然而，这些方式存在一个共同的局限性，即它们都是被动进行的宣教活动，主动权掌握在观众手中，只有当观众主动参与时，这些活动才能得以实施。

二、临时宣教讲解途径

临时宣教讲解途径是指各馆根据自己的工作任务、性质临时开展的一些宣教讲解活动，如巡回展览、培训班、冬夏令营、征文比赛、演讲比赛、智力测验等。这类宣教讲解活动的实施，是对博物馆基本宣教讲解途径的补充，使博物馆宣教讲解工作的覆盖面更加广泛，能够取得"走出围墙天地宽"的效果。

（一）巡回展览

巡回展览是博物馆常用的一种专题流动展览形式，也是博物馆进行宣教讲解的重要途径之一。它主要分为两种类型：一是由本馆策划举办的展览，二是从其他博物馆引进的展览。这种展览形式能够深入城乡、工矿、学校、部队等地，也可以跨省、跨国开展。在这方面，许多博物馆都积累了丰富的经验，并取得了良好的效果。巡回展览既有利于提高博物馆本身的活力，促进博物馆事业的发展，也有利于博物馆宣教讲解队伍的建设，同时有利于推动馆际交流、共同发展。

（二）冬夏令营

冬夏令营是博物馆针对学生群体采取的一种宣传途径，它具有知识性、趣味性、娱乐性等特点。各博物馆结合自身特点选择主题，旨在实现寓教于乐的目的。例如，内蒙古博物院举办了"青少年考古科学夏令营"、陇西县博物馆举办了"爱文物夏令营"……这种方式，不仅丰富了学生的假期生活，而且使博物馆成为对青少年进行历史教育、传统文化教育和爱国主义教育的重要场所。

（三）征文比赛、演讲比赛、智力测验

类似的宣教讲解途径还有很多，这里只举出这三种。这些途径是博物馆为了配合其陈列展览或其他活动而采取的宣教讲解方式。当它们与本馆的陈列展览、冬夏令营、报告会、讲座等活动相结合时，能够吸引观众自发地走进博物馆，提高观众的参与积极性。

总之，这一类临时宣教讲解途径具有主动性、灵活性、娱乐性等特点，它们为博物馆的宣教讲解工作注入了新的活力，打破了以往沉闷的工作氛围，并引起了社会的广泛关注，从而彰显了新时期博物馆宣教讲解工作的发展趋势。鉴于这些特点，一些综合性博物馆若想改变门可罗雀的现状，就应多开展此类活动，以充分发挥博物馆的宣教讲解职能。

三、媒体宣教讲解途径

从 20 世纪中叶开始，电视、网络等媒体的出现，使传统的文化传播从形式到内容都发生了极其深刻的变化，也为博物馆的宣教讲解工作开辟了新的途径。通过各种宣传媒体进行的一系列宣教讲解活动被称为媒体宣教讲解途径。具体而言，媒体宣教讲解途径主要包括电视宣教讲解途径、网络宣教讲解

途径等。

（一）电视宣教讲解途径

电视宣教讲解途径，顾名思义，就是通过电视这一媒体来开展宣教讲解工作。电视是城乡居民家庭中重要的信息获得渠道，也是现代社会备受欢迎的媒体之一。博物馆通过电视开展宣教讲解活动，不仅能弥补基地宣传面窄的不足，更能使博物馆教育走进千家万户。

（二）网络宣教讲解途径

随着科技的进步和经济的发展，网络成为新的传播媒介。为了扩大博物馆宣教讲解工作的覆盖面，宣教工作者应利用这一媒介，建立"网上博物馆"，使人们能够通过互联网、社交媒体来了解博物馆的展览及展品等相关信息。

综上所述，为了充分发挥博物馆的宣教讲解职能，必须充分利用各种宣教讲解途径，使博物馆在社会主义精神文明建设中发挥更大、更好的作用。

第四节　博物馆宣教讲解活动规划要点

一、确定博物馆宣教讲解活动的类型

近年来，大多数博物馆依据本馆资源、定位及展览内容，充分融入"以人为本"的理念，开展长期或短期的新颖、有趣的宣教讲解活动。这些活动有的与展厅讲解紧密结合，有的则相对独立，在一定程度上反映了博物馆宣教讲解人员的综合素质。从观众的角度来看，这些充分考虑受众身心特点与需求的宣教讲解活动，最大限度地发挥了博物馆的教育功能，扩大了博物馆教育的辐射范围，并在形式上进行了多角度、全方位的探索。原创性的博物馆宣教讲解活

动具体分为以下四类：

（一）专题报告会

为馆内员工培训而举办的专题报告会，内容以时事政治、博物馆管理、消防安全、宣教讲解技巧、艺术鉴赏、党史回顾等为主，一般会依据报告会选题聘请相应机构的专家作为主讲人，有时也会指定馆内专业技术人员担任主讲人。

为加强公民教育，满足学校教育、大学生思想政治教育、党员教育、市情教育的不同需要，进一步扩大博物馆宣教辐射范围而举办的报告会，则主要由宣教讲解人员负责。这类报告会在取材上一般以馆内基本陈列所涉及的文物（展品）为基础并进行相关拓展，针对学生、企业员工、中共党员、市民等不同群体撰写报告稿，字数一般控制在 1 万字左右，并配以一定数量的图片和视频，做到图文并茂、生动有趣，特别适合满足对博物馆某一部分内容感兴趣并希望深入学习和研究的群体。

博物馆专题报告会一般以 1 小时为宜。当然，根据相关单位的实际需要，报告员可提前做准备，在内容增删上灵活处理，以缩短或延长报告会时间。同时，把报告会送进社区、企业、学校，不仅能够有效解决部分单位无法集体来博物馆参观的问题，也可以提高博物馆的吸引力，进一步改进博物馆的宣传工作。

（二）汇报演出

为充分发挥博物馆的教育职能，扩大受众面，博物馆一般会在全年不同时段组织、策划一些宣教培训活动，并以汇报演出的形式来检验培训成果。这类汇报演出又区别于学校或社会上的文艺汇演，做到了学、讲、演相结合，将培训课程当中涉及的技能、知识及博物馆展示内容进行高度提炼、巧妙整合、艺术加工，再融入各种艺术表现形式，可以说既是学业汇报，又是文化盛宴。

除此之外，学员还有机会结合自身的特点，策划模特秀、说书、相声、双簧、乐器演奏等多种形式的节目。这些节目以语言艺术的表达为主，辅以肢体语言的展示，有利于学员更好地展示自我。

汇报演出的圆满成功，离不开一系列工作的精心准备，具体涉及剧本的写作、辅导教师的分工合作、演出人员的确定、道具的选择、场景的设定、展现形式的综合运用等。为了确保在演出当天万无一失，博物馆还应提前安排好整个活动流程，明确每个环节的负责部门和人员。这些工作，同样是对宣教讲解人员创新意识、合作意识，以及组织、策划、实施、沟通、协调等能力的全面锻炼和考验。

（三）报告剧

为了进一步提高本馆、本地区的旅游文化影响力，博物馆可以在深入挖掘整合本馆历史、文物资源的基础上，结合全馆人力、物力、财力，甚至联合社会力量，经过精心创作，将红色文化与历史事件以文艺表演和文艺作品的形式呈现在观众面前，打造以本馆展示内容、本地区文化内涵为精髓的报告剧，面向社会推出。

报告剧一改传统的静态巡展和一人主讲的单调形式，在场内，配合报告内容，有机地嵌入由演员塑造人物形象的情境表演，加上舞台、灯光、布景的综合运用，使表演与报告融为一体。

（四）讲解大赛

不定期举办讲解大赛是检验讲解员专业讲解技巧的有效手段。经过不同级别、不同类型、不同主题的讲解大赛的锻炼，全国各地会涌现一批具有较强讲解能力的新讲解员。

从近年来博物馆宣教讲解活动策划与实施的情况来看，其形式的多样性、资源的丰富性、展示的新颖性、宣教的灵活性、受众的普遍性受到了多方的肯定。随着公众参与热情的高涨和志愿服务意识的增强，这类队伍还将进一步扩大，服务内容将不断丰富，服务质量也将不断提高。

传统的宣教讲解活动，是一种从上至下、主动讲与被动听形成强烈对比的活动。而现代的宣教讲解工作，则坚持"以人为本"的原则，与观众建立平等互爱的关系，注重双方的交流。博物馆要从观众感兴趣的角度出发，选取最适合的方式做好讲解交流、活动策划，真正体现出教育的多样形式、强大能量与无限魅力。

博物馆宣传讲解活动原创性的真正立足点是宣教讲解人员对观众发自内心的爱。只有爱观众，宣教讲解人员才会爱博物馆宣教讲解工作，才能在既定工作状态下勇于创新，不断探索更适宜的讲解方法，以求取得更好的宣传教育效果。

二、推动博物馆宣教讲解工作创新

（一）博物馆宣教工作的创新

1.宣教理念的创新

一般来说，博物馆宣教部门承担着宣传、教育、推广等任务。在日常工作中，讲解员深入、细致的介绍能很好地宣传一个国家或城市悠远的历史、古老的文明、现代的发展、伟大的精神、艺术的魅力，强化观众对历史、文物、科技、艺术的了解，发挥博物馆在爱国主义教育、市情教育等方面的作用。但博物馆的这种作用是在观众来馆参观的基础上才能实现的，比较被动。博物馆每一次宣教的流程和内容都大同小异，这对于多次进馆参观的观众来说是缺乏新意的。这就导致了双方被动的局面：讲解员被动地等待观众上门，观众被动地听取讲解。如此一来，博物馆宣教工作的感染力及影响力势必会大打折扣。要想创新和发展现代博物馆的宣教工作，必须先从思想认识和固有观念上寻求突破。

首先，博物馆要改变以往的局面，采取"走出去""请观众来"的方式，充分利用当地政府、主管部门、媒体、学校、协会、旅行社、党团组织等多方力量，辐射成网，吸引不同年龄、不同层次的观众到博物馆参观和接受教育。

其次，博物馆要用心探求"因人施讲"经验，坚持"以人为本"，针对观众的基本情况和需求，找准其兴趣点，让讲解员借助自己的语言、内容优势，将观众牢牢吸引在自己的周围，从而使讲者入情、听者入迷、看者入神，这才是现代宣教工作应该达到的真正效果。

最后，博物馆应从专业的角度出发，组建跨部门的教育团队。一般情况下，这个团队的成员主要有博物馆领导、各部门业务骨干、教育专家及部分志愿者等。

在这种创新的宣教理念的指导下，博物馆更容易摆脱过去各部门各自为政的局面，改变"重展轻教"思想，在策划各类教育项目时，能做到提前介入、全程跟进、实时宣传、扩大影响。

2.宣教方式的创新

讲解是宣教工作的重中之重，但不是全部。因为，在讲解工作之外，宣教工作还有许多不可忽略的点，只有将这些点全部联结起来，才会形成一个圆。这些点，就是立足本馆现状策划开展的各类宣教专题活动。

其中，举办讲座（报告会）是针对性强、收效明显的一种宣教活动形式。具体来说，在对象上，博物馆宣教部门可以针对学校开展各类与青少年发展相关的主题活动，如爱国主义教育、市情教育、青春期教育、感恩教育、文明礼仪教育等；在人员上，博物馆宣教部门可以精心挑选能力出众的讲解员承担相应的报告会任务；在讲座内容上，博物馆宣教部门要充分挖掘本馆资源，结合听众的知识架构、理解能力，选取相关内容进行充实、拓展、加工，形成独立完整的报告稿；在形式上，为了达到图文并茂、精益求精的效果，博物馆宣教部门可同步制作与内容紧密结合的幻灯片，以提高报告的生动性、趣味性和吸引力；在举办地点方面，根据对方要求，博物馆可在馆内或者前往学校举办讲座，尽可能地扩大博物馆教育的辐射面。此外，针对企业、社区，博物馆宣教部门可根据实际情况，选取爱国主义教育、现代公民教育、市情教育等内容，走进企业、社区举办讲座。

3.宣教评定标准的创新

宣教理念、方式的创新，势必会带动宣教评定标准的创新。这要求博物馆改变以往的观点，不能只从讲解员的外在条件、讲解接待规格、观众批次、展厅讲解技巧方面来简单评定宣教效果，而应该立足于讲解员的实际工作，从其主要承担的宣教活动主旨、受众、实施效果等方面入手，跳出以往笼统的评定框架，出台具体的考核细则，并体现一定的侧重点，以全面、客观、公正地考核讲解员的综合素质。

众所周知，宣教效果的评定必然涉及相关考核标准及考核细则，在一定程度上体现出两种目的：一是对讲解员所承担的具体工作的评价；二是指出讲解员今后发展与提升的方向。对于第一点，博物馆可根据年初制订的工作计划进行综合评定，做到有章可循，这比较容易操作。而对于第二点，博物馆则需要根据部门现状通盘考虑，既要正常看待讲解员因现有专业水平差异而在完成重要接待、撰写理论文章、参加业务比赛、主持专题活动等方面表现出的不均衡现象，也要积极看待将其列入考核事项中所起到的激励先进、鞭策后进，以及为讲解员设定明确学习目标和努力方向的积极作用。

因此，在进行考核时，千万不能走过场，必须认真对待、周全考虑。只有正确地评价宣教工作，才能真正起到激励作用。

当然，在宣教评定标准的创新方面，有的博物馆作出了一些大胆而有益的探索，如采取讲解员等级评定制度（有的博物馆以星级评定为准，一星为最低级别，依次递增）。一般来说，一级讲解员应具有相应的读写、说唱、组织、策划、研究能力；二级、三级讲解员则需要在接待规格及工作难度上有所提升。当然，工资水平、福利待遇等也会因级别高低而拉开差距。这看似是讲解压力的梯度分布，实则是对讲解员综合能力的逐层展现。

所以，对于宣教工作的评定，应该在讲解员的学历、专业、长相、年龄、阅历等显而易见的衡量标准之上，更侧重于其实际工作能力、创新能力和敬业精神。一个充满活力的团队，一项充满挑战的工作，才能更大限度地激发成员的工作热情和创新灵感。

只有在宣教观念、方式、评定标准等方面有所创新，宣教工作才能跳出多年来形成的既定框架，得以稳步发展，更具生命力，并展现出顺应时代潮流、贴近大众需求的特性。

（二）博物馆社会服务的创新

1.宣教人员的专业化与物业化

博物馆的社会服务职能主要通过人力、物力两大方面来展现。物力是指场馆的硬件设施，如轮椅、饮水处、寄存处等一系列满足观众在参观游览过程中的需要的服务设施；人力是指处于一线岗位的工作人员，如讲解员、售票员、检票员、展厅管理人员、保安、设备维护人员等，他们直接与观众互动，以热情周到的服务解答观众疑问，解决观众难题。

从工作职责的划分来看，宣教讲解是博物馆社会服务工作的一部分，它能够帮助观众厘清历史事件的脉络，了解人物的成就，从而激发观众的历史认同感。因此，宣教讲解人员承担着全面系统地进行宣传、推介的责任。这要求各类博物馆的宣教讲解人员加强对自身专业能力方面的训练，多下苦功，一方面要掌握规范的讲解技巧，另一方面要具备高度的政治敏锐性和灵活的应变能力，不断积累专业知识，提升职业素养。在讲解过程中，宣教讲解人员还需要根据观众的不同需求，及时调整和更新讲解内容，并注重个人应变能力和组织能力的提升，以期圆满完成每一次讲解接待工作。

除了实践能力的提升，宣教讲解人员的专业化还体现在宣教活动策划、实施、总结方面，体现在宣教讲座的素材积累、内容撰写、PPT 制作、对外宣讲方面，更体现在宣教理论的学习探索、提炼总结、传承创新方面。可以说，专业化是博物馆对宣教讲解队伍的一贯要求，但要真正做到这一点乃至做好这一点，却需要从全馆各个部门、所有人员角度出发，持之以恒，形成合力，如此才能取得实效。

另外，随着国家文化体制改革的不断深化以及公众对社会服务需求的不断增加，从有效建立公共服务体系的角度来看，部分博物馆的宣教讲解队伍已突破了编制的限制。在保证骨干讲解员为博物馆正式编制的基础上，对于一般讲解人员，博物馆采取了业务归口宣教部门、人员归口物业公司的形式，走向物业化管理。在这种管理模式下，博物馆宣教部门全程参与物业公司讲解人员的招聘、培训、安排、管理和任用。从全局角度来看，宣教人员物业化的这一趋势弥补了专职宣教队伍的不足，提升了物业管理人员的专业技能，降低了讲解员的流动性。

2.服务项目的多样化与人性化

就目前全国博物馆发展现状来看，博物馆可分为原有博物馆及新建博物馆两种，原有博物馆大多兴建于 20 世纪早期，建馆年限较长，这类博物馆的文物藏品较为丰富，价值较高，与整个文博事业的发展联系紧密。而新建博物馆多兴建于 21 世纪，它们能较好地吸收和借鉴其他博物馆的建馆经验，具有一定的后发优势，在发展定位上更为明确，以担负宣传推介及市情教育功能为主，在科技设备及展示手段的运用方面较为充分和先进。然而，由于建馆时间相对较晚，新建博物馆在文物征集、收藏及研究工作方面的基础较为薄弱，存在一定的不足之处。

在社会服务方面，原有博物馆与新建博物馆在管理理念、模式、发展规划等方面曾经各有千秋，近些年逐渐趋同。过去博物馆的管理方式较为传统，馆内陈列基本不变，一般是围绕本馆的基本陈列进行简单拓展，多以巡展、宣讲形式为主；宣教形式也较为单一，多以馆内讲解为主，兼顾周边相关景点的外派讲解或是巡展讲解。

随着社会经济的发展，人们对文化的需求度和关注度不断提升，博物馆对自身的发展预期也在不断强化，"以人为本""文化惠民"的理念更加深入人心。目前，从全国博物馆发展状况来看，不论馆内现有软硬件条件如何、免费开放后财政补贴金额多寡，各博物馆都在不断尝试更为全面周到的社会服务方式，呈现出服务项目多样化、人性化的趋势。这具体表现在举办丰富多彩的宣教活动、推出紧扣主题的精品展览、增加新颖独特的互动展示项目、延伸数字博物馆服务功能等方面。这种多样化其实也契合了全国文化事业发展的大走向。例如，创建国家公共文化服务体系示范区、申报全国旅游景区（点）质量等级、参加全国博物馆等级评定等，都会涉及相应的硬指标：①展览的选题、形式设计、制作、规格、内容、辐射面、文字说明、展品更新、获奖情况、数量、模式等；②讲解人员的数量、素质，讲解免费情况、辅助讲解设备配置等；③宣教活动的主题、目的、对象、形式、效果及志愿者队伍建设等；④场馆的外联推介，涉及主办单位、推介时间、推介方式、目标群体、推介范围、公众影响力及旅游影响力等。这对博物馆自身管理水平与发展规划都会有一定的指导和推动作用，并能检验博物馆在专业发展、文化惠民、软硬件设施建设、人才培养等方面的工作。

在场馆的硬件设施方面，博物馆通常以财政补贴为支撑，设置无障碍通道，并配备婴儿车、轮椅，方便婴幼儿、老年人等特殊群体轻松顺利地全程参观。同时，博物馆从观众的实际需要及预备突发事件的角度考虑，还免费提供雨具、直饮水、一次性纸杯、寄存处、急救用药、急救担架、洗手液、烘手机等，并在全馆各楼层相应区域设置观众休息处。另外，博物馆还根据观众满意度调查结果及行业发展动态，深入挖掘自身特色，突出文化内涵，设计和开发相应的纪念品，以满足观众的消费欲望。可以说，服务项目的多样化与人性化，最终都与公众的切实需求相关，对公众的社会文化生活具有重要影响。

3.服务设备的科技化与高效化

服务设备的科技化与高效化，往往与博物馆的规划建设状况密切相关。建馆时间较早的博物馆，一般以小型、便携式服务设备的增添为主（如语音导览机、无线团队讲解器）。而新建的博物馆，在财政支持力度较大的情况下，一般会在场馆的规划阶段就开始进行社会服务硬件设施建设，使各展示区域的布局与讲解效果相得益彰，避免了二次施工。

博物馆在办公软硬件设施的配备方面也紧跟科技大潮，通过有形且功能各异的高科技设备，编织起一张无形的现代高效服务网，覆盖了参观前、中、后各个阶段，涉及展厅语音导览、无线网络覆盖、数字博物馆的建设等。可以说，博物馆从软硬件设施的引进、使用、维护、更新等环节，清晰地折射出现代社会科技发展与文化事业融合的轨迹，使无纸化办公及社会服务模式得以迅速推广，从而实现了服务的高效化、低碳化。然而，这也对博物馆的管理水平、部门设置以及网络技术人员的专业素养提出了更高的要求。因此，博物馆需要深入研究并商榷如何量身定制、更新适合本馆的软硬件设施，以确保在紧跟时代步伐的同时不造成浪费，在满足观众需求的同时不增加财政负担。

第九章　博物馆社教项目的
策划与实施要点

第一节　博物馆社教项目概述

一、社教项目的定义

博物馆社教项目指的是围绕着馆藏中所包含的艺术、社会、科技等方面的信息，多方位地分类、提取，再进行延伸、发散，进而设计出的适用于某一观众群体的相应配套项目。

二、社教项目的分类

（一）按博物馆的基本属性划分

从博物馆的基本属性角度来看，社教项目可分为地域文化特色社教项目、艺术社教项目、红色社教项目、历史社教项目等。例如，广东革命历史博物馆推出的"追寻红四师足迹""红色传人我来当"等项目，便属于红色社教项目。

（二）按陈列方式划分

按照陈列方式，社教项目还可以进一步细分为陈列社教项目和非陈列社教项目。一般来说，博物馆最基本的社教项目就是陈列社教项目。陈列社教项目通常在博物馆的陈列室中开展，可能是对单个藏品的专题式介绍或指导，也可能是通过设计教学材料探索藏品背后的丰富故事等，这些项目在技术辅助员的创新设计下，具有多样化的呈现方式。而非陈列社教项目，也就是在展馆之外的区域开展的社教项目，其教学活动不受博物馆内部空间的限制。尽管这些教育活动可能不直接在陈列室或展览会上进行，但它们仍是科学技术与文化教育领域不可或缺的一环。由于不受展品陈列布局的影响，非陈列教育项目在内容选择上更为多样。

由于博物馆中的陈列展品大多是静态的，而且馆内的文物标本留取情况和现实场景存在差异，参观者往往难以全面领略藏品的丰富内涵，因此非陈列社教项目成为博物馆开展社会教育与人文宣传的补充手段。博物馆内的社会教育工作本质上是一个信息传递的过程，为了实现文化宣传的目的，宣教工作人员需要紧密结合馆内藏品资源，利用陈列展示与教学活动阐释馆内主题，使参观者能够通过参观体验与相关活动获得丰富的信息。

（三）从馆藏文物的角度划分

从馆藏文物的角度来看，社教项目可分为单一文物的社教项目和系列文物的社教项目。这两种社教项目都是以文物为主题的，旨在通过挖掘文物背后的考古故事、蕴含的文化精髓及历史背景等，吸引参观者积极参与。例如，博物馆为了提高青少年对历史的认知水平，通过开展文物主题的手工活动，不仅可以让青少年认识历史、记住历史、尊重历史，还能有效锻炼他们的动手实践能力。

（四）按组织形式划分

按照组织形式，社教项目可以分为线上社教项目与线下社教项目。线上社教项目运用网络信息技术宣传和推广文物保护，吸引居家的博物馆爱好者在线参与，并借助新媒体平台拓宽博物馆教育传播渠道。博物馆直播便是线上社教项目的一种实施手段，也是近年来博物馆信息化建设成果的一个缩影。随着虚拟现实、5G等先进技术的快速发展，越来越多的博物馆通过实施线上社教项目来履行其教育职能。线下社教项目作为博物馆直接面向公众、为其服务的重要手段，通过典藏展示、学术研讨、展览陈列等形式，满足了不同领域人们的学习需求，使公众在参观博物馆、亲身参与各类社教项目的过程中实现文化学习的目的。

三、社教项目开展的理论基础

（一）项目管理理论

将项目管理理论运用于博物馆社教项目中的价值主要体现在以下几个方面：

1.项目管理为博物馆社教项目的发展注入动力

博物馆的常设展览或基本陈列虽然能吸引观众，但长期固定不变的陈列展览无法满足公众日益增长且多变的文化需求，只有配合创新多元的社教项目，才能持续吸引观众，推动博物馆事业的可持续发展。因此，社教项目的开展对于博物馆的发展来说，具有积极作用。而项目管理能够有效解决社教项目执行过程中的管理难题，为其顺利开展提供强有力的支持。

2.项目管理为博物馆社教项目资源整合搭建平台

博物馆自身拥有的资源是有限的。通过项目管理，博物馆可以高效整合利用博物馆的文物和教育资源，使社教项目的资源利用率最大化。

3.项目管理为提升社教人员积极性提供规范化的激励机制

在博物馆的日常工作中，工作内容和数量很难量化，以业绩为考核依据对工作人员进行评估较为困难。而每个项目活动都有明确的目标和内容，团队成员的工作成果也会以书面形式呈现。因此，项目完成后，团队成员的业绩表现能够相对快速且公正地得到评估。项目管理在很大程度上激发了人员的积极性。不论是项目负责人还是团队成员，都能在项目实践中得到锻炼和成长。

虽然项目管理理论在博物馆中的应用还不够完善和成熟，但部分博物馆在前期的摸索实践中也积累了一些宝贵经验。例如，中国国家博物馆的改扩建项目就是委托专业的项目团队来操作完成的，其成果得到了社会各界的普遍认可；中国与挪威在贵州合作建设的生态博物馆项目也充分运用了项目管理理论，成效显著。

此外，国内外博物馆之间的交流，促使各博物馆不断完善工作方式，引入新技术、推出新展览、开展新研究，这些都离不开项目管理理论的支持。因此，在新时代背景下，国内博物馆组建临时项目团队，抽调专业人员，运用专业项目管理方法，将是博物馆社教项目开展的必要手段。

（二）多元智能理论

多元智能理论认为，人类的智能是多元化的，而非单一的，主要由语言智能、数理智能、空间智能、运动智能、音乐智能、人际交往智能、内省智能、自然观察智能八项组成，每个人都拥有不同的智能优势组合。因此，在教学过程中，教师应采用多样化的智能教学手段，精准定位并发挥每个学生的智能强项，激励学生主动参与、展现个人才能，以促进其全面发展，实现为多元智能而教的目标。同时，要获得深刻的理解，往往需要跨越单一学科的界限，采取跨学科的探究方法。

在多元智能的教学活动中，教师可以围绕某一主题或核心知识点，运用多种智能，对语文、数学、音乐、艺术、表演等学科的相关内容进行整合与贯通，使之形成体系，让学生进行研究与学习，从而达到开发学生的多元智能的目的。

此外，多元智能理论还强调，在课程实施过程中应充分挖掘和利用课程资源。评价环节也应在课程实施的具体情境中进行，且评价的主体、内容及方式均应体现多元化。因此，除了学生的家庭成员及监护人，企事业单位和社会机构，特别是博物馆都应积极介入教育过程。

（三）博物馆教育学理论

教育是博物馆的主要社会功能之一。博物馆教育是借助由实物构成的陈列活动及其他辅助手段对观众进行直观教育的。博物馆教育学的主要研究内容有博物馆教育理念、教育对象、教育方式、教育内容等。从 20 世纪 70 年代开始，国际博物馆界开始关注博物馆与社会、博物馆与环境的关系，博物馆的对外教育功能被广泛提起，以人为本、为人服务、为社会发展服务，成为博物馆的根本任务，同时传统的博物馆教育学也被赋予了全新的意义。我国博物馆素有重视教育的优秀传统，并在这一领域取得了丰硕的学术成果，涵盖了观众人口学、观众心理学、博物馆公共关系学等重要内容。

（四）说教式与体验式学习理论

1.说教式学习

博物馆采用说教式展示手段向观众传授知识的过程，涉及教导者的"传输"与学习者的"吸收"——这是一个信息、事实与经验逐步累积与消化的过程，直至实现知识的"掌握"。在观众看来，这是一种高度被动的方法：管理人员教、观众学。也就是说，博物馆的管理人员会按照逻辑顺序，将需要传达的信息切割成若干易于吸收的部分，而观众则按照既定顺序和方式接受。

　　说教式学习在观众具有相似兴趣、知识水平和理解能力一致的情况下效果最好。观众越是要寻求个人体验及直接参与该体验的机会，博物馆就越需要应对他们不同的学习需求，在这种情况下，严格的说教式学习就越行不通。

　　2.体验式学习

　　学生要学习，就需要体验，需要去看、去做，而不是光听。学习是一种主动参与、体验的过程，有效的学习能带来改变并产生进一步学习的欲望。例如，为了让观众特别是青少年全面、直观地了解芝加哥的历史、城市特色，芝加哥历史博物馆特别修建了一间体验室，在体验室内，观众可以通过视觉、听觉、味觉、嗅觉、触觉来感受芝加哥的方方面面。

四、社教项目的模式

　　博物馆教育的一般模式包括教导解说型、刺激—反应型、发现型和建构知识型四类。

　　教导解说型模式与学校传统教育模式相同，即依据学科结构将课程分成若干小单元，教师按照从简单到复杂的顺序进行教学。此种模式的特点是依据记忆和固定教学程序进行机械式学习，目前仍普遍应用在学校及博物馆教育中。

　　刺激—反应型模式指学习是经过不断刺激、增强与反应而形成的结果，与教导解说型模式同属"教师教—学生学"的传统教育模式。二者不同的是，刺激—反应型模式特别重视教育方法与训练，教导解说型模式则重视教材及所学内容。

　　发现型模式主张学习是一种主动探索的过程，学生在心智与外部信息的交互作用中不断成长并产生变化。这是一种动手操作、用心体悟的主动教学策略，教师为学生提供适合其挑战的情境，鼓励他们积极参与、自主选择、掌握新知并解决问题，从而实现既定的学习目标。

建构知识型模式，即探究型模式，依据建构主义教学观，学习是学生主动建构个人知识经验的过程，即学生通过新经验与原有知识经验的反复、双向作用，来充实、丰富自己的知识经验。该模式强调学生知识的内部生成，而学生的主动性则是内部生成的核心动力。

实际上，在博物馆教育职能的演进过程中，这四种教学模式往往相互融合、交替使用。

五、社教项目的特征

广义的博物馆教育项目包含了一切可以使公众受到启迪、收获知识的博物馆项目；狭义的博物馆教育项目特指面向全体公众，由博物馆教育部门负责策划并主导实施的项目，通常被称为博物馆的社教项目。

博物馆的教育形式指的是观众通过参观博物馆的基本陈列、临时展览，并借助动手操作、讲解服务等项目，在馆舍内接受教育的方式，这是各类博物馆最基础的教育形式。同时，博物馆的教育形式是博物馆特色教育活动的延伸，如通过特色宣讲、文化进社区、文物进基层等方式，走近观众、贴近生活，为更多公众提供教育。

博物馆社教项目的特征主要包括以下几点：

（一）活动目标明确，活动对象确定

所有的社会公众都可以是博物馆教育的对象，博物馆教育具有广泛性。为了更好地与活动对象进行交流互动，博物馆社教项目越来越细化。好的社教项目是针对特定人群或者为满足特定条件的观众而进行的有针对性的知识交流

活动，使受众在欣赏具有艺术历史价值的藏品的同时，也获得知识和启迪。

（二）内容主题创新，活动形式多样

博物馆的社教项目不具有强制性，而是通过创新的方式，向探究式学习转变，吸引观众自觉地参与博物馆的社教项目，自愿地进行博物馆知识的学习。我国越来越多的博物馆在自身的社教项目设计中加入了趣味性环节，如利用情境启发观众、通过互动提升观众的兴趣等，这些做法在具体实践中得到了推广并受到了好评。

（三）项目实施的一次性

博物馆的社教项目有明确的开始时间和结束时间。社教项目需要按照策划前期预定的目标需求，确定起点和终点，并且每个活动环节的工作内容都具有确定性及不重复性。

（四）依托有限或固定的资源

博物馆教育的特殊性在于其依托的资源的特殊性，即博物馆社教项目的最大特点和优势是建立在各个博物馆独一无二的文物藏品的基础之上。博物馆的藏品是独一无二、不可复制的，其所传递的知识和信息是真实的、客观的。博物馆的各类社教项目，避免了学校教育的抽象、刻板和主观，变得更加直观、科学、丰富和有趣。当然，博物馆的社教项目的开发和实施需要在有限且固定的文物基础上进行，因此具有有限性。

六、社教项目开展的阶段

（一）准备阶段

1.整合活动资源，确定受益对象

博物馆在开展社教项目时，需要考虑两个方面：一是博物馆自身的资源，

如场地面积、藏品丰富度及人员配置；二是可供活动使用的场所，包括展厅空间、考古发掘现场、自然环境区域及历史遗址等。只有综合考虑这些因素，博物馆才能充分挖掘馆藏资源，有效利用陈列展览，提供实地的体验场所，从而顺利开展社教项目。

活动受益对象是指目标观众，其界定依据年龄、社会地位、活动时段、陪同人员的特征及博物馆专家的专业建议等。博物馆社教项目的对象可以分为以下四种类型：

（1）个人

个人作为独立的学习者，通常会为了某一特定目的参观博物馆，希望获得与展品、藏品有关的详细信息，或者在相关人员的指引下获得其他资源。他们还会参与研讨会、系列演讲或导览等。

（2）独立的成人社群

这些人通常是因为某种社交目的而结成的群体，他们可能将在馆内的部分时间用于与他人交谈，或是放松自己。

（3）教育团体

这类团体主要包括大学生、中小学生等，他们参观博物馆的主要目的是学习历史文化知识，培养社会责任感、环保意识，从而提升创造力和实践能力，并激发探索创新的学习热情。

2.联动各部门，并与外部机构合作

博物馆社教项目的开展涉及多个方面，如需要满足观众需求、协调专业和非专业观众之间的关系，以及确保后勤部门提供各种保障。所以，博物馆社教项目的开展需要博物馆各个部门的配合与协作。

同时，博物馆还要和学校、部队、企事业单位及社区合作，发挥博物馆在爱国主义教育、乡土教育、举办纪念活动和团体活动等方面的优势，不断丰富博物馆社教项目。

博物馆在策划和实施社教项目时，必须重视学校和教师的参与和配合。同时，学校、研究所等机构拥有丰富的学术资源，能为博物馆策划和实施社教项目提供帮助。通常，博物馆展出的藏品仅占总量的一小部分，大多数藏品都无法通过陈列展览的方式与观众见面。鉴于此，相关学者可以通过开讲座、出版图书等形式解读博物馆中的藏品及其蕴含的历史和社会信息。博物馆还可根据馆藏特色，设计一系列课题，面向学校和研究机构征集研究人员，将他们的研究成果融入博物馆的社教项目中，以丰富项目内容。

（二）策划实施阶段

博物馆是学校教育的"第二课堂"，是以馆藏的特色文物或标本为基础，从观众的需求出发，充分体现观众的愿望的教育场所。因此，在实施社教项目时，博物馆要针对不同受众的特点，设置生动有趣、环环相扣的内容，采取轻松灵活、形式多样的手段，实现寓教于乐的教育目标。

1.确定项目主题与目标

在开展社教项目时，博物馆要做到让每个社教项目都围绕着一个主题，同时确定各社教项目要达到的教育目标。一般来说，教育目标包括认知目标、能力目标和情感目标。

2.准备教具教材，进行人员培训

在开展社教项目时，博物馆要准备相关的教具教材。教具教材有复制品、幻灯片、录像资料、藏品和工具等。此外，在开展一些难度较高、专业性较强的社教项目时，博物馆还需对相关人员进行专业培训。

3.组织活动过程

①参观环节。博物馆社教人员需要结合人工和机器导览解说，充分利用智能手机的便捷性，引导观众提问、讨论、细致观察和赏析展品，从而增强观众的感知体验。

在开展社教项目时，博物馆也可通过举办讲座的方式来配合或者替代参观环节。

②导览解说。导览解说方式多样，包括人工讲解、语音导览和智能手机应用。人工讲解需注重激发观众的学习兴趣并保持其兴趣；语音导览则让观众自由选择段落边走边听，从而提升参观自由度；智能手机应用则利用智能手机的普及性，为观众提供多层次、可选择的信息服务。

③互动环节。互动环节包括知识问答和互动体验。第一，知识问答。社教项目的策划者可以根据参观的内容，设计出有趣的问题，制作答题卡。观众在完成参观任务之后，参与趣味问答，赢取一定的礼品。针对不同年龄段的观众，可以采用不同的题型，如选择、填空、连线和趣味找茬等，或者是使用不同难度的寻宝地图，以满足不同观众的参观需求。第二，互动体验。有效的互动项目，不仅能够加深观众的印象，使其从中感受到学习的乐趣，还能培养他们的动手实践能力、团队协作能力。

（三）项目管理阶段

在开展社教项目时，博物馆可运用项目管理知识进行策划、组织、协调、控制等，以达到社教项目的预设目标。社教项目的特殊性和专业性使得其与一般项目相比，更加复杂和烦琐。

1.整体管理

博物馆社教项目的整体管理是一项全面、贯穿始终的工作，涉及的内容较多，主要包括在项目前期制订完整、合理的项目管理计划；在项目中期实施进度、质量及成本的控制，以求最终达到对某一社教项目进行整体、统筹管理的目的。鉴于博物馆作为非营利性机构的特性，其经费来源有限且需要专款专用，因此对成本和质量的管理和控制在博物馆社教项目中显得尤为重要。

①明确社教项目的活动对象及活动目的。博物馆的社教项目需要重点关注其社会效益及文化效益。而这些与经济效益指标相比较为抽象，需要确定专业的考核指标。

当然，博物馆在实施社教项目前，需要立足于全局，开展整体规划和可行性分析，然后制订完整的项目管理计划。一个好的社教项目计划是整个社教项目的实施指南和依据。社教项目计划的主要内容有详尽具体的工作计划、周密的人员组织安排，以及各阶段的目标等。

②在实施阶段对社教项目进行跟踪和把控，保证成本、进度及质量三大目标的平衡。在社教项目的具体实施阶段，变化和控制也是不可避免的。人员变动、成本失控、活动对象的新需求等因素会引起项目变更。只有及时修改并重新调整后期的实施计划，才能真正完成社教项目的整体管理。

2.范围管理

范围管理贯穿社教项目的全过程，是对所需完成的工作范围的界定。整项工作可以由项目内部专门组建小组来进行管理和控制，也可聘请团队之外的专业人员来协助完成。具体工作包含明确社教项目需求、定义规划范围、范围管理实施及范围变更控制几大步骤。

博物馆社教项目的范围界定不清楚，其实是一种较为常见的问题。这主要是因为没有科学完善的社教项目管理体系来规范和指导，以及具体范围不可量化等。在项目的启动阶段，制订范围计划很重要，这份计划不仅是明确工作责任和任务分解的基础，也是确保项目顺利进行的关键。范围确定后，社教项目所涉及的各方人员需要明确责任、完成承诺，还需要对社教项目范围的变更实施控制。

3.时间管理

根据时间完成项目，不论对于一般项目还是社教项目，都是非常重要的，因此博物馆社教项目的时间管理也必须被重视起来。时间管理的工作内容主要包括定义活动、完成任务排序、监控项目进度、合理估算工期、制订进度计划、分配共享资源等方面。

对于博物馆而言，由于其活动受众不固定且存在极大的流动性，因此严格把控时间，按照既定的时间完成社教项目非常重要。具体而言，博物馆在策划社教项目方案时，需要根据观众调查结果来合理安排时间，并据此制订进度计划。在项目实施过程中，博物馆还需要严格控制各个环节的时间，确保各项工作按时完成，并及时进行协调。

4.沟通管理

在项目开展过程中进行的工作交流，就是项目沟通。对博物馆社教项目来说，进行有效的沟通管理是保证项目顺利开展的重要前提。只有在科学的沟通管理的基础上，才能有效地组织、控制项目，促进团队成员之间的紧密联系，进而推动整个博物馆社教项目的顺利开展。

第二节　博物馆社教项目的策划要点

一、提高博物馆教育部门与相关工作者的地位

我国不少博物馆已将教育确立为其首要功能，并倡导"一切为了教育"，

不断地在教育方面加大投入力度。然而，长期以来，博物馆教育部门及教育工作者在职业地位和领导层关注度上并未获得应有的认可，其原因主要有：部分博物馆仍将教育视为辅助功能，未将其视为核心或优先事项；同时，教育部门负责人在高层决策中缺乏话语权，未能进入高级管理层。

实际上，教育理应是整个博物馆的工作重点。而提升博物馆教育部门及教育工作者的地位，是关系组织文化的大问题。因此，各博物馆应做到以下几点：

①将教育纳入博物馆的战略规划，并置于突出位置。

②将资源倾向于博物馆教育工作和教育部门。

③采取相应的措施，明确教育工作者的专业角色，提升其职业地位。这包括人力资源部门需构建连贯的教育工作职业发展路径，并将其应用于教育工作者；同时，领导层应鼓励并表彰在博物馆教育或相关领域取得成就的教育工作者。

当前，博物馆领导层应顺应时代潮流，转变观念，在机构定位、办馆宗旨和经营管理中，给予博物馆教育足够的重视，包括在馆内大力提倡"大教育"理念，并且紧紧围绕"教育"这一中心来开展日常工作。同时，不论规模大小，各博物馆都应设立健全的、负责教育活动策划与实施的公众教育部或教育服务部，且该部门应在全馆中占据重要地位，以推动公众教育为主要使命，从而提升博物馆教育部门与教育工作者的地位。

二、将博物馆纳入现代国民教育体系，加强馆校合作

博物馆是国民教育的特殊资源和阵地。将博物馆纳入国民教育体系，既是各馆履行教育使命的需要，也是完善我国现代国民教育体系、构建终身教育体系的必然要求。

在博物馆事业发达的国家，将博物馆纳入国民教育体系已经成为普遍现象，这些国家积累了许多值得借鉴的经验。这些经验主要体现在馆校合作的广泛性和深入性上。例如，科技博物馆不仅提供一般参观服务，还为教师、学校或地区提供丰富的教育支持。我国要想进一步促进博物馆事业的发展，就要明确将博物馆纳入国民教育体系的要求。

博物馆应协调建立馆校联系制度，指定专人负责促进馆校联系；将组织学生到馆参观学习列入教学计划，明确规定教师有义务和责任创造机会带学生参观；将馆校合作纳入教师培训计划，要求教师树立博物馆教育理念，熟悉并善于利用博物馆资源辅助学校教育。

当然，博物馆也要积极创造条件，开展各种形式的教育活动，特别是对青少年的教育，具体包括设置专门以服务中小学生参观为主要职责的岗位，为学校教学提供教具教材和特别辅导，赴学校举办展览和活动等。

从实践层面讲，馆校合作关系的维系不是仅仅靠博物馆教育工作者和学校教师就可以实现的。博物馆需要将自身资源转化为对学生可用的资源，同时学校也必须切实将博物馆作为一个学习的场所。在馆校合作过程中，学校应该向博物馆陈述清楚自己的期望，博物馆也要向学校讲明自己的需求，了解目标学校许可实地参观的程序，打造与课堂不同的学习体验。博物馆应了解学校课程大纲，制定并遵守相关标准，系统化地向学校展示自身资源及其对完善教学大纲的价值；向教师提供资源并帮助他们获取相关信息；在学校团体参观前，对学生需求进行评估；获取每个学校的联系信息；授权项目一线工作人员；吸纳教师进入顾问委员会，博物馆相关人员也可加入学校中的类似组织；邀请教师参与研讨会并了解其体验；低价或免费向学校提供博物馆空间。

当然，将博物馆制度化地纳入现代国民教育体系是一项长期且艰巨的工程，总体涉及三大层次（类似于金字塔格局）：①法规和政策（顶层）。从制度层面入手，以立法形式确立博物馆作为国民教育体系有机组成部分的法律地位，明确其内涵及要求，使博物馆融入国民教育体系有法可循、有章可依。②运作机制（中层）。从运作机制入手，完善相关部门协作联动机制、考核机制、经费保障机制等，确保博物馆可以纳入国民教育体系。③措施和手段（底层）。从底层入手，推行馆校合作等。只有涉及这三个层次的机构通力合作，才能充分发挥博物馆的非正规教育特色，并与学校正规教育紧密结合，形成社会教育网，最大限度地惠及全民，实现将博物馆制度化地融入现代国民教育体系的重大使命。

三、打造博物馆社教品牌

博物馆品牌文化和社教项目相辅相成，每个博物馆都有自己的文化陈列和馆藏的特色社教项目。博物馆要充分发挥本馆的优势，培育特色，打响品牌，把品牌优势应用于传统艺术的推广中。同时，博物馆要适时掌握最新研究成果，推出更有教育意义的活动。博物馆的教育品牌优势并不仅仅表现在内容上，还应立足于博物馆工作人员，培养富有本馆特色的馆内人员和志愿者。博物馆应充分利用社会资源，加强宣传，提高公众对社教项目的认知度和参与度。通过组织大规模的公众交流活动，博物馆不仅可以推广自身品牌，还能增强文化交流活动的互动性和体验性，让观众在参与中感受文化的魅力。

实际上，分众化、一体化和衍生化社教项目都是各博物馆在长期实践中推出的特色项目，亦是各博物馆不断试验、调整和完善的结果。为了鼓励创新，博物馆应设立专项资金，支持创新型社教项目的研发和实施。同时，博物馆的领导层也应营造支持创新和试验的组织文化氛围，鼓励团队合作和跨单位协作。

博物馆若想真正提升教育活动质量和观众的学习成效，就必须从观念上开始改变。由于每座博物馆的馆藏文物、展览主题和内容、研究重点皆不尽相同，加之各馆所处的地域环境及文化差异，实现社教项目的个性化和创新性完全具备可能性。

四、组建专业化的教育工作者队伍，定期开展培训

在博物馆致力于挖掘和发挥自身教育潜能的过程中，一个突出问题在于缺乏专业的教育人员。教育人员是在博物馆的特殊环境中协助学习者学习的人，是机构落实教育功能的关键。

鉴于我国博物馆从业者的文化程度参差不齐，开展系统的在职培训，特别是加强教育工作者综合能力的培养，显得尤为重要。对各博物馆而言，培训是一项长期工作，可针对对象的不同等分阶段进行，具体包括：

①传播博物馆界、教育界关于博物馆研究的最新成果。

②组织研讨会、座谈会和工作坊等活动，并对所有的教育工作者（以及馆内其他员工）开放，可涉及一系列议题，如教育领域的最新研究、应用最新技术的方法以及成本效率的项目评估等。

③与人力资源部门一起，在非教育部门人员担任与教育相关的职位（包括管理职位）前，开展针对他们的培训。同时，博物馆教育部门管理人员应具备教育领域的知识和技能，以及核心管理技能，如战略规划和营运规划能力、项目管理能力、人事管理能力等。

通常来说，教育部门管理人员的主要职责包括：确定项目决策框架；制订计划并执行；在项目开展的各个阶段（包括项目的构想阶段、开发阶段、运作

阶段、评估阶段）都应运用成本效率思维；在可行的情况下，实施项目的各阶段评估，如前端评估、形成性评估、进程评估以及总结性评估等；定期系统检查所有项目，无论是现存的还是被提议的，鉴定哪些项目被削减、增加或修改，运用标准是"用现有资源最有效地服务目标观众"。

博物馆馆长在教育工作中的主要职责包括：明确本馆教育主管的资格、素质，确保现在的管理者以及今后的招聘者具备所需的知识和技能，或是给他们提供必要的培训；为拥有管理潜质的员工铺就职业发展轨道；将教育主管纳入博物馆高级管理层。

总之，我国博物馆界亟须提供政策保障和开展专业培训来加快专业化的教育队伍转型。一方面，博物馆应提高进入门槛以保证人员的专业素养水平，制定与职业发展规划相结合的人才引进培育制度和薪酬管理体系，吸引优秀人才加盟，稳定队伍，为机构未来的发展进行人才布局。另一方面，博物馆应对现有人员进行博物馆学、教育学、心理学等方面的培训，加快其专业发展，促进其对已有的实践经验进行反思，以逐步改变目前的队伍现状。

五、加强社教观众研究，培养公众良好的参观习惯

（一）加强社教观众研究

观众研究是规划与实施博物馆教育活动的前提，有助于博物馆了解自身的目标观众和潜在观众是谁、他们的个人状况和经历怎样、他们有什么需求、各类观众有什么不同的期望等。

在开展观众研究时，博物馆需要注意调研对象选择的科学性，以及对调研结果处理的科学性。不同博物馆、不同教育活动的目标观众不同，调研的主要对象亦不同。常用的观众研究方法有定量调查、定性访谈及观众跟踪等。

虽然我国已有一些博物馆开始尝试观众研究，但是大部分博物馆无论是在观众研究开展的方法上，还是对研究结果的应用上，都处于初级阶段。因此，博物馆要重视观众研究，积极借鉴国外机构的成功经验。目前，由国家文物局牵头的"国家一级博物馆定级和评估"已将"观众调查"列入指标体系。同时，越来越多的博物馆开始尝试协同社会第三方机构开展观众研究，并公布部分调查结果。

（二）培养公众良好的参观习惯

从儿童抓起，激发他们到博物馆的兴趣，培养他们到博物馆的习惯，是博物馆的教育目标之一。目前，我国大部分博物馆免费开放，拥有较之以往更广的参观群体。如何引导并培养观众良好的参观习惯，是各博物馆的长期任务，也是对博物馆未来发展有深远影响的一项事业。通过提供各项资源和服务，让观众逐步养成参观博物馆的习惯，喜欢并热爱博物馆，甚至日后以各种方式"反哺"博物馆势在必行。

六、保障社教项目的经费与场地设施

保障社教项目的经费与场地设施的主要措施包括：提高直接投放社教项目以及支持性服务（如信息技术）的预算比重（不算展览），提升资源配置的效益，提升与教育相关的素材和服务的收益。

同时，各博物馆在社教项目的策划上，应运用经济思维，明晰有限资源（如经费）的最优配置方式，以达到明确的教育目标，惠及公众。

博物馆社教项目的开展需要一定的空间和设施设备。该空间可以是展览区域、教室、工作坊或其他学习空间。目前，教育及公共服务在整个博物馆工作版图中占据着越来越重要的位置。而教育场地与设施设备建设，是博物馆加大教育投入、提升教育成效的必要保障。对各博物馆而言，其必须做到：确保将社教项目的需要纳入博物馆规划；确保现有空间分配中有充足的空间用于开展教育活动；重新调配现有空间，使社教项目的技术和后勤配套得到保障。

此外，宜在博物馆教育区域内有选择地设置教育/学习中心、活动中心、教室、工作坊、实验室、探索室，以及演播室/广播中心等，并配置相应设备来支持视频会议、远程教育以及其他基于网络的活动。

需要指出的是，博物馆的教育空间不应仅限于独立的教育/学习中心、活动中心、工作坊、探索室、实验室、教室等，博物馆应灵活地将这些功能融入展厅之中，作为一种有效的布局选择。一方面，这迎合了现代教育活动"注重临场的、实物体验的"特征和发展趋势，在展厅内举行活动能将观众与展品、展项无缝衔接；另一方面，对于缺乏空间条件的中小型馆或是暂时无法得到空间改造的博物馆而言，将一些教育活动融入展厅，开辟大小适中的探索区域、工作坊区域等，不失为经济有效并可常换常新的灵活方式。

目前，我国正值博物馆新建、扩建和改建的高峰，而且教育及公共服务在整个博物馆工作版图中正占据着越来越重要的地位。为了长远发展考虑，各博物馆必须及时将教育空间及相应的设施设备需求纳入整体规划，并留有足够的未来发展余地。

七、强调儿童教育在博物馆教育中的重要性

随着时代的发展，博物馆在德育、美育、智育等方面的作用日益凸显，已成为社会教育体系中不可或缺的组成部分，对公众的影响日益深远。尤其是在儿童教育方面，博物馆经过不断探索，已形成了一套较为完善的做法，与学校教育、家庭教育相辅相成。不过，值得注意的是，博物馆的类型多种多样，不

同博物馆的建馆目的、所属行业、自身资源、目标观众均不相同。在发挥教育职能的过程中，其活动优势、教育侧重点及着力点自然会有差异，不可能面面俱到、平均用力。也正因为如此，探索不同类别的博物馆，如城市博物馆在针对儿童教育方面的实践举措、得失经验，是一个长期研究的课题。随着科技进步、社会发展以及中外文博理念的交流与碰撞，新的理论成果会不断产生，会为现实中的具体工作提供新的借鉴与指导。

（一）明确职责，把握自身特点

在儿童成长过程中，他们要经历家庭教育、学校教育以及博物馆等机构实施的社会大教育等各种类型的教育。这些教育形式各有特点，关系也较为紧密，共同为儿童营造了一个健康成长的环境，对儿童的性格塑造、智力开发、能力拓展以及全面发展起到了至关重要的作用。其中，家庭教育是学校教育和社会教育的基础，是父母或其他年长者在家庭中对未成年人实施的教育和影响，具有终身性、弥散性、天然性、个别性的特点。因此，家庭承担的重要职责是帮助儿童形成符合社会要求的价值观和行为方式。学校教育作为儿童教育的主体，其实施的科学教育计划，是经过长期研究与实践，根据儿童的大脑工作能力在一节课、一天、一周、一学期、一学年等不同时段中的变化规律而制订的。博物馆社会教育根据社会的需求，运用博物馆的陈列展览、藏品和相关资料及社会资源，灵活多样地搭建传播科学文化知识、进行思想品德教育和社会交流的平台，为社会发展服务。其最大的特点是"实物"，最大的优势是"博"，最根本的因素是"人"。只有在此基础上，博物馆才能较好地完成育人、沟通、传播、解惑的社会教育职能。相比之下，博物馆教育是学校教育的补充与延伸，与家庭教育相得益彰。所以，博物馆应该明确自己的职责，把握自身的定位与特点，对儿童教育活动与方案进行研究、策划和实施。

（二）挖掘资源，丰富教育内容

博物馆的资源可大致分为硬件设施（场馆、藏品、陈列、展示项目等）和软件设施（人才、经验、共建网络等）。在现有资源中，可利用的资源的程度因活动目的而异，不能简单框定、生搬硬套，而是应该结合儿童的身心发育特点、学习沟通能力、外部环境刺激、社会主流导向等因素来设计与完善，不断拓展教育内容，形成有针对性、收效明显的教育活动。

1.挖掘行政教育资源，形成有效的推广渠道

博物馆应主动争取教育行政部门的支持与协作，从行政层面推动各级教育机构、社会团体组织儿童来博物馆参观。这是博物馆直接发挥作用的一种方式，能够短、频、快地产生教育效果。当然，能"请进来"还不够，重要的是"留得住"，博物馆应以自身的魅力在儿童心里留下良好印象，成为其增长知识、了解历史的首选之地。

在陈列方面，博物馆要以本馆的定位、藏品、展示手段等为依托，充分考虑儿童的注意力与记忆力的直观形象性特点。博物馆的陈列方式应该灵活多样，版面、模型、互动项目、雕塑等多种形式应有机结合，避免儿童在参观时产生视觉疲劳。在讲解方面，讲解员应该充分研究儿童发展心理学，了解不同年龄段儿童的心理、生理发展规律，科学对待其各种表现，撰写针对儿童的专用讲解词，运用儿童化的语言，亲切随和的语气，启发式而非简单灌输式的讲解方式，做到将主观引导和客观发现相结合。在专题展览方面，可挖掘经典题材，以卡通、活泼的办展形式，策划儿童系列专题展览，并辅以部分互动设施，以激发儿童观看展览、参与互动的兴趣。

2.挖掘馆内人才资源，组建优质的培训团队

除吸引儿童来馆参观、为其提供专业的展厅讲解外，博物馆还可以组织、策划、开展一系列的主题教育活动。这是博物馆进一步发挥教育职能的有效途径。在策划举办社教活动时，博物馆应以具有专业特长的社教工作人员为主体，组建优质的团队，从活动的策划、宣传、组织、实施、总结、报道等环节入手，有条不紊、扎实推进，倾心打造覆盖面广、影响力大的活动品牌。

3.积极开发校方资源，编织坚实的共建网络

除了"请进来""留得住"，博物馆在自身业务发展过程中，已不再囿于本馆阵地，而是主动拓展新的宣传途径，确定横向联合的共建网络，做到"走出去""打得响"。在共建形式上，博物馆应大胆创新，不断探索有效的共建项目，真正发挥爱国主义教育作用，引导儿童形成正确的价值观。此外，博物馆可与教育行政部门、学校充分沟通，每年推出不同的教育主题，强化教育效果，提升自身的影响力。

（三）总结经验，确立教学地位

进入 21 世纪，社会多元化结构凸显，各教育机构、社会党团组织的职能与定位虽然各有侧重，但也存在交叉与共通之处。在儿童教育方面，不仅博物馆在倾心打造活动品牌，教育部门、青少年活动中心、各类儿童培训中心、社区也在因地制宜地策划不同主题的活动。儿童教育的成功，不是仅靠一家之力就能实现的，而是需要多方合作和全社会的共同参与。基于此，博物馆要充分看清现状、不断总结经验、锐意创新，牢固确立自身在社会教育体系中不可或缺的地位，并融入经济发展的大趋势、政治思想教育宣传的大主题，结合共建单位的现状与要求，从本馆定位、资源出发，身体力行、通力协作，共同策划和开展主题教育活动。

当然，在开展各项针对儿童的社会教育活动时，博物馆还要从培训教育的主体——儿童的角度出发。简单地说，开展儿童社会教育活动，要有外部环境

氛围的支撑，这样才能不断强化活动效果，形成长效机制。

总而言之，儿童的心理发展受遗传、环境、社会生产方式、教育及个体等因素的影响，其中教育起着主导作用。在儿童成长过程中，他们会接受多种形式的教育。博物馆以本馆藏品、场馆为依托，以人才、共建为抓手，拥有与儿童成长环境密切相关的社会教育资源，只要认清教育职责、不断开发教育内容，才能牢固确定自身在教育中的地位，充分发挥自身的作用。这一切，既是文博事业发展的客观要求，也是全社会重视儿童教育的真实体现。

八、以个性化教育活动助推青少年健康发展

所谓个性化，即强调针对性与独特性，不拘泥、不刻板，遵从"以人为本"，探索因材施教，追求与众不同，充满新意与活力。当今社会，青少年教育是关系个体成长乃至国家前途命运的重要课题，需要高度重视，容不得丝毫懈怠。就学校而言，素质教育就是个性化教育；而博物馆则应充分利用自身的资源和平台优势，明确教育目标，主动与学校教育相融合，巧妙借助社会力量，共同通过个性化教育活动，不断促进青少年的身心健康发展。具体而言，以个性化教育活动助推青少年健康发展主要从以下几个方面着手：

（一）机构设置方面

近年来，我国博物馆社教项目的策划与实施已成为常规工作。从教育活动实施的主体来看，博物馆在机构设置方面，有的仍以教育部门为主力，其部门工作内容涵盖了宣教活动、外联推广、志愿者培训等方面；有的则采取分属不同部门管理实施或分属同一部门的不同小组专项负责的方式，对宣教活动与讲解接待这两类基础工作进行了划分与剥离；还有的以项目制、策展人制度等方式，抽调不同部门成员，组建跨部门教育团队。

显而易见，这种从单一部门承担到指定人员负责，再到跨部门协作乃至形成专业教育团队的针对博物馆教育职能而进行的机构设置和调整，为策划个性化教育活动创造了有利条件。大多数博物馆的工作惯例是将整个馆的宣传教育活动划归一个部门负责，其他部门仅仅在活动开始或实施过程中给予相应协助，让人感觉这只是某一个部门的专职工作，而非全馆性的大事。实际上，不论是宣传教育、活动拓展、展品征集和研究、陈列设计、引进展览，还是后勤保障，都可能涉及其他部门的业务工作。因此，跨部门合作成为现代博物馆的发展趋势，并将逐渐常态化、制度化。

（二）合作方式方面

过去，博物馆自身策划推出的教育活动大多一味机械地灌输相关知识，这可能会导致博物馆承担的社会教育职能被边缘化。要想快速扭转这一局面，除却博物馆内部各业务部门之间的精诚合作，与校外教育机构的合作互动也是必不可少的。实际上，社会各类教育机构，都有自己的关系网和目标客户群体，并且具备立足教育培训行业的基础条件和有利资源。博物馆与之合作，将会产生"1＋1＞2"的聚合效应。而主办、承办、协办等措辞的不同，并不代表责任的轻重，只代表角色的适当互换，以便更好地激发参与者的热情。

（三）活动理念方面

博物馆虽然肩负教育的责任，但毕竟不同于学校的正规教育，也不同于家庭的亲子教育，其发挥职能的场合、采用的形式、使用的方法、取得的效果都有其行业特性。因此，在活动理念上，博物馆应清楚自己拥有什么、擅长什么、能做什么，而不是大包大揽、求高求全，这样才能真正推出个性化的教育项目。

同时，博物馆不应仅局限于吸引观众到馆参观，而应主动将展品和活动送到无法到馆参观的群体，特别是边远地区的青少年面前，以满足他们的好奇心和求知欲，并为其提供学习机会和展示平台。

（四）目标人群方面

过去，博物馆在开展教育活动时，总是笼统地将目标人群划分为社会团体、学生、家庭等，并按年龄或学段对学生进行细分。目前来看，要想开展个性化的教育活动，博物馆应从观众研究的层次对青少年这个群体进行科学细分，尤其要考虑其中的特殊群体，找准活动方向，大致遵循"有特长的，给他平台；没特长的，给他机会；没机会的，创造机会"的原则，切实解决一些力所能及的问题，为促进青少年的身心健康发展进行有益尝试，作出应有的贡献。

当然，博物馆除了从自身现有的人力、物力、财力出发策划教育活动，还可以从社会团体或个人身体力行的一些事例上获得灵感，不断强化活动效果，加大教育力度。

综合来看，博物馆应了解自身的现有资源，确定目标愿景，为策划和推出个性化教育活动努力创造条件，并从机构设置、合作方式、活动理念、目标群体四个方面着力实施。这不仅能有效助推青少年的健康发展，使之成为有思想、有道德、心智全面发展的新一代国家栋梁，也是对突破"千馆一面"且教育活动高度雷同的博物馆发展现状的全新尝试，具有积极意义。

第三节　博物馆社教项目的实施要点

一、重视对社教项目的评估

绩效评估在博物馆社教项目管理中扮演着至关重要的角色。它不仅能够帮助博物馆明确其社教项目是否实现了既定目标，还能作为向政府、捐赠者及合作伙伴展示成果的重要依据。此外，要从更长远的角度来考量社教项目，如它的可持续性、发展性、灵活性和弹性等。

品牌项目的评估可从以下几个方面入手：研究拨款/补助（经同行评鉴）及合同（经同行评鉴）所获得的外部资金，优先研究领域的出版物（经同行评鉴）数量，召开全球关注领域的研讨会的出席人次，战略合作数量，实习生和（接受奖学金的）研究员在有声望的机构获得永久职位的数量。

二、畅通观众反馈渠道

畅通观众反馈渠道对于博物馆来说是十分重要的，它可以作为筹划新项目和适时修正现有项目的基础，包括社教项目开展前的观众调研和开展后的观众问卷调查。社教项目开展前的观众调研主要面向从未参与过博物馆社教项目的参观者；而社教项目开展后的观众问卷调查的重点对象则为曾参加过博物馆社教项目的参观者。博物馆应该设计出具有针对性的观众调研问题，重视对观众地域文化需求方面的问题设置。调研可通过线上与线下相结合的方式进行：线上方式包括与运营商合作发送问卷、在电视节目中植入二维码、在社交媒体平台发布问卷等；线下方式则是在人群密集区域发放问卷。需要对收集的数据进行整合分析，以确定社教项目的类型及开展方向。项目结束后，还需对参与者的满意度进行调查，为同类项目的后续开展积累经验。

此外，博物馆应保持与观众的日常互动，内容可涵盖地域文化与群众文化，以提高观众对博物馆的关注度，掌握其知识水平，进而设计出符合其需求的课程与项目。维持互动性还能增强人们的归属感，促进其对当地历史文化的自知、自觉与自信。博物馆还可利用网络平台设计地域人文线上活动，并提供具有地方特色的小礼品，以激发线上观众的热情，提升博物馆人气。

三、联合其他机构实施社教项目

博物馆应该整合区域内的学校、研究机构、其他博物馆的资源，形成合作联盟，共同参与博物馆教育项目。

第一，定位不同的博物馆，资源优势也不同，因此博物馆与博物馆之间应该联合起来。这不仅可以全面地展现出区域的历史文化，还可以丰富社教项目的内容，让社教项目更加专业、受众面更加广阔。

第二，在博物馆联合的基础上，寻求与文化企业的合作。一是与文化企业进行商业化合作，设计并创造具有当地特色的文化产品和文化 IP（intellectual property，知识产权），使经济效益最大化。有了资金支持，博物馆可以更好地传承和保护馆藏文物。二是与文化企业合作共同开展社教项目，这样不仅可以为社教项目获得更多的资金支持，还可以突破场地的约束，扩大范围，从而强化社教项目的教育功能。

第三，博物馆应该与高校进行联合。高校和博物馆都具备教育功能，对二者的教学资源进行整合不仅可以使社教项目更加专业，而且可以利用高校的师资和博物馆的场地开展社教课程，丰富当地人民的业余生活。设计与当地的历史、文化、人文有关的线上与线下课程，不仅能够吸引当地群众参与，还有助于通过线上渠道传播当地文化，提高城市的知名度，吸引人们前来旅游，促进城市的发展。

第四，博物馆应加强教学人员与研究人员之间的沟通与学习，实现区域文化成果的资源共享。具体措施包括：常态化举办博物馆间的交流活动，定期安排研究人员参与学术交流与工作交流，邀请专家开展讲座培训；向教学人员开放博物馆的图书资源，涵盖教学、区域发展、项目规划等方面，确保信息更新及时，避免教学与区域文化脱节。

第十章　馆校合作社教活动的开展
——以红领巾讲解员培养为例

第一节　馆校合作概述

从本质上看，馆校合作是将博物馆的文化资源优势与学校教育体系有机结合，优化课程资源，丰富教学内容，为培养高素质人才奠定坚实基础。博物馆作为知识的宝库和文化的殿堂，具备丰富的文物藏品、生动的历史故事和多样的文化展示方式，不仅为青少年提供了得天独厚的学习环境，也使自身的教育价值得到更充分的发挥。

在当今教育变革与发展的浪潮中，馆校合作作为一种创新且富有活力的教育模式，展现出无可替代的重要价值。它旨在强化学校与博物馆等文化场馆的紧密联系，充分发挥场馆的社会公共教育职能。馆校合作不仅是资源的整合，也是一种深度融合的教育实践，通过多样化的博物馆教育活动，结合学校与场馆的丰富资源，共同促进学生的全面发展。

一、馆校合作的意义

（一）有助于提升学生的历史文化素养

提升学生的思想道德与人文素养，始终是教育的重要使命。然而，单纯依赖学校以书本知识传授为主的教育模式，已难以契合当下学生全面发展的需求。学校教育虽具备系统性与规范性，但在知识的直观呈现、文化体验的深度与广度方面存在一定的局限性。博物馆的介入则能够弥补学校教育的这一短板。众多中小学积极组织学生走出校园，让其参与博物馆开展的丰富多样的活动，如各类主题展览等。这些实践活动能够帮助学生以更为直观、生动的方式接触历史文化，深化对历史的感悟。

以南京市的教育实践为例，当地教育部门联合多所学校与南京博物馆共同发起"历史文化探寻之旅"长期合作项目。在该项目框架下，学校根据教学计划安排学生定期前往博物馆，依次参观涵盖古代文明、近代变革、地方历史等不同主题的文物展览。在参观过程中，学生在专业讲解员的引领下，近距离观察历经岁月洗礼的古老文物，聆听文物背后那些鲜为人知却又波澜壮阔的历史故事。这种沉浸式的学习体验，使学生真切地感受到历史的沧桑变迁与文化的传承脉络。项目结束后的调研数据显示，超过85%的学生表示通过该项目，对历史知识的理解从书本上的抽象文字转变为具体可感的认知，对历史学科的兴趣明显提升。

（二）有助于激发学生对传统文化的热爱

博物馆在传播、弘扬与发展优秀传统文化方面具有重要的作用。中华民族数千年的文明史孕育了丰富的历史文物与珍贵的文化遗产，这些都是民族智慧的结晶与文化传承的重要载体。借助馆校合作，博物馆的文化资源得以突破场馆的物理边界，以更为广泛、深入的方式融入校园生活，走进学生的日常学习。部分博物馆设有专门的非物质文化遗产展示区，通过馆校合作，学校能够邀请剪纸、刺绣、传统戏曲等领域的非遗传承人走进校园，为学生们现场展示精湛的技艺，使学生不仅能够近距离欣赏这些精美绝伦的传统工艺，还能亲自参与实践操作，在动手体验中切实感受传统文化的独特魅力。这种亲身体验式的学习方式，激发了学生对传统文化的兴趣与热爱，在他们心中种下传承与弘扬传统文化的种子。

（三）有助于筑牢学生的思想道德根基

博物馆宛如一座知识与文化的宝库，其内部丰富的展品，从古老的历史文物到现代的艺术佳作，多元的展览主题，涵盖历史、文化、艺术、科学等诸多领域，均蕴含着深厚的思想道德教育元素。学生在踏入博物馆开启参观学习之旅时，便能深入探索各个领域的知识。在革命历史相关的展区，他们能从革命先辈的英勇事迹中汲取奋进的力量。那些波澜壮阔的战斗场景还原、珍贵的历史文献与鲜活的人物故事，都让学生仿佛穿越时空，见证革命先辈们为了理想信念不懈奋斗。从传统美德故事展览中，学生通过生动的场景再现、图文并茂的展示，深刻领悟为人处世的道理。同时，博物馆所营造的浓厚文化氛围，从庄重肃穆、充满历史底蕴的展览环境，到精心布置、典雅大气的艺术陈列，无一不在潜移默化中熏陶学生的审美情趣。学生在欣赏艺术作品、感受历史文化魅力的过程中，人文素养得以逐步提升，进而在成长过程中形成正确的世界观、人生观和价值观。

（四）有助于完善国民教育体系

从更为宏观的视角审视，馆校合作对于完善国民素质教育体系具有深远影响。随着社会的发展与进步，国民不仅需要具备扎实的知识技能，而且要拥有良好的思想道德品质、深厚的人文素养及卓越的创新实践能力。馆校合作通过有机整合学校与博物馆的资源，为学生营造一个涵盖知识学习、文化体验、实践探索等多元维度的学习环境，有助于促进学生综合素质的全面提升。以博物馆开展的科学探索类展览活动为例，学生在参观过程中，可以通过观察实物模型、参与互动实验、聆听专家讲解等方式，深入了解科学知识的原理与应用，培养科学思维与创新能力。这种跨学科的学习体验，能够有效打破传统学科界限，拓宽学生的知识视野，使他们在知识的海洋中自由遨游。

二、馆校合作的优势

（一）给予学生沉浸式的历史学习体验

在当今教育多元化发展的浪潮下，馆校合作模式为学生的历史学习带来了全新的活力与契机。对于学生而言，馆校合作为他们搭建起一座通往真实历史世界的桥梁，赋予其沉浸式历史学习的独特体验。

在传统的课堂教学环境中，历史知识的传播主要依赖书本教材、静态图片及教师的口头讲述。这固然具备系统性，能够按照历史发展的脉络，循序渐进地向学生传授各个历史时期的重要事件、人物及文化成就等内容，但在知识呈现的直观性与现场感方面存在明显短板。学生往往只能通过想象，在脑海中勾勒历史事件的大致轮廓，对于历史的理解多停留在较为肤浅的认知层面，难以真正触及历史的内核与灵魂。

与之形成鲜明对比的是，博物馆宛如一座历史的宝库，馆内陈列的每一件文物藏品，都堪称历史的生动见证者。它们静静地伫立在展柜中，却仿佛在诉说着往昔岁月的故事。以古老的青铜器为例，当学生近距离站在其面前时，首先映入眼帘的便是那造型独特且精美的器物外观。然后，学生端详青铜器表面那繁复细腻的纹饰，从每一种纹饰蕴含的特定的文化寓意与象征意义中窥探古代社会的风貌。与此同时，通过指尖轻轻触碰青铜器那厚重的质感，学生能切实感受到古代劳动人民在铸造这些器物时所倾注的心血与智慧，以及当时高超的工艺水平。

泛黄的古籍文献同样具有不可估量的历史价值。当学生面对这些历经岁月洗礼的古籍时，那微微卷起的书页、斑驳的字迹，仿佛是历史长河中思想碰撞与智慧传承的真实印记。轻轻翻开古籍，一行行工整的文字跃然纸上，能够让学生仿佛穿越时空，与古代的学者、思想家进行一场跨越千年的对话，领略到古人对世界的认知、对社会的思考及对人生的感悟，深刻体会到中华民族深厚的文化底蕴与源远流长的精神传承。

这种在博物馆真实场景下的历史学习过程，宛如一场奇妙的时光之旅。它成功地将历史从书本上那些枯燥乏味的文字描述及抽象晦涩的概念中解放出来，转变为一种鲜活、生动的知识体验。

（二）助力学校课程创新与教材开发

馆校合作作为教育创新的重要引擎，正以前所未有的活力推动着学校教育体系的革新与升级。在课程改革与校本教材开发领域，博物馆作为社会教育的宝库，以其独有的资源为学校教育注入了源源不断的创新动力。博物馆内珍藏的跨越时空的文物瑰宝、汇聚前沿智慧的研究成果，以及匠心独运的展览策划，不仅构成了知识的海洋，也为学校课程设计搭建了一座连接历史与未来、理论与实践的桥梁。

具体而言，博物馆丰富的藏品资源，为学校课程设计提供了取之不尽、用之不竭的灵感源泉。学校可以依据自身教育定位与学生的年龄特征、兴趣爱好，精心挑选博物馆资源中的精华部分，融入课程设计，打造出既具有深厚文化底蕴，又贴近学生生活的特色课程。同时，博物馆专业的研究人员队伍以其深厚的学术功底和丰富的教学经验，为学校课程开发提供了强有力的智力支持。他们可以走进校园，开展专题讲座等形式多样的教学活动，将最新的学术研究成果转化为易于学生理解的知识内容，拓宽学生的学术视野。此外，研究人员还可以与学校教师携手合作，共同研发校本教材，将博物馆资源与学校课程体系深度融合，形成具有地域文化特色与学校个性的校本课程体系。

在这样的合作模式下，学校得以打破传统课程"千校一面"的固有格局，构建起多元化、个性化的课程体系，满足学生日益多样化的学习需求。学生不再局限于书本知识的传授，还能够在更加广阔的学习空间中，通过亲身体验、实践操作、探究学习等方式，全面提升自身的综合素质与创新能力。馆校合作，正以它独有的魅力，引领着学校教育走向更加开放、包容、创新的未来。

（三）搭建学生校外实践成长平台

馆校合作为学生锻炼实践能力、提升综合素质搭建了校外实践平台。通过参与博物馆的各类活动，如志愿者讲解、展览策划、文物修复体验等，学生能够将课堂所学知识应用于实际情境，锻炼多种能力。

在开展志愿者讲解活动时，学生需要深入研究展品资料，精心撰写讲解词，并以清晰、流畅且富有感染力的语言向参观者进行讲解。这一过程不仅锻炼了学生的语言表达能力与沟通技巧，还培养了他们的自信心与责任感。在讲解过程中，学生需要根据不同年龄段、不同知识背景的参观者，灵活调整讲解方式与内容。这提升了他们的应变能力与人际交往能力。同时，学生在为他人服务的过程中，增强了社会责任感，懂得了奉献的价值。在开展博物馆的展览策划活动时，学生分组参与展览主题的确定、展品的挑选、展示方式的设计等环节。这不仅能够帮助学生在实践中学习项目管理、团队沟通与协作，也为学生提供了发挥创意与团队协作的空间

（四）顺应教育政策要求，深化小学教育改革

从教育政策层面来看，馆校合作高度契合国家教育政策导向，为小学教育改革的深化提供了有力支撑。《完善中华优秀传统文化教育指导纲要》明确

指出："构建互为补充、相互协作的中华优秀传统文化教育格局。充分利用博物馆、纪念馆、文化馆（站）、图书馆、美术馆、音乐厅、剧院、故居旧址、名胜古迹、文化遗产、具有历史文化风貌的街区等，组织学生进行实地考察和现场教学，建立中小学生定期参观博物馆、纪念馆、遗址等公共文化机构的长效机制。"这强调了校外实践教育在传统文化教育中的重要地位，而馆校合作正是实现这一目标的有效途径。

教育部对小学科学课教学也提出了明确要求，支持学生每学期参加科学研究项目，鼓励在中小学综合实践活动课程中强化科学探究实践活动，并强调提升科学教育在课后服务中的比例，根据不同学段学生知识经验、思维水平、兴趣特点，进阶式、一体化开展科学类课后服务，通过开展自然观测、科学探究、工程实践、创客活动、项目研究等，提升科学类课后服务的吸引力，引导学生深度参与实践学习。馆校合作在这方面具有天然优势，博物馆丰富的科普资源为小学科学课的实践教学提供了广阔空间。这种基于馆校合作的科学实践教学，使学生对科学知识的理解更加深入，实践操作能力与科学思维得到有效培养。经教学效果评估，参与此类实践活动的学生在科学课的考试成绩及科学素养测评中表现均优于未参与活动的学生。馆校合作有助于小学落实教育政策，提升教育教学质量，推动小学教育改革向纵深发展。

（五）践行社会责任，促进社会教育发展

博物馆作为社会文化教育机构，拥有丰富的文化资源与专业的教育团队，承担着向公众尤其是青少年传播知识、弘扬文化的使命。通过与学校合作，博物馆能够将自身的资源优势转化为教育优势，使更多学生受益。

博物馆利用自身的专业优势，为学校提供多样化的教育服务。例如，为学校教师开展专业培训，提升教师在文物鉴赏、历史文化知识、科学教育等方面的素养，从而更好地将博物馆资源融入课堂教学。同时，博物馆根据学校教学需求，设计开发一系列具有针对性的教育项目与活动，如流动展览进校园、专题讲座进校园、博物馆课程送教上门等。这些活动不仅丰富了学校的教育教学内容，还为学生提供了便捷的学习机会，让更多的学生能够接触优质的文化教育资源。

第二节　馆校合作培养红领巾讲解员的重要性

一、丰富教育内容与形式，激发学生学习兴趣

传统的学校教育在党史教育、思想道德教育方面往往侧重对课堂理论知识的传授，形式相对单一。而博物馆等文化场馆拥有丰富的实物展品、珍贵的历史资料，为教育提供了鲜活的素材。馆校合作开展红领巾讲解员培养活动旨在将课堂学习与实地参观、讲解实践相结合，打破传统教育的时空限制，使教育内容更加丰富多元、形式更加生动有趣。学生在参与讲解的过程中，能够更加直观地感受历史的厚重与文化的魅力，从而激发他们对党史知识、革命精神的学习兴趣，提高学习的主动性和积极性。

二、培养学生的综合能力，促进其全面发展

在红领巾讲解员培养过程中，馆校双方不仅仅要关注对学生知识的传授，还要重视对学生综合能力的锻炼。为了能够准确、生动地讲解展品背后的故事，学生需要深入了解相关历史知识，进行资料收集、整理和分析，这需要其具备良好的语言表达能力、沟通能力、组织能力和应变能力。在与观众的互动交流中，学生能够锻炼自己的社交技巧和团队协作能力。此外，参与讲解活动

还能增强学生的自信心和责任感，培养他们的社会服务意识，促进学生在德、智、体、美、劳等方面的全面发展。

三、传承红色基因，弘扬革命精神

梅园新村纪念馆作为重要的红色文化教育基地，承载着丰富的革命历史和伟大的革命精神。通过馆校合作培养红领巾讲解员活动，小学生能够亲身参与红色文化的传播与传承，从而更加深刻地理解革命先辈们的奋斗历程和伟大精神，在心灵深处种下红色的种子，让红色基因代代相传。红领巾讲解员用自己的语言和行动，向更多的人讲述党的故事、革命的故事，让红色精神在新时代焕发出新的活力，激励广大青少年为实现中华民族伟大复兴的中国梦而努力奋斗。

第三节　馆校合作培养红领巾讲解员的
措施及成效

一、馆校合作培养红领巾讲解员的措施

（一）加强合作关系，确定"双师"授课模式

在以往的教育模式中，博物馆及其他文化展馆真正参与教育的内容少之又少。这就导致学生兴高采烈地去参观，参观结束后收获的知识却非常有限。想要在这种情况下培养红领巾讲解员是非常困难的。以南京市某小学组织的一次博物馆参观活动为例，学生兴奋地踏入博物馆，面对琳琅满目的展品，却因缺乏专业引导，只是走马观花地浏览。教师由于对博物馆资源缺乏深入了解，难以在参观过程中给予学生精准且深入的讲解，因此学生难以将参观内容

与所学知识有效关联，从而真正汲取博物馆所蕴含的丰富知识养分。

在以往开展的教学活动中，博物馆通常以自身藏品为基础来设计社教活动。由于教师未能参与活动策划环节，学生只能被动接受既定的讲解与安排，难以根据自身学习节奏和兴趣点进行自主探索。同时，博物馆在策划活动时，往往因对小学生思想教育工作的特殊性把握不足，使得活动与学校教育目标出现脱节。例如，某博物馆策划了一场关于古代青铜器的展览活动，其讲解内容侧重文物的艺术价值和历史背景，但未能充分考虑小学生的认知水平和学习需求，导致学生理解困难，参与积极性不高。

鉴于此，学校应该加强与博物馆的合作关系，共同创建相关课程体系，加强双方融合和交流，取长补短，发挥双方的优势。教师可以与博物馆相关教育工作者合作，共同设定教学目标，让课程更符合中小学生的成长规律及学习发展需求。同时，博物馆的相关教育工作者可以根据教师的意见，将社教活动与学校教育教学内容紧密相连，为学生量身定制专属讲解词，使学生在参观过程中能够更好地将课堂知识与实际展品相结合。这种合作模式不仅升华了教育主题，还丰富了学生的历史文化知识储备。同时，学生在学习过程中，还能接触到讲解的基础技能，为后续参与讲解活动奠定良好基础。通过这种"双师"授课模式，学生能够在学校教师和博物馆教育工作者的双重引导下，获得更为全面、深入的学习体验，真正实现知识的融会贯通与能力的提升。

（二）联系教材内容，培养学生感悟历史的能力

学校教师应与博物馆教育工作者携手合作，依据实际教学要求，深度挖掘博物馆丰富的馆藏资源，并借助其高水平的专家团队，对教学内容、方法和模式展开深入探究。在具体的社教活动中，学校教师和博物馆教育工作者应合理运用多种教学方法，引导学生积极探索知识。例如，在一次社教活动中，教师

和纪念馆教育工作者采用观察法，引导学生仔细观察馆内陈列的历史照片、文件资料等，让学生从细节中感受当时的局势和环境。同时，运用调查法，组织学生分组查阅相关历史资料，培养学生自主探究和信息收集处理的能力。在讲解革命文物时，采用实验法，通过模拟文物的制作过程或功能演示，让学生更直观地理解文物所承载的历史文化内涵。

在具体教学过程中，学校教师和博物馆教育工作者有着明确且互补的分工。学校教师首先应扎实地完成课堂教学任务，对教材内容进行系统、深入的讲解、总结和分享，助力学生构建起完整的知识框架。博物馆教育工作者则在纪念馆展厅这一真实的历史情境中开展授课，以引导为主要方式，充分激发学生的好奇心和探索欲，让学生主动去发现历史的奥秘。

以课文《吃水不忘挖井人》《我们爱你啊，中国》的讲解为例，学校教师在课堂上深入剖析课文中蕴含的爱国情怀，让学生对爱国精神有初步的理解。随后，教师安排学生走进博物馆。在博物馆内，教育工作者利用丰富的历史展品和生动的讲解，将学生带入那个波澜壮阔的革命年代，引导学生自己阅读展品介绍、讲述革命故事，使每个学生都成为历史的"朗读者"。在这个过程中，学生的自主探究意识被充分调动起来。同时，教师在一旁适时指引学生关注学习内容中的重点和难点，帮助学生更好地理解文物背后的历史知识。社教活动结束后，教师带领学生回归课堂，对在博物馆的学习经历进行补充、总结和升华，引导学生分享自己的实践心得，鼓励学生拓展思考维度，探索活动中的收获。通过这种课堂与实践紧密结合、相互呼应的教学模式，学校和博物馆的教学内容得以相互补充、相得益彰，使学生不仅能够更扎实地掌握知识，对文物的审美能力和感悟历史的能力也显著提升。

（三）创办相关比赛，创新讲解方式，建立文化自信

为了有效提升中小学生的文化自信，在培养红领巾讲解员的过程中，教师除了注重规范学生的仪容仪表，还可以积极创新讲解方式。例如，学生在讲解相关文物时，教师可以引导学生进行双语讲解。除了普通话，学生还可以使用地方语言、少数民族语言或英语等进行讲解。学生在这一过程中，个人价值得到充分体现，自信心也随之增强。

学校可以联合当地的博物馆开展"党的故事我来讲，争当红领巾讲解员"等活动。以南京市逸仙小学与梅园新村纪念馆联合举办的此类活动为例，活动吸引了众多学生踊跃参与。在比赛过程中，学生全力以赴，精心准备讲解内容，通过生动的语言、丰富的表情和恰当的肢体动作，将革命故事娓娓道来。这些比赛激发了学生的荣誉感和参与热情。对于表现优秀的队员，纪念馆会邀请他们利用业余时间担任"一日讲解员"。在这一天的实践中，学生亲身体验到讲解员工作的艰辛与不易，从而更加认真地去了解馆内的文物、藏品及其背后的历史文化。他们在实践中不断提升自己的讲解能力，也深刻领悟传承和发展优秀文化的重要使命。

梅园新村纪念馆与南京市逸仙小学成功举办的红领巾讲解员相关活动（如图 10-1、图 10-2、图 10-3、图 10-4 所示），在社会上引起了广泛关注。当地多家媒体纷纷进行录制采访报道，相关新闻还在"学习强国"平台上推送。这些宣传报道进一步扩大了活动的影响力，让更多人了解到红领巾讲解员的风采和意义。通过参与这些活动，学生在传播红色文化的同时，文化自信得以牢固树立，充分展现了当代青少年积极向上、传承文化的精神风貌。

图 10-1　南京市逸仙小学红领巾讲解员馆内讲解

图 10-2　南京市逸仙小学红领巾讲解员评审现场

图 10-3　南京市逸仙小学红领巾讲解员校内课程讲解（教师视角）

图 10-4　南京市逸仙小学红领巾讲解员校内课程讲解（学生视角）

（四）设计完整的课程内容，激发学生的认同感和使命感

在学生正式成为红领巾讲解员之前，馆校双方通力合作，对学生展开全面的培训。梅园新村纪念馆充分发挥自身专业优势，为学生开设讲解示范、礼仪、发声等一系列讲解员培训课程。这些课程不仅在纪念馆内开展，还延伸至学校课堂，确保学生能够在不同场景中学习和实践。通过系统的讲解示范课程，学生能够学习如何运用生动、准确的语言表达历史故事。通过礼仪课程，学生能够掌握得体的肢体语言和礼貌用语，展现良好的精神风貌；通过发声课程，学生能够掌握发声技巧，使自身的讲解声音清晰、富有感染力。通过这些课程的学习，学生能够迅速找准自己作为红领巾讲解员的定位，明确讲解目标，有效克服讲解过程中的紧张情绪，更快地融入角色。

学校也积极承担起相应责任，为学生提供讲解词编写的课程辅导。目前，场馆中通用的儿童版讲解词大多出自成人之手，在与儿童的沟通和情感共鸣上存在一定欠缺。而学生自身的语言习惯和思维方式对讲解词的讲述效果有着重要影响。因此，梅园新村纪念馆与学校密切沟通后，及时将讲解词及相关资料提供给学校。学校引导学生自主查阅资料，鼓励学生从儿童独特的视角出发，编写适合自己讲述的讲解词。最终，学校和纪念馆双方共同对学生编写的讲解词内容进行审核和把关，确保讲解词既准确传达历史信息，又符合儿童的表达习惯和认知水平。这种合作方式让学生在编写讲解词的过程中，深入了解历史知识，以主人翁的姿态参与红色文化的传播，从而更加深刻地认识到自己肩负着传承和弘扬革命精神的重要责任，增强对历史文化的认同感和使命感。

（五）采用科学方法提升红领巾讲解员的专业技能

科学技术是社会发展的主要推动力，博物馆具有开放性，对社会各群体的教育作用至关重要。在新时期校馆合作模式下，梅园新村纪念馆采用科学方法提升红领巾讲解员专业技能。例如，运用大数据技术分析参观者的兴趣，通过收集参观者在馆内的停留时间、关注展品等数据，精准把握重点内容。多数参观者对周恩来等革命先辈的生活细节兴趣浓厚，红领巾讲解员便有针对性地学习相关知识，深入感受历史文化魅力，切实提高语言表达能力，从而在讲解时吸引更多观众。

此外，纪念馆还采用多媒体视频播放等高科技手段辅助讲解。在讲解红色历史、革命故事、科技创新、传统文化等内容时，播放珍贵历史影像资料，使讲解更具感染力，提升讲解效率。红领巾讲解员在实践中不仅锻炼了自己，还接受了革命历史和传统文化熏陶，从而使自身的综合专业技能显著提高。

（六）以点带面，让红领巾讲解员与观众形成互动交流

如今，馆校合作模式下博物馆管理理念转变为以参观者为中心。梅园新村纪念馆的红领巾讲解员在开展讲解工作时，秉持以人为本理念，以点带面与参观者互动交流。为实现这一目标，纪念馆建立了完善的管理体系，对红领巾讲解员进行潜移默化培训教育，使其能够在公众面前大胆讲解，锻炼勇气，提升

应变能力。例如，设置不同类型观众提问场景，让红领巾讲解员现场应对，使其无论面对何种讲解情况，都能与参观者良好互动。

同时，学校与纪念馆紧密合作，定期组织红领巾讲解员深入展览现场及历史文化景点参观，带领他们前往南京其他革命纪念馆、历史遗迹等地，使他们拓宽视野，全面掌握讲解内容，提高讲解实践能力。这是培养红领巾讲解员行之有效的方法，既提升了他们的讲解水平，又为参观者带来更优质的体验，促进了红色文化的广泛传播。

二、馆校合作培养红领巾讲解员的成效

（一）学生的思想道德素质显著提升

在参与红领巾讲解员培养活动的过程中，学生通过深入学习党的历史资料、实地参观革命遗址遗迹及聆听专家的细致讲解，对党的历史和革命精神有了更为深刻且全面的认识与理解。当学生站在承载着厚重历史的场馆中，亲眼看到那些珍贵的文物和翔实的史料时，心中的爱国主义情感瞬间被点燃。在准备讲解词的阶段，学生深入研究革命先辈们的英勇事迹，无论是在枪林弹雨中冲锋陷阵的战斗场景，还是在艰苦环境中坚守信念的感人画面，都让他们深刻体会到革命先辈们的英勇无畏和无私奉献精神。由此，学生的思想观念发生了积极且深刻的转变。不少学生在活动后的心得分享中表示，曾经只是从书本上模糊地知晓过去的艰难，而通过这次活动，他们真切地触摸到了历史的温度，更加珍惜现在来之不易的幸福生活。他们纷纷立下志向，要在今后的学习生活中勤奋刻苦，努力学习科学文化知识，期望将来能够以实际行动为祖国的建设添砖加瓦，贡献自己的一份力量。

（二）学生的综合能力得到有效锻炼

红领巾讲解员培养活动为学生提供了一个全面锻炼综合能力的平台。在讲解实践中，学生的语言表达能力、沟通能力、组织能力和应变能力都得到了显著提高。在语言表达方面，学生从最初的羞涩、紧张，到能够自信、流畅地进行讲解，实现了质的飞跃。在沟通方面，学生学会了主动倾听观众的需求和反馈，以真诚、友善的态度与观众进行互动交流。在组织和应变方面，学生需要参与讲解活动的策划、组织和实施，从活动流程的设计到人员的安排，每一个环节都需要他们精心考虑和协调。在这个过程中，他们的组织协调能力得到了有效提升。同时，面对讲解过程中可能出现的各种突发情况，学生能够迅速做出反应，冷静应对，展现出较强的应变能力。

此外，通过收集、整理和分析资料，学生的自主学习能力和信息处理能力也得到了培养和提升。他们学会了如何从海量的信息中筛选出有价值的内容，如何对信息进行深入分析和归纳总结，形成自己的见解和观点。

（三）馆校合作模式得到推广应用

梅园新村纪念馆红领巾讲解员培养项目作为馆校合作开展中小学生党史教育与思想道德教育的创新实践，取得了显著成效。该项目凭借其科学的设计，在教育理念融合、实践活动组织等方面积累了丰富且极具借鉴意义的经验。此项目不仅实现了博物馆资源与学校课程体系的有机结合，还探索出了一套适合中小学生认知特点的模式，得到了教育部门、学校、家长及社会各界的广泛认可与高度评价。

基于梅园新村纪念馆红领巾讲解员培养项目的成功范例，众多博物馆、纪念馆等文化场馆纷纷效仿，积极与学校建立合作关系。这种合作并非简单的形式组合，而是深度融合，双方共同挖掘文化场馆资源中的教育元素，并依据学校教育目标与学生发展需求，精心策划、组织形式多样的教育活动。这些活动涵盖主题展览、专题讲座、实践体验等多种类型，全方位、多层次地为中小学生的成长成才营造了更为优质、多元的教育环境，有力地推动了校外教育与校内教育的协同发展，为中小学生全面素质提升提供了新的路径与支撑。

参 考 文 献

[1] 曹宏.中国当代博物馆教育体系刍议[J].中原文物，2007（1）：104-108.

[2] 陈百超.云荟：中国时尚 2011—2020[M].上海：东华大学出版社，2021.

[3] 陈静.关于博物馆与高校合作对接的几点思考[J].河北青年管理干部学院学报，2012，24（5）：64-66.

[4] 陈凌云.博物馆文化创意产品开发研究[M].上海：上海社会科学院出版社，2019.

[5] 崔卉.博物馆教育项目的策划与实施[M].哈尔滨：哈尔滨出版社，2020.

[6] 俄军，姜涛.博物馆学概论[M].兰州：兰州大学出版社，2020.

[7] 费钦生.博物馆展示学研究[M].沈阳：辽宁人民出版社，2022.

[8] 顾赫然.博物馆"叙事游戏型"教育活动研究[D].天津：天津师范大学，2023.

[9] 胡骏.关于博物馆组织与人员管理的几个问题的探讨[J].中国博物馆，1994（3）：28-30.

[10] 胡玺丹，王俊卿，徐佳艺.博物馆拓展类教育活动研究[M].上海：上海科学技术出版社，2019.

[11] 江梦丹.乡土文化教育背景下的中小学馆校合作模式研究[D].北京：中国社会科学院大学，2023.

[12] 李典.博物馆文化创意产品开发设计与发展思路研究[M].长春：吉林人民出版社，2020.

[13] 李庆钧. 论中国传统教育公共意识的缺失[J]. 扬州大学学报（高教研究版），2005（6）：27-29.

[14] 林桐桐. 文旅融合视域下市级博物馆教育活动研究：以丽水市博物馆为例[D]. 南宁：广西民族大学，2023.

[15] 刘利伟，周一博. 博物馆与大学生爱国主义教育[M]. 长春：吉林人民出版社，2020.

[16] 穆加兴. 馆校结合育人价值及其实践转化的个案研究[D]. 上海：华东师范大学，2023.

[17] 潘力，刘剑平. 文博创造力：高校博物馆理论与实践[M]. 北京：中国传媒大学出版社，2018.

[18] 任宇娇. 博物馆教育活动理论与实践[M]. 长春：吉林人民出版社，2020.

[19] 沈恬. 新时代博物馆教育活动的策划与实施[M]. 长春：吉林人民出版社，2019.

[20] 史吉样，郭富纯. 博物馆公众：一个饶有趣味和意义的研究领域[J]. 中国博物馆，2004（2）：28-36.

[21] 宋娴，等. 国内外博物馆科普教育活动案例与评析[M]. 北京：中国科学技术出版社，2020.

[22] 宋娴. 博物馆与学校的合作机制研究[M]. 上海：复旦大学出版社，2019.

[23] 宋向光. 博物馆定义与当代博物馆的发展[J]. 中国博物馆，2003（4）：1-6.

[24] 宋向光. 物与识：当代中国博物馆理论与实践辨析[M]. 北京：科学出版社，2009.

[25] 索经令. 博物馆展览光环境的营造：以"万年永宝：中国馆藏文物保护

成果展"为例[J]. 首都博物馆论丛，2022（00）：260-264.

[26] 汤晓颖，等. 数字化背景下博物馆交互叙事美学研究[M].武汉：武汉大学出版社，2021.

[27] 陶红云. 试述馆藏文物预防性保护技术在基层博物馆的应用：以贺州市博物馆预防性保护项目为例[J]. 广西博物馆文集，2023（00）：240-247.

[28] 万媛媛，裴书研.当代博物馆五讲[M].沈阳：辽宁人民出版社，2020.

[29] 王滨.博物馆藏品保管与保护[M].沈阳：沈阳出版社，2017.

[30] 王鹤蒙.馆校合作教育效果评估框架构建研究[D].长春：吉林大学，2023.

[31] 王婷.博物馆教育项目的策划与实施[M].北京：国家行政学院出版社，2018.

[32] 王婷. 预防性保护：让基层博物馆馆藏文物传承千年[J]. 云端，2024（33）：54-56.

[33] 王振苹.浅析博物馆教育的对象：观众[J].文物春秋，2007（3）：69-70，76.

[34] 温巧燕. 馆藏纸质文物预防性保护应用研究：以温州博物馆为例[J]. 温州文物，2020（1）：79-90.

[35] 项隆元.近代形态博物馆的诞生与博物馆建筑类型的形成[J].北方文物，2008（3）：107-112.

[36] 徐丹.长三角设计博物馆的功能演进与设计体验[M].长春：东北师范大学出版社，2017.

[37] 阎利娟.博物致智：博物馆课程理念与实践[M].西安：陕西人民出版社，2020.

[38] 杨斌. 试论馆藏文物预防性保护之库房标准化改造：以重庆中国三峡博物馆为例[J]. 长江文明，2019（1）：11-19.

[39] 游万明，王双超. 蕲春县博物馆馆藏陶瓷文物保护与利用研究[M]. 武汉：武汉理工大学出版社，2024.

[40] 俞果. 建构主义视角下高校博物馆教育活动研究：以广西民族大学民族博物馆为例[D]. 南宁：广西民族大学，2023.

[41] 张白影. 图书资料的馆际交流合作[J]. 图书馆论坛，2005（5）：1-3.

[42] 张希玲. 博物馆讲解：一个独特的专业教育领域[J]. 中国博物馆，2006（1）：18-25.

[43] 赵晨. 太原市博物馆青少年教育研究[D]. 太原：山西大学，2023.

[44] 赵纯菊. 区域文化视域下成都地区博物馆公共教育研究[D]. 成都：成都大学，2023.

[45] 赵东兰. 运用博物馆资源进行大学生爱国主义教育研究[D]. 武汉：湖北大学，2023.

[46] 郑奕. 博物馆与中小学教育结合：制度设计研究[M]. 上海：复旦大学出版社，2020.